フロイト全集
22

1938年

モーセという男と一神教
精神分析概説

岩波書店

SIGMUND FREUD
GESAMMELTE WERKE Volume 1–17
NACHTRAGSBAND
ZUR AUFFASSUNG DER APHASIEN

This Japanese edition published 2007 by Iwanami Shoten, Publishers, Tokyo
by arrangement with
S. Fischer Verlag GmbH, Frankfurt am Main
through The Sakai Agency, Tokyo.

FREUD ARRIVES IN PARIS ON HIS WAY TO LONDON

「(1938年)6月4日，フロイト，ウィーンを離れ，一行(主治医とその家族を含め総勢16名)はオリエント急行にて翌5日，国境を越えフランスに入国」(「解題」より)．パリでは公妃マリー・ボナパルト(左)や駐仏アメリカ大使ウィリアム・ブリット(中央)らが出迎えた．

凡　例

・本全集は、フィッシャー社(ドイツ、フランクフルト・アム・マイン)から刊行された『フロイト全集』(全十八巻、別巻一)に収録された全著作を翻訳・収録したものである。

・収録全著作を執筆年代順に配列することを原則とした。ただし、後年に追加された補遺や追記の類いについては、内容上の関連を優先して当該著作の直後に配置した場合がある。また、各巻は、重要と判断される規模の大きい著作を前に、その他を「論稿」として後にまとめて収録し、それぞれのグループごとに執筆年代順で配列して構成した。なお、フロイトの著作には執筆年代を確定することが困難なものも多く、これらについては推定年代に基づいて配列順を決定した。詳細については、各篇の「解題」を参照されたい。

・本巻には、一九三八年に執筆された著作を収めた(『モーセという男と一神教』の執筆経過については「解題」参照)。翻訳にあたって使用した底本は、以下のとおりである。

Sigmund Freud, *Gesammelte Werke*, XVI, Werke aus den Jahren 1932-1939, herausgegeben von Anna Freud, E. Bibring, W. Hoffer, E. Kris, O. Isakower, Imago Publishing Co., Ltd., London, 1950, Siebte Auflage, S. Fischer, Frankfurt am Main, 1993.

Sigmund Freud, *Gesammelte Werke*, XVII, Schriften aus dem Nachlaß 1892-1938, herausgegeben von Anna Freud, E. Bibring, W. Hoffer, E. Kris, O. Isakower, Imago Publishing Co., Ltd., London, 1941, Achte Auflage, S. Fischer, Frankfurt am Main, 1993.

Sigmund Freud, *Gesammelte Werke*, Nachtragsband, Texte aus den Jahren 1885-1938, herausgegeben von Angela Richards unter Mitwirkung von Ilse Grubrich-Simitis, S. Fischer, Frankfurt am Main, 1987.

・本文の下欄に底本の巻数および頁数を表示し、参照の便宜をはかった。巻数は各篇冒頭に「GW-XII」などと示し、以降、底本における各頁冒頭に該当する個所にアラビア数字で頁数を示した。なお、フィッシャー社版『フロイト全集』の拾遺集として刊行された別巻(Nachtragsband, Texte aus den Jahren 1885-1938)については、「Nb」の略号を用いた。

・「原注」は「＊1」「＊2」の形式で示し、注本文を該当個所の見開き頁に収めた。

・「編注」は「(1)」「(2)」の形式で示し、注本文は巻末に一括して収録した。これは、各訳者が作成した本文の内容に関する注を各巻の担当編集者がまとめたものであり、ここには各種校訂本、注釈本、翻訳本に掲載されている注解を適宜、翻訳引用する形で収録したものと、本全集で各訳者が新たに執筆したものが含まれる。これらを区別するため、引用した個所については【　】を付し、冒頭にその出典を明示することとした。各出典を示すために用いた略号は、以下のとおりである。

GW　Sigmund Freud, *Gesammelte Werke*, 18 Bände und Nachtragsband: Bände I-XVII, Imago Publishing Co., Ltd., London, 1940-52; Band XVIII, S. Fischer, Frankfurt am Main, 1968; Nachtragsband, S. Fischer, Frankfurt am Main, 1987.

SA　Sigmund Freud, *Studienausgabe*, 10 Bände und Ergänzungsband, S. Fischer, Frankfurt am Main, 1969-75.

TB　Sigmund Freud, *Werke im Taschenbuch*, 28 Bände, Fischer Taschenbuch Verlag, Frankfurt am Main.

SE　*The Standard Edition of the Complete Psychological Works of Sigmund Freud*, 24 Volumes, The Hogarth Press, London, 1953-74.

OC　Sigmund Freud, *Œuvres Complètes*, 21 Tomes, Presses Universitaires de France, Paris, 1988- .

・フロイトの著作には、単行本、雑誌掲載論文などの刊行形態を区別することが困難なものが多く、本全集では村上仁監訳、J・ラプランシュ、J－B・ポンタリス『精神分析用語辞典』(みすず書房、一九七七年)所収の「フロイト著作年表」において単行本として刊行された旨が記されている著作は『　』を、その他の著作は「　」を付す形で表示した。
・本文および編注において用いた記号類については、以下のとおりである。

〔　〕　訳者によって補足された個所(欧文中の場合は［　］)

《　》　原文においてイタリック体で表記されたドイツ語以外の術語など

傍点　原文におけるドイツ語の隔字体(ゲシュペルト)の個所（本巻では、強調の意を示すイタリック体の個所にも傍点を用いた）

ゴシック体　夢の内容など、本文中にイタリック体で挿入された独立した記述

目　次

モーセという男と一神教

渡辺哲夫 訳

Der Mann Moses und die monotheistische Religion

I　モーセ、ひとりのエジプト人

ある民族の子孫たちが彼らにとって最大の存在と見なし、誇りに思っている人間に対して不遜な論難を加えるなどということは決して好きこのんで、あるいは軽率に企てられるべきでない。とりわけ、自身がその民族に属している場合は、なおさらであろう。しかしながら、いわゆる民族的利益のために真理をないがしろにすることは、どのような先例があるにもせよ、避けるべきである。さらに、事態の解明によって、われわれの認識の深化に役に立つ収穫が実際に期待されてもよい。

モーセ〔Moses〕という男は、ユダヤ民族の解放者にして立法者であり、宗教創始者でもあったわけであるが、あまりにも遠い過去の存在であるゆえ、彼が歴史的に実在した人物であるのか、それとも伝説の産物であるのか、という先決問題は避けて通れない。もし彼が現実に生きていたとするなら、紀元前十三世紀、あるいはまた紀元前十四世紀のことであった。彼に関して、われわれは、聖書とユダヤ人によって記録された伝承からのもの以外に、いかなる認識も持ち合わせていない。このようなわけであるから、最終的に確実な断案など下しえないわけであるが、しかしながら、圧倒的多数の歴史家は、モーセは実在したと、そして彼の実在と不可分のエジプト脱出も実際に起こったのだと言明している。もしもこの前提が容認されないのであれば、そののちのイスラエルの民の歴史は理解できないであろう、という妥当な主張がここにはある。実際のところ、こんにちの科学は、総体として慎重になってきており、口碑伝承を、歴史検証の学の初期におけるよりもはるかに大切に取り扱っている。

モーセという人物に関してわれわれの関心を惹く最初の点は、ヘブライ語でモシェ〔Mosche〕と発音される彼の名前である。以下のような問いは生じうるであろう。この名前はどこに由来するのか。この名前は何を意味するのか。周知のように、「出エジプト記」第二章の文章は、すでにひとつの答えを示している。そこには、ナイル河に棄てられた小さな男の子を救ったエジプトの王女が、語源学的な根拠に基づいて彼にこの名前を与えたと記されている。「私は彼を水から引き上げたのですから」と。しかし、この説明はまったく不十分である。「「水から引き上げられた者」という聖書上のこの名前の解釈は民間語源学によるものであって、これはヘブライ語の能動形（「モシェ」はせいぜいのところ「引き上げる者」しか意味しえない）と一致させることができない」と『ユダヤ辞典』[*1]の著者のひとりは判断している。この否定的見解は、その他の二つの理由によっても支持される。その第一は、エジプト王女にヘブライ語由来の名づけを委ねることの馬鹿らしさであり、そして第二は、子供が引き上げられた水がナイル河の水であったとはとうてい考えられない点である。

ともかく、モーセという名前がエジプト語に由来するとの推定は、以前からさまざまの方面から言われてきた。このような意見を述べたすべての研究者を列挙するまでもないだろうから、私はJ・H・ブレステッドの一冊の新しい本の中から適当な個所を翻訳して引用しておくことにしたい[*2]。この著者の『エジプトの歴史』（一九〇六年）は、権威あるものと評価されている。「彼の（この指導者の）名前モーセがエジプト語であったことは注目に値する。エジプト語のモーセ〔mose〕は、ただ単に「子供」の意に過ぎない。これは、たとえばアメン＝モーセ〔Amen-mose〕、つまりアモンの子供、あるいはプタハ＝モーセ〔Ptah-mose〕、つまりプタハの子供というような、より完全な名前の省略短縮形に過ぎない。しかも、この名前ですらも、アモン（が授けたひとりの）子供、あるいはプタハ（が授けたひとりの)子供という、よりいっそう長い文章的表記が省略短縮されたものである。「子供」という名前は、ほどなく冗長な完全形の名前の妥当な代用物となった。そして、実際「モーセ」という名前はエジプトの記念碑の文字に稀ならず存在している。モーセの父も彼の息子にプタハとかアモンなどと結びついた名前を与えたことは間違いないが、これら神々の名前は日常の生活のなかで徐々に脱落してゆき、この小さな男の子は簡単に「モーセ」と呼ばれるようになった(モーセ〔Moses〕という名前の最後の「s」は、旧約聖書のギリシア語への翻訳に際して付けられた。これは、この名前を「モシェ〔Mosche〕」と発音するヘブライ語とは縁がない)」。以上の個所を私は逐語的に翻訳し、提示したが、この文章の個別的詳細に至るまで責任を共有するだけの準備はしていない。また、ブレステッドが、名前を列挙するにあたって、エジプト王の名前の一覧表に見られる神々に由来する類似の名前をまったく無視した点は、私には少し奇妙に思われる。たとえば、アハ＝モーセ〔Ah-mose〕、トゥト＝モーセ〔Thut-mose〕(トトメス〔Thotmes〕)、さらに、ラー＝モーセ〔Ra-mose〕(ラムセス〔Ramses〕)。

さて、ここまでくると、モーセという名前をエジプト語と見なした多くの研究者たちの誰かひとりくらいは、エジプト語の名前の持ち主はまさしくエジプト人であったに相違ないと結論した、あるいは少なくともその可能性を考えた、と思われるであろう。こんにちでは、現に一個人がひとつの名前だけではなく二つの名、つまり家族名と洗礼名を帯びていても、また、新たな条件の下での名前の変更や統合がないわけではないとしても、われわれは、

＊1　『ユダヤ辞典』ヘルリッツ、キルシュナー編、第四巻、一九三〇年、ユダヤ出版、ベルリン。

＊2　『良心のあけぼの』ロンドン、一九三四年、三五〇頁。

エジプト語の名前の持ち主はエジプト人であるという結論をためらいもなく承認する。たとえば、詩人シャミッソーはフランス人であり、ナポレオン・ボナパルトはそうではなくてイタリア人であり、ベンジャミン・ディズレーリはその名前が示すように間違いなくイタリア系ユダヤ人であると断言されても、われわれは決して驚かない。そして、十分に考えられるわけだが、古い昔の時代にあっては、名前からその民族的帰属をこのように結論づけることは、いまよりはるかに確実であったに相違なく、実際に異論の余地がないと思われたであろう。しかしながら、私の知る限りでは、モーセの場合、歴史家たちの誰ひとりとしてこのような結論を引き出すことがなかった。さらに、まさしくブレステッドもそうなのであるが、モーセは「エジプトのありとあらゆる知恵」に精通し親しんでいたと想定してもよいと考えた歴史家たちのなかにも、このような結論を引き出した者はひとりもいない。[*3]

歴史家たちの歩みを阻害したのが何であったのか、これは明瞭には理解できない。おそらくは、聖書の伝承に対する畏敬の念に打ち勝てなかったのであろう。おそらくは、モーセという男がヘブライ人以外の何者かであったと考えることが途方もなく恐ろしいと思われたのだろう。いずれにしても、エジプト語の名前であると認めることがモーセの血統を判断するにあたって決定的とは見なされていない事実、また、その名前からさらなる結論がまったく導き出されていない事実は明白である。もしも、この偉大なる人物の民族性に関する問いが意味深いと見なされるのであれば、その解答に役立つ新たな素材を示すことが望ましいであろう。

私のこの小さな論文は、まさにこの新たな素材の提示を目的としている。この小論が雑誌『イマーゴ』に掲載されるべき理由は、これが精神分析のひとつの適用を主旨としている点にある。このような議論が、分析的思考に親しみ、その成果を正当に評価する心得のある少数の読者に対してのみ何らかの印象を与えるだけなのは、ほぼ間違いあるまい。しかし、この議論は、それら少数の読者には、おそらく意味深いと思われるであろう。

一九〇九年、O・ランクは、当時はまだ私の影響下にいたが、私の提案に基づいて「英雄誕生の神話」と題する論文を公表した。[*4] この論文は、「ほとんどすべての主な文化的民族は(…)早い時代から、彼らの英雄、伝説的な王や君主、宗教の開祖、王朝・帝国および都市の創始者、要するに彼らの国民的英雄を、詩や伝説のなかで讃美」してきた、という事実を取り扱っている。「彼らは、とりわけこれらの人物の誕生、そして幼少期の出来事に空想的な特質を付与しており、その特質の驚くばかりの類似性、いや、それどころか、時によっては遠く隔たっていてまったく無関係なさまざまの民族同士のあいだに存する部分的にもせよ逐語的な共通性は、以前から知られており、多くの研究者たちに注目されてきた」。ここでランクの先駆的な仕事に沿って、たとえばゴールトンの方法[(1)]を真似て「標準伝説」を構成してみるならば、これは、これらすべての物語の本質的な諸特徴を際立たせてくれるわけであるが、以下のような図式的観念が得られる。

「英雄はきわめて高貴な両親の子供、たいていは王子である。

彼の誕生に先立って、禁欲生活あるいは長期の不妊、あるいは外的な力による禁止や妨害の結果としての両親の密会などの困難がある。妊娠期間中に、あるいはそれよりも早く、彼の誕生を警戒するようにとの告知(夢、神託)

＊3　前掲書、三三四頁。太古の時代から現代に至るまで、モーセはエジプト人であったとの想定が、名前に関する問いを引き合いに出すことはなかったにせよ、しきりと述べられてきたにもかかわらず[(2)]。

＊4　*Schriften zur angewandten Seelenkunde*, Heft 5, Fr. Deuticke, Wien. この研究に対するランク独自の寄与の価値をおとしめる気持ちなど、私には毛頭ない。

が現れる。これは、たいていの場合、父にとっての危険を告げる脅威的なものである。そのため、生まれたばかりの子供は、たいていの場合、父あるいは父を代理する人物の指示によって、殺されるか棄てられる定めとなるが、常のことのように、子供は小さな箱のなかに入れられ、水に流される。ついで、その子供は、動物あるいは身分の卑しい人(牧人)によって救われ、牝の動物あるいは身分の卑しい女性によって乳を与えられる。

成人するに至って、かつてのその子供は、波瀾万丈の道をたどって高貴な両親に再会し、一方では父への復讐を遂げ、他方ではその真の素性を認められ、偉大な権力と栄光を得る」。

このような誕生神話が直接的に当てはめられる歴史上最古の者は、アッカドのサルゴン、すなわちバビロンの創設者(紀元前二八〇〇年頃)である。彼自身によるとされる言葉をここに再録するのは、ほかならぬわれわれの研究にとって益なきことではない。

「サルゴン、強大なる王、アッカドの王、それは余である。余の母は斎女《いつきめ》であった。余の父を余は知ることがなかった。余の父の兄弟は山岳に棲んでいたとのことであるが。ユーフラテス河畔にある余の町アズピラヌで母、その斎女は余を身ごもった。彼女はひそかに隠れて余を産んだ。彼女は余を葦の小箱に入れ、小箱の蓋を瀝青で閉じ、余を河の流れに委ねた。余は溺れなかった。流れは余をアキ、水汲み男のところに運んだ。アキ、その水汲み男は、優しい心で余を水のなかから救い上げた。アキ、その水汲み男は、余を彼自身の息子として育てた。アキ、その水汲み男は、余を彼の庭番とした。庭番であった余をイシュタルは愛し、余は王となり、そして四十五年間にわたって王として国家を統治した」。

アッカドのサルゴンとともに始まる系譜のなかで，われわれにたいへん馴染み深い名前は，モーセ，キュロス，そしてロムルスである。しかし，ランクは，その他にも，膨大な数の詩あるいは伝説のなかに登場する英雄像を総括しており，そこにも，全体において，あるいは部分的にではあるが，明瞭にそれと分かるかたちで同じような幼少時代の物語が繰り返し現れている。すなわち，エディプス，カルナ，パリス，テレポス，ペルセウス，ヘラクレス，ギルガメシュ，アムピオン，ゼトスなど(3)。

これらの神話の源泉となる典拠と物語の筋の流れ方は，ランクの調査によって，われわれの知るところとなった。この点に関して，私は簡潔に輪郭を描くだけでよいだろうと思う。英雄とは，彼の父に向かい勇気をもって反抗して立ち上がり，最後には父に圧倒的な勝利をおさめた者である。このかたちの神話は，この闘争をひとりの人間の原初の時代に至るまで追尋しているわけであり，子供は父の意に反して生まれ，父の悪意に抗して救済される筋立てになっている。小箱のなかへの遺棄は，紛れもなく誕生の象徴的描写であり，小箱は子宮の，河の流れは羊水の象徴的描写である。無数の夢のなかでも，両親－子供関係は，水のなかから引き上げることとして，あるいは水のなかから救い出すこととして描かれている。ひとりの比類なく卓越した人物に対して，民族全体の空想《ファンタジー》が先に述べた誕生神話を付与するとき，それはすなわち，民族全体の空想がその人物を通じて英雄を見ようと欲しているのであり，その人物が英雄の人生の図式を満たしていたという事実を知らせようと欲していることになろう。それはともかく，ありとあらゆる詩篇の源泉は，いわゆる子供の「家族ロマン」なのであって，このなかで，息子は両親，とりわけ父に向かう彼の感情的な関わり方の変化に敏感な反応を示す。早期幼年時代は父に対する崇高な過大評価に満たされており，それに応じて夢やメルヘェンに現れる王様とお妃様は必ずと言ってよいほど両親を意味しているのだが、しかし、のちになると、ライヴァル関係の影響や現実的な幻滅のなかで、両親からの分離および父に対する批判的な態度が取って代わるように現れる。神話に出てくる二つの家庭、すなわち高貴な家庭と卑賤な家庭は、それゆえ自身の家庭の二様の映像なのであり、これらは子供にとって移り行く人生のなかで生じてくる。

以上のような説明によって、英雄誕生の神話が広範に伝播している理由も同質である理由も、十分に理解されると主張されてもよいだろう。だが、なおいっそう興味深いのは、モーセの誕生および遺棄伝説が特異であり、それだけでなく、本質的な点において他のものと矛盾していることである。

ここでは、二つの家庭、つまりそのあいだで子供の運命にまつわる伝説が展開される二つの家庭から論じ始めよう。分析的解釈のなかで二つの家庭の区別が崩れ去り、一致してしまい、ただ時期的にのみ互いに区別されるに過ぎないことを、われわれは知っている。定型の伝説において、子供が誕生する最初の家庭は、高貴な、たいていは王家の環境である。子供が成長する第二の家庭は卑賤な、あるいは落ちぶれたものだが、解釈が溯っていくべき源泉としては、こちらのほうがふさわしい。ただエディプス伝説においてのみ、この区別は失われている。ここでは、ひとつの王家から遺棄された子供が別の王家によって受け入れられている。しかし、この例においても、伝説における二つの家庭の根源的な同一性がほのかな光がちらつくように示されているのは、偶然ではないであろう。二つの家庭の社会的な貴賤というコントラストは、われわれがすでに知っているとおり、偉大な男の英雄的な本性を強く示す力を神話に与えているが、またさらに、とりわけ歴史的な人格に重要性を帯びさせる機能を神話に与えている。このコントラストは、さらに、英雄のために高貴さの証明書を創出し、彼を社会的に崇高にするためにも利用されうる。それゆえ、たとえばキュロスはメディア人にとって異邦人たる征服者であるが、遺棄伝説の道筋を通って彼はメディア王の孫となる。ロムルスの場合も似ている。彼と見なしてよい人物が歴史上実在していたならば、その者は流れ者あるいは成り上がり者だったが、彼は伝説によってアルバ・ロンガ王家の子孫にして後継者とされる。

モーセの場合、事情はまったく異なっている。モーセの場合、通常は高貴であるはずの最初の家庭はたいへん慎ましやかである。彼はユダヤのレビ族の子供である。しかし、第二の卑賤な家庭は、通常はここで英雄が育つわけだが、エジプトの王家となっていて、王女が彼を自分の息子として育てる。このような定型からの逸脱は、多くの人びとに奇異の念を抱かせることになった。Ed・マイヤーおよび彼に続く研究者たちは、この伝説が元来は異なる内容を持っていたと想定している。すなわち、ファラオが予言的な夢[*5]によって、彼の娘が産むひとりの男児が彼と王国に危険をもたらすと警告される、そこで彼はその子供を生後すぐにナイル河に棄てさせる、しかしその子供はユダヤ人によって救われ、ユダヤの子供として育てられる、という内容を持っていた、と。ランクの言う「民族的動機[*6]」によって、この伝説はわれわれに周知のかたちへと改造されたのだ、と。

しかし、ちょっと深く考えれば分かるだろうが、他の定型から逸脱していない右に示されたような元来のモーセ伝説など成り立ちうるはずもない。なぜなら、この伝説はエジプト起源かユダヤ起源かのどちらかであるが、エジプト起源との考えは論外である。エジプト人にとっては、モーセの栄光を讃美する動機などまったくない。モーセ

＊5　フラウィウス・ヨセフスによる報告のなかでも論じられている。
＊6　前掲書、八〇頁、注。

は彼らにとって決して英雄などではないからだ。それゆえ、この伝説はユダヤ民族のなかで創られた、つまり周知の形式をとって指導者たる人物に結びつけられた、と考えるべきだろう。しかしながら、目的という点で見るならば、この伝説はまったく不適切であった。実際、民族にとっての偉大なる男を異民族出身者にしてしまう伝説のいったい何が、その民族にとって有用なのであろうか。

こんにちわれわれが目の当たりにしているモーセ伝説のかたちにおいては、この伝説は、奇妙なことだが、その秘められた意図を示すに至っていないと考えざるをえない。もしモーセが王家出身でないならば、この伝説は彼に英雄の刻印を捺せまい。もし彼がはじめからずっとユダヤ人の子供であるならば、この伝説は彼を崇高な存在にする働きを何ひとつしていないだろう。この神話全体のほんの一部分のみが、この子供が勇気をもって強大な外的な威力に抗して闘ったことを証言しているに過ぎず、このような話の筋はイエスの幼年時代の物語も繰り返しているわけで、イエスの場合、ファラオの役割をヘロデ王が引き受けているだけの話である。事情がこのようであるゆえ、のちの世の誰か知らぬが、伝説素材の不器用な改作者が彼にとっての英雄モーセのために、いわば古典的な、英雄を英雄たらしめる遺棄伝説と似た物語を持ち込むという誘惑に負けた、だがしかし、特殊な事例であったがゆえにモーセにしっくりと馴染まなかった、と考えるのは実際可能であろう。

この不十分かつ不確実な結論でもってわれわれの研究は満足しなければなるまいし、また、モーセがひとりのエジプト人であったか否かという問いに対して答えを出すことも全然できなかったと言わざるをえない。しかし、ここには、遺棄伝説の意義を認めるためのもうひとつの、たぶんもっと期待されてよい道がなお残されている。

神話のなかに現れる二つの家庭に話題を戻してみよう。分析的解釈の水準においては二つの家庭が同一であり、神話の水準においては二つの家庭が高貴なものと卑賤なものとに区別されるのをわれわれは知っている。しかし、歴史上の人物が問題になるとき、しかもその人物に神話が結びついてしまっているとき、そこには第三の水準、すなわち現実の水準があることを考えなければなるまい。そうであるならば、ひとつの家庭は、そこでその人物、偉大なる男が実際に生まれ育った現実の家庭となる。もうひとつの別の家庭は、虚構のもの、神話が意図するところに従って神話によって捏造された家庭となる。そして、通常の場合、現実の家庭は卑賤な家庭と、捏造された家庭は高貴な家庭と重なり合う。モーセの場合、何かしら別の事情が存するように思われた。ここまでくるならば、検証されうるいっさいの事例を考慮しても、子供を遺棄した最初の家庭は捏造されたものであり、子供を拾い育てる別の家庭は、しかし現実の家庭であるという経緯を、新しい視点が解明してくれるだろう。もしも、われわれが、この命題において、モーセ伝説をも包含するような普遍性を認める勇気を持つならば、モーセはひとりの――おそらくは高貴な――エジプト人であり、伝説によってユダヤ人へと変造されるべく運命づけられていたのだ、という事情が一気に明瞭になってくる。これがわれわれの結論だと言ってもよかろう！　河のなかへの遺棄はたしかにあったが、新たな伝説の勢いにふさわしいものとするために、その意図は、放棄することから救いの手を差し延べることへと、かなりの無理を犯してまでもねじ曲げられなければならなかったのだ。

標準的な伝説からのモーセ伝説の逸脱は、しかしモーセ物語の持つ特殊性にも、その原因を帰することができよう。通常の場合、英雄はその人生の経過のなかで彼の卑賤な出発点を乗り越えて崇高になっていくのだが、モーセという男の英雄的な生涯は、高みからの転落で、イスラエルの子供たちのなかに身を落とすことでもって開始された。

われわれは、モーセはひとりのエジプト人であったという推測に適した第二の新たな論拠を獲得しようとして、この小さな研究を進めてきた。名前の研究から由来する第一の論拠が多くの研究者に対して決定的な印象を与えなかったことを知ったからである。[*7]遺棄伝説の分析による新たな論拠がよりよい成果に至らないことも、覚悟しなければなるまい。反論は、おそらく以下のようなものだろう。すなわち、伝説の造型と変形の絡み合いは決して明瞭に見通せるものではなく、われわれの出した結論など正当化されえない、また、モーセの英雄的な姿に関するいろいろな伝承は混乱し、矛盾に満ちており、数世紀の長きにわたって続けられてきた故意の改造と幾重にわたる書き足しの痕跡も明白であるゆえ、奥深い背後に潜んでいる歴史的真理の中枢を白日のもとに曝そうとするいっさいの努力は迷路に陥るに違いない、と。私自身はこのような忌避的な態度はとらないが、しかしまたこの忌避的態度を断固として却下することも私にはできない。

これ以上に確実なことが言えないとするならば、そもそも私はなぜこの研究を公表したのであろうか。私の立論が暗示以上のものになりえていない事実も、私は遺憾に思う。なぜかというと、ここで述べられた二つの論拠が注目され、モーセがひとりの高貴なエジプト人であったという想定を真実だと思う気持ちが生じるならば、その場合、たいへんに興味深く、かつ広大なパースペクティヴが現れるからである。ある程度確かな、それほど的外れではない仮説の助けを借りるならば、モーセを尋常ならざる歩みへと導いた動機が理解されるであろうし、その動機との緊密な関係のなかで、モーセがユダヤの民に授けた掟と宗教に関する数多くの特質および特異性を根拠づけることが可能となろう。さらに、一神教一般の成立についての意義深い見解すらも提起されるだろう。しかしながら、これほど重要な事柄を解明するに当たって、心理学的な蓋然性にのみ依存するわけにもいくまい。もしもモーセがエジプト人であることに歴史的な根拠を与えようとするならば、モーセがエジプト人であるなど空想《ファンタジー》の産物に過ぎないとか、現実からあまりにもかけ離れているとかいう、夥しく生じてくるであろう批判から身を守るために、少なくとも、さらに確固たる支点が必要となるだろう。モーセがいつの時代に生存していたか、そしてエジプト脱出がいつ起こったか、という点についての客観的証拠があれば、われわれの欲求は満たされるであろう。しかし、このような証拠はなかった。それゆえ、モーセはひとりのエジプト人であったという見解から生じるさらなる推理を報告することは、やめておいたほうが賢明であろう。

＊7　たとえばEd・マイヤーは、『モーセ伝説とレビ族』(ベルリーナー・ジッツバー、一九〇五年)のなかで、「モーセという名前は、おそらく、そしてシロの祭司一族のなかのピンハスという名前は(…)疑いようもなくエジプト語である。もちろん、これは、この一族がエジプトに起源を持っていたと証明しているわけではないが、しかし彼らがエジプトと関係していたことくらいは証明している」(六五一頁)と述べている。ここで、いかなる関係を考えるべきか、という問いはもちろん立てられてよい。(4)

II　もしもモーセがひとりのエジプト人であったとするならば……

114

この雑誌に載せた先の論文[*8]のなかで、私は、モーセという男、ユダヤ民族の解放者にして立法者たる男が決してユダヤ人ではなく、エジプト人であったとの推察を新たな論拠によって強固なものにしようと試みた。彼の名前がエジプト語由来だということは以前から気づかれていたが、実際には問題視されてこなかった。そこで、私はモーセにまつわる遺棄神話を解釈しつつ、彼はひとりのエジプト人であった、その男を民族全体の欲求がユダヤ人に造り変えようとした、との推論に至らざるをえない旨を追記した。先の論文の最後のところで、モーセがひとりのエジプト人であったとの想定のなかからは重要で射程距離の長いもろもろの結論が生じてくること、だがしかしこの想定は心理学的な蓋然性にのみ立脚しているだけで客観的な証拠を欠いているゆえに、この想定に関して公然と責任をとる心の準備がない旨を、私は述べておいた。心理学的に獲得された洞察が意義深いものであればあるほど、それをより確実な根拠づけのないまま外部からの批判的攻撃に曝してしまうことへの警戒心はますます強くなる。これは粘土の土台の上に青銅の像を置く愚に等しいだろうから。いかに魅惑的な真実らしさであっても、誤謬から身を守ることはできない。ジグソー・パズルの各片の場合を連想しても分かるとおり、ひとつの問題を解くに必要な各片がすべて揃っていると思われるときですら、真実らしいことは必ずしも真理ではなく、逆に真理がいつも真
115
実らしく見えるわけではないという現実が考慮されなければなるまい。要するに、自分たちの主張が現実といかに疎遠であるかを意に介さずに叡智とやらを振りまわして満足しているスコラ哲学者やタルムード学者と一緒にされ

るのは、気分がよくないのである。

かつてと同様、こんにちもなおこのような懸念は重苦しいものであるが、私のもろもろの動機が矛盾し合い、対立し合うなかから、最初の報告にこの続篇を加えようとの決心が生じてきた。しかし、この続篇もまた、全体に関するものではなく、問題全体のなかの最も重要な部分でもない。

（一）

さて、モーセがひとりのエジプト人であったとするならば——、この想定からまず得られるのは、新たな、答えようがないほどに謎めいた問いだけだろう。一民族あるいは一部族が大きな冒険に乗り出そうとするとき、その民族同胞のなかのひとりが指導者になること、あるいは選ばれて指導者の役割をはっきりと与えられることは、異論の余地があるまい。しかし、ひとりの高貴なエジプト人——おそらくは王子、聖職者、政府高官——をエジプトに移民してきた文化的に遅れた異邦人の集団の頂点に立たせ、この集団とともに祖国を去らせたものがいったい何であったのか、これは容易に推測できる事態ではない。異民族に対してエジプト人のとる侮蔑的態度は周知であるゆえ、このような出来事の信憑性はことさらに怪しいものとなる。まったく、実際のところ、まさにこの経緯のゆえに、モーセという名前をエジプト語と認め、その男がありとあらゆるエジプトの知恵に満たされていたと考えてい

＊8　「モーセ、ひとりのエジプト人」(*Imago*, Bd. XXIII, 1937, Heft 1)。
＊9　エジプト脱出にどれくらいの人数が参加したのか、これについては考えようもない。

た歴史家たちですら、モーセはひとりのエジプト人であったという明瞭な可能性を採用しようとしない、と私は考えたい。

右に述べた難問には、ただちにつぎの難問が続く。つまり、モーセは、ただ単にエジプトに定住していたユダヤ人の政治的指導者であっただけではなく、また彼らの立法者、教育者でもあったわけで、こんにちなお彼に因んでモーセ教と呼ばれる新たな宗教を彼らユダヤ人に強制した男だ、という事実をわれわれは忘れてはならない。ところで、たったひとりの人間がそう簡単に新しい宗教を創り出せるものであろうか。また、誰かが他人の宗教に影響を与えようとするとき、その人が他人をその人自身の宗教に改宗させるのが最も自然な経緯ではあるまいか。エジプトに住んでいたユダヤ民族も、おそらくは何らかのかたちの宗教を持っていたであろう。そして、ユダヤ民族に新たな宗教を与えたモーセがエジプト人であったならば、このもうひとつ別の新たな宗教もまたエジプトの宗教であったとする推測は、それゆえ否定できない。

可能と思われるこの道を進むことを妨げるのは、モーセに起因するユダヤ人の宗教とエジプト人の宗教とのあいだに非常に鋭い対立が存在する事実である。ユダヤ人の宗教は、雄大にして不動の一神教である。唯一の神のみ存在する。この神は比類がなく、全能であり、近寄り難く、神の正視に堪えることなどできず、決して神の像を造ってはならず、神の名を口に出すことも決して許されない。エジプトの宗教においては、千差万別の品位と来歴を持つほとんど見渡し難い、夥しい数の神々が群れている。天と地、太陽と月などの大いなる自然の力が人格化されたもの、またマート（真理、正義）のように抽象化されたもの、あるいは小人のベスのように戯画化されたもの。しかし、たいていのものは、国土が数多くの地方に分散していた時代の多くの地方神であり、あたかも古代のトーテム動物からの発展過程をいまだに克服しきっていないかのように動物の姿をとっていて、相互の区別は曖昧模糊としており、個々の神にそれなりの働きが割り当てられることもほとんどない。これらの神々を称える頌歌はそれぞれ同じようなものであり、何のためらいもなく神々を同一視してしまうので、われわれは絶望的なまでに混乱させられてしまう。神々の名は互いに組み合わせられ、ひとつの名が別の名の形容詞に低落してしまう。たとえば「新帝国」全盛時代のテーベ市における主神の名はアモン＝レーと称するが、この組み合わせのなかで、はじめの部分は牡牛の頭を持つ都市神を意味し、レーはオン〔ヘリオポリス〕のハイタカの頭を持つ太陽神である。魔術的、祭儀的な行為、呪文や護符がこれらの神々への献身のさまを支配していたが、これはエジプト人の日常生活そのものにも通じていた。

以上のような違いの多くは、峻厳な一神教と制約のない多神教との原理上の対立から容易に導き出されるだろう。それ以外の違いは、明らかに精神的な水準の差からの帰結である(1)。多神教にあって宗教は原始的な発展段階にかなり近く、一神教は洗練された抽象化の高みへの飛躍を成し遂げてしまっている。折りに触れて受ける印象ではあるが、モーセ教とエジプトの宗教との対立が、欲せられた対立、意図的に先鋭化された対立であるかのように思われるのは、この二つの目立つ特性の並存ゆえかもしれない。たとえば、一方は魔術、妖術の類いのいっさいを苛酷なまでに断罪するのだが、エジプトの宗教においては魔術、妖術の類いが異様なまでに夥しくはびこっている。あるいは、神々を粘土や石や青銅で具体的に見えるものとして造形せんとするエジプト人の飽くなき願望と歓喜が一方にあるわけで、これにはこんにちわれわれの博物館が多大の恩恵を受けているのだけれども、他方では、何らかの生き物あるいは思考の産物を像として造形してはならぬという苛烈な禁止がこれに対立しているわけである。ところで、これまで論じられてきたことと直接には関係を持たない、もうひとつ別の対立が二つの宗教のあいだには存在する。エジプト民族以外の他のいかなる古代民族も、エジプト民族ほどには死を否認するために多くの努力をしていないし、彼岸での生存を可能にするべく綿密に配慮したこともない。それゆえに他界の支配者たる死の神オシリスは、エジプトの神々のなかで最も大衆に信じられた不動の存在だった。これと反対に、古代ユダヤ教は不死ということを完全に断念していて、死後の生存が持続する可能性など、どこでもいつ何時でも述べられたためしがない。これを考えると、その後の歴史経験が教えてくれるわけだが、彼岸の存在への信仰が一神教のひとつときちんと調和しえている事実は、なんとも奇妙としか言いようがない。

モーセはひとりのエジプト人であったろうとの想定が多方面にわたって豊かな力を発揮し、解明力を示すであろうとわれわれは期待していた。しかしながら、彼がユダヤの民に与えた新たな宗教はモーセその人の、つまりエジプトの宗教であったとの想定から導き出されたはじめの推定は、双方の宗教の相違を見つめるに至って、いや、それどころか双方の宗教のあいだのたいへんな対立を見るに至って破綻してしまったことになる。

（二）

ところが、のちになって初めて認められ、評価されるようになったのだが、エジプトの宗教史にはひとつの奇妙な事実があり、これがわれわれになおもうひとつの展望を開いてくれる。つまり、モーセが彼に従うユダヤの民に与えた宗教は、なるほどたしかに彼自身の宗教ではあったが、これはエジプト宗教そのものではなかったにもせよ、やはりひとつのエジプトの宗教であったという可能性は残されている。

エジプトが初めて世界帝国となった輝かしい栄光に満ちた第十八王朝のとき、おおよそ紀元前一三七五年頃、ひとりの若いファラオが即位した。この若いファラオは、はじめ父と同じくアメンホテップ(四世)と名乗っていたが、のちにその名前を変えた。しかも、彼が変えたのは彼の名前だけではなかった。この王は、彼の支配のもとにあるエジプト人に、彼らの数千年来の伝統や彼らが親しみ信じてきた生活習慣のすべてを峻拒するようなひとつの新たな宗教を無理強いしようとした。この宗教は厳格な一神教であって、われわれが知りうる限り、このような試みとしては世界史上最初のものであった。そして、唯一神信仰とともに、避けようもないが、宗教的な不寛容、すなわち他宗排斥が生じ、この不寛容は、古代にあっては昔から——そしてそののちも長いあいだ——異物のごときものであった。ところが、アメンホテップの治世はわずか十七年しか続かなかった。紀元前一三五八年に彼が死んだのち、ただちにこの新たな宗教は一掃され、異端の王への追憶は捨て去られた。この王に関するわれわれのごくわずかな知識は、この王が建てて彼の神を祀った新しい王宮の廃墟から、そしてこの廃墟のなかの岩石の墓に刻まれた碑銘文から、かすかに伝わってくるのみである。けれども、この奇妙な、いや、それどころかまったく比類がないとも言うべき人物に関してわれわれが学び知りうる事柄のすべては、きわめて興味深い。[*10]

新たなるものはすべて、以前のもののなかにその準備と前提を持っているに相違ない。エジプトの一神教の根源も、ある程度の確かさをもって、ある程度の過去へと追求されうる。[*11]オン(ヘリオポリス)の太陽神殿の祭司学校においては、かなり以前から、ひとつの普遍的な神という考えを発展させ、この神の本質の倫理的側面を強調せんと

＊10　「人類史上における最初の個人」とブレステッドはこの王を呼んでいる。

する動きが活発であった。マート、すなわち真理と秩序と正義の女神は、太陽神たるレーの娘であった。アメンホテップ三世、つまり宗教改革者となった若き王の父にして先行者でもあった王の治世に、すでに太陽神崇拝は新たな飛躍を遂げていた。これは、おそらく優勢な力を持つようになったテーベのアモンへの対抗でもあったろう。太陽神の太古の名前であるアトンあるいはアトゥムが新たに引き出された。そして、このアトン教のなかに、若い王は、彼が自力で喚起するまでもなく関与できたひとつの宗教的な動きを見出した。

この当時、エジプトの政治情勢は、エジプトの宗教に対して持続的に影響を及ぼすようになり始めていた。偉大なる征服者トトメス三世の戦功によってエジプトは世界的国家となり、南はヌビア、北はパレスティナ、シリア、そしてメソポタミアの一部まで帝国の支配下に属するようになっていた。この帝国主義が、宗教においては普遍主義と一神教として現れるようになった。いまやファラオはエジプト外部のヌビアやシリアをも包括的に配慮しなければならなくなり、神性もまたその民族的な限定を放棄せざるをえなくなった。そして、ファラオがエジプト人に知られていた世界の唯一かつ絶対の支配者であったことと軌を一にして、エジプト人にとっての新たな神性もまた、おそらく唯一かつ絶対にならざるをえなかったのだろう。これに加えて、帝国の国境拡大とともにエジプトが外国からのもろもろの影響に身を曝すようになったのも、自然の成り行きであった。王の妃の多くはアジアの王女たちであったし、[*12] おそらくは一神教への動きを進める直接的な刺激すらもシリアから入り込んできたのであろう。

アメンホテップは、オンの太陽崇拝との結びつきを一度も否定しなかった。岩穴内の墓の碑文によってこんにちまで遺され、おそらくは彼自身によって創作されたと考えられる二つのアトン頌歌のなかで、彼は太陽をエジプト内外すべての生きとし生けるものの創造主、そして保護者と称えているが、その熱烈さたるや、幾世紀ものちになってユダヤの神ヤハウェを崇敬する詩篇のなかに初めて回帰してくるほどの強さを示している。しかし、この若い王は、太陽光線の作用に関する科学的認識を驚くべき迅速さで先取りするだけでは満足しなかった。彼がさらに歩みを進め、太陽を、物質的対象としてでなく、光線のなかにおいておのれのエネルギーを告げてくる神的存在の象徴と見なし、称えたことには疑念の余地がない。[*13]

しかし、この王を、彼の登場以前にすでに成立していたアトン教の単なる信奉者ないし後援者とだけ見なすならば、この王を正当に評価したことにはならない。彼の活動は、はるかに徹底的で断固たるものであった。彼は、普遍的な神に関する教義が初めて一神教になるために必要な新たなもの、すなわち排他性という要因を加えた。彼自身の作である頌歌のなかで、それは直接的に謳われている。「おお、汝、唯一の、並ぶものなき神よ」と。[*14] ところ

---

*11　以下の論述は、主として『エジプトの歴史』(一九〇六年)、ならびに『良心のあけぼの』(一九三四年)のなかのJ・H・ブレステッドの叙述、および『ケンブリッジ古代史』第二巻の該当個所による。

*12　アメンホテップの寵愛を受けた妻ネフェルティティでさえも、おそらくはそうであったろう。

*13　ブレステッド『エジプトの歴史』三六〇頁、「新しい国教の起源が太陽崇拝者に存することは、たしかに明瞭であるかもしれないが、それは単なる太陽崇拝ではなかった。アトンという語は「神」の古語である「ヌター」の代わりに用いられたものであって、神は物質的太陽からはっきりと区別されている」。「それによって太陽がおのれを大地に直接感じさせるその力、この力をこそこの王が神格化した、ということは明白である」(『良心のあけぼの』二七九頁)。――A・エルマン(『エジプトの宗教』一九〇五年)は神を称える儀式の文言に関して同様の判断を下している。「その言葉は(…)天体そのものが称えられているのではなく、天体においておのれを開示している存在こそが称えられているのだ、ということを可能な限り抽象化して表現しているのであろう」。

で、この教義の意味を認めるにあたって、その肯定的な面を知るだけでは十分ではなく、その否定的な面、すなわち新しい教義が棄却したものを知るのもほとんど同じくらい重要だ、ということが忘れられてはならない。また、この新しい宗教が、あたかもゼウスの頭部から生まれてきたアテナのように、完全武装して一気に誕生したと考えるのも誤りであろう。もろもろの事情を考慮するならば、むしろこの新しい宗教はアメンホテップの統治が続くうちに徐々に明晰性、一貫性、峻厳性、そして不寛容を強めていった、と言うべきである。この発展がこの王の宗教改革に対するアモンの祭司たちのなかで亢進してきた激しい反対運動の影響下で進められたことも、おそらく確かであろう。アメンホテップが統治を開始して六年目、この敵対関係はひどく強まり、王は当時となってはすでに厳禁されていた神の名前であるアモン〔アメン〕という語が含まれている彼自身の名前を変更するに至った。彼はアメンホテップという名前を捨て、イクナートンと名乗ることになった。[*15] しかし、この王は自分の名前から嫌悪すべき神を抹消しただけではない。さらに加えて、あらゆる碑銘から、そして彼の父たるアメンホテップ三世の名前のなかに嫌悪すべき神が現れているとして、それすらも抹消した。名前を変更したのち、まもなくイクナートンはアモンの勢力に支配されたテーベを去り、河の流れを下って新しい王宮を建て、これをアケタートン〔アケトアテン〕(アトン〔アテン〕の地平)と名づけた。その廃墟の地は、こんにちテル＝エル＝アマルナと称されている。[*16]

王の迫害はアモンに対して最も苛酷であったが、それだけにとどまらなかった。王国全域で神殿寺院が閉鎖され、礼拝は厳禁され、神殿寺院の財産や所有地は没収された。いや、それればかりか、この王の熱情は実に激しいものであって、彼は古い記念碑を調査させ、そこに「神」という言葉が複数形で使われていると、これらを削除させたほどであった。[*17] イクナートンのこのような措置が、抑え込まれた聖職者層や不満を抱いた人民のあいだに狂信的な復讐の気分を引き起こし、王の死後にこの気分が噴出した経緯は驚くには当たらない。アトン教は一般には親しまれなかった。おそらくは王個人をめぐる小さな集団に限られたものであったろう。イクナートンの最期は闇に包まれたままである。幾人かの短命な影の薄い後継者が彼の血統から出たという報告がある。彼の娘婿のツタンカートンにしてすでに、テーベに戻るよう強制され、その名前のなかの神をアトンからアモン〔アメン〕へと変えるよう強いられた〔ツタンカーメン〕。それから無政府状態の時代となり、これはホルエムハブ将軍が紀元前一三五〇年に秩序を回復するまで続いた。栄光に満ちた第十八王朝は消滅し、同時にヌビアやアジアの征服地も失われた。この不透明な中間期にエジプトの古いいろいろな宗教がふたたび現れた。アトン教は廃棄され、イクナートンの王宮は破壊され、略奪されるがままとなり、この王への追憶はひとりの犯罪者の思い出となった。

さて、これからアトン教の否定的かつ拒否的な特質のなかからいくつかの点を際立たせるが、これは一定の意図を念頭に置いてのことである。まず第一に、いっさいの神話的なもの、魔術的なものないし呪術的なものが排斥さ

＊14　前掲『エジプトの歴史』三七四頁。

＊15　私はこの名前について英語表記に従う（普通はアケナートン〔アクエンアテン〕）。この王の新しい名前は、おおよそ彼の以前の名前と同じこと、神は満足せり、を意味している。われわれドイツ語圏の名前、ゴットホルト、ゴットフリートと同様である[2]。

＊16　ここで一八八七年、歴史学的にたいへん重要な、エジプトの王たちとアジアの友人たちおよび臣下たちとが交わした書簡が発見された。

＊17　前掲『エジプトの歴史』三六三頁。

れていること。[*18]

それから、太陽神の表現の様式。もはや以前のように小さなピラミッドと鷹[(3)]によって表現されるのではなく、無味乾燥とも言ってよいが、ひとつの平たい円板によって表現される。この平たい円板から光線が発して、人間の両方の手のひらに至っている。アマルナ期には、ありとあらゆる芸術が豊かに享受されたにもかかわらず、これ以外の太陽神の表現様式、たとえばアトンの人格の造形などは見出されたためしがないし、今後も見出されないであろうことは断言されてもよい。[*19]

最後の特質として、死の神オシリスと死の国に関する完璧な沈黙。頌歌も墓碑銘も、おそらくはエジプト人の心情に最も切実であったろうこの消息にいっさい触れていない。これ以上はっきりと大衆宗教との対立が具体的に示される事態もあるまい。[*20]

（三）

ここまでくれば、われわれは、思いきって結論を下してもよいだろう。もしもモーセがひとりのエジプト人であったとするならば、そしてもしも彼がユダヤ人に彼自身の宗教を伝えたとするならば、それはイクナートンの宗教、すなわちアトン教であった、と。

われわれは、先にユダヤの宗教をエジプトの民衆宗教と比較し、両者のあいだの対立性を確認しておいた。こんどはユダヤ人の宗教とアトン教を比較することになるが、ここでは両者の根源的な同一性が示されると期待してよかろう。与えられた任務は決して容易でないとわれわれは承知している。アモンの祭司たちの激しい復讐心と破壊のせいで、アトン教に関してわれわれが知るところは、おそらくひどくわずかなものになってしまった。モーセの宗教について、われわれはその最終形態のみを知っているだけであるが、これは周知のように、おおよそ八百年ののち、流浪の時代が終わってから、ユダヤ人祭司によって確定された。素材の不足にもかかわらず、われわれの考えに好都合であるようないくつかの徴候が見出されるのであれば、それらは大切なものと評価されてよいであろう。

モーセの宗教はアトン教にほかならないという命題を証明する近道がもしあるとするならば、それは告白ないし宣言の内実に関する道であろう。しかし、このような近道などないと言われてしまうのを私は危惧する。ユダヤ教の信仰告白は、周知のようにSchema Jisroel Adonai Elohenu Adonai Echodと語られる。もしもエジプト語のアトン(あるいはアトゥム)という名前が、ただ単に偶然にヘブライ語のアドナイ、そしてシリアの神の名前たるアドニスと似た響きを持っているだけではなく、太古の言語との意義の共有の結果であるとするならば、このユダヤ教

＊18　A・ウェイゴール(『アクナートンの生涯とその時代』一九二三年、一二一頁)が述べているが、人はありとあらゆる呪文によって冥界の恐怖から自分を守ろうとするであろうに、イクナートンは冥界について何も知ろうとしなかった。「アクナートンは、これら呪文書のいっさいを火中に投げ棄ててしまった。ジン、ボーギー、精霊、怪物、半神、そしてすべての従者をひっくるめてオシリスそのものが炎のなかへと一掃され、灰燼に帰した」。

＊19　ウェイゴール(前掲書)「アクナートンは、アトンに関していかなる造形をも許さなかった。真の神は、とこの王は言った、いかなる形をも持たない、と。そして、彼はこの見識を生涯を通じて貫いた」(一〇三頁)。

＊20　エルマン、前掲書、七〇頁、「オシリスとその国に関しては、もはや一言も耳に入らなくなったことだろう」。――ブレステッド『良心のあけぼの』二九一頁、「オシリスは完全に無視されている。イクナートンのいかなる記録にも、アマルナのいかなる墓にも、この死の神は記されていない」。

の文言は以下のように翻訳されうるだろう。聞けイスラエルよ、われらの神アトン（アドナイ）は唯一の神である、と。この問題に答えるだけの能力を私は残念ながらまったく持っていないし、この問題に関して文献にあたってみても、ごくわずかのことしか見出せなかったのだが[*21]、しかし、おそらくこの問題は軽々しく取り扱うべきものではあるまい。いずれにせよ、われわれは神の名前に関する問題にいま一度戻らざるをえなくなるであろう。

モーセの宗教とアトン教の類似点は、それらの相違点と同様にたやすく見て取れるが、多くの事柄を解明してくれるわけでもない。両方とも厳格な一神教のかたちをとっているが、そのため双方の一致点をいきなりこの根本特性に求めたくなってしまうせいだろう。ユダヤの一神教は多くの点でエジプトの一神教よりもはるかに峻厳であって、たとえば造形的表現一般の禁止の苛烈さにおいてそれが認められよう。最も本質的な相違は——神の名前の違いは別として——、ユダヤ教が太陽崇拝から完璧に離れてしまっているのに対して、エジプトの一神教はなお太陽崇拝に依存していた事実に現れている。ユダヤ人の宗教とエジプト民衆宗教とを比較検討した際、原理的な対立のほかに、双方の宗教の相違をめぐって意図的に敵対せんとする態度も関わっているかのような印象をわれわれは受けた。いまここで、比較検討に際して、ユダヤ教をアトン教に置き換えてみるならば、この印象は正当であったと思われよう。なぜならば、すでに見てきたように、アトン教こそイクナートンがエジプト民衆宗教に対する意図的な敵対心のなかで展開してきたものにほかならないからである。われわれは当然のことながら、ユダヤ教が彼岸および死後の生命について何事をもいっさい知ろうと欲していないことを不思議に思っていた。なぜなら、彼岸および死後の生命に関する教えはきわめて厳格な一神教にふさわしいと考えられるからである。けれども、ユダヤ教からアトン教へと遡り、彼岸および死後の生命に関する教えに対する拒絶的な態度はアトン教からユダヤ教へと伝えられたのだと考えるならば、われわれの抱く不可思議の念は消える。すなわち、イクナートンにとっては、この世のいかなる神よりも大きな役割を果たしていたであろう死の神オシリスが君臨するエジプト民衆宗教との闘争に際して、彼岸および死後の生命に関する教えを拒絶することはどうしても必要だったのだ。このような重要な点でユダヤ教とアトン教が一致している事実は、われわれの主張のためには最初の強力な論拠となる。しかし、これが唯一の論拠でないことは、のちになって理解されるだろう。

モーセはユダヤ人に新しい宗教だけをもたらしたのではない。これまた断定的に主張されることだが、彼はユダヤ人に割礼という掟をもたらした。この事実はわれわれの問いにとって決定的な意義を持っているのだが、いままで正当に評価されることはほとんどなかった。聖書の語るところも、この件に関してはいろいろと矛盾している。聖書は、一方では割礼を太祖時代にまで溯らせて、これを神とアブラハムのあいだの契約のしるしと語り、他方では、ここはまったく特殊な暗闇に包まれた個所なのだけれども、モーセが聖別された掟をないがしろにしたために神は怒り、モーセを殺そうとし、ミディアンの女であったモーセの妻がとっさに手術を行って危機に陥った夫を神の怒りから救った、と語っている。しかし、これらはすべて歪曲であって、惑わされてはならない。われわれは、のちにこの歪曲の動機を洞察することになろう。だが、割礼という慣習はどこからユダヤ人のなかにやってきたの

＊21　ごくわずかだが、ウェイゴール(前掲書)にはつぎのような記述がある。「レーを沈みゆく太陽と呼んでいたアトゥム神は、おそらく北シリア一帯で崇拝されていたアトンと同じ起源を有していた可能性がある。それゆえにこそ、外国から来た王妃やその従者たちは、テーベよりもむしろヘリオポリスに心を惹かれたのかもしれない」(4)(一二、一九頁)。

か、との問いにはただひとつの答えしかありえず、この事実は動かせない。すなわち、エジプトからである。ヘロドトス、この「歴史の父」は、割礼という慣習がエジプトにおいては大昔から土着のものであった事実をわれわれに伝えてくれている。(5) そして、彼の報告はミイラの所見によって、さらにまた墓地の壁画によっても確認された。われわれの知る限り、東地中海沿岸のいかなる民族もこの慣習を行っていなかった。セム人、バビロニア人、シュメール人は割礼を受けていなかったと確実に言える。カナンの住民たちについては、聖書のなかの物語そのものが伝えている。彼らが割礼を受けていなかったことが、ヤコブの娘とシケムの王子の恋物語の結末の前提になっている。*22 エジプトに移住していたユダヤ人がモーセによる宗教創設とは別の成り行きで割礼を受け容れたとする可能性は、まったく根拠のないものとして否定されなければなるまい。さて、こうしてわれわれは、割礼がエジプトにおいてあまねく行われていた民族慣習であったことをしっかりと記憶にとどめたうえで、モーセはひとりのユダヤ人であったとする通念を少しのあいだ仮定してみたい。すると、どういう結果になるか。モーセは彼の同胞をエジプトにおける強制労働の苦役から解放し、同胞を一個の自立し、自覚的であるような国民へと成長させるべくエジプトの国土の外へ導き出そうとした――これはまったく現実に起こった――わけだが、この場合、モーセがユダヤ人に辛く煩わしい掟を同時に強制することにいかなる意味がありえたのだろうか。割礼こそ、ユダヤ人をエジプト化してしまう当のものではなかったか。割礼こそ、ユダヤ人にエジプトを想起させ続けるに相違ないものではなかったか。ところが、モーセの努力は、彼の民が奴隷として生活していた国と縁を切り、「エジプトの肉鍋」への憧憬を克服するという正反対の方向にこそ向けられていたはずではなかったか。つまり、話はまるで逆なのだ。われわれが出発点にした事実と、いまここで少しのあいだ加えてみた仮定とが相互にこれほどひどく矛盾している以上、ひとつの結論を下す勇気がなければなるまい。すなわち、モーセがユダヤ人にひとつの新しい宗教だけでなく割礼という掟をも与えたのであれば、彼は決してユダヤ人であったのではなく、ひとりのエジプト人であったのだ、と。そうであれば、モーセの宗教はおそらくエジプトの宗教、しかもエジプト民衆宗教との対立からして、のちのユダヤ教といくつかの注目すべき点で一致を示しているアトンの宗教であったことになろう。

すでに指摘しておいたように、モーセがユダヤ人ではなくエジプト人であったとするわれわれの考えは、新たな謎を生み出す。彼がユダヤ人であったならば容易に理解されるように思われる彼の行状が、エジプト人であったとなると不可解なものになってしまう。しかし、モーセをイクナートンの時代にしっかりと据え置き、ファラオとの繋がりのなかで見るならば、この謎は消失し、われわれのあらゆる問いに答えてくれるような行状の動機づけが存在しえた事情が明瞭になってくる。モーセが高貴な身分の政府高官であり、ひょっとすると実際に、伝説が語ると

＊22　われわれは聖書のなかの伝承をいわば独断的かつ手前勝手に取り扱い、それが有用なときには論証のために引き合いに出し、自分たちの考えに矛盾するときには断固として切り捨てているわけだが、この場合、深刻な方法上の批判におのれの身を曝す結果となり、自分たちの論述の持つ証明力を徐々に弱めてしまう可能性を、われわれは十二分に承知している。しかしながら、素材の信頼性が歪曲という動向の影響によって著しく損なわれてしまっていることが確実に認められるならば、このやり方は素材を取り扱う力を得るためのただひとつの方法なのである。ここで指摘された謎めいた動向に関して手がかりが得られるならば、のちになってかなりの正当性が獲得されると期待してよいだろう。そもそも絶対の確実性などというものは到達不可能なのであって、ついでに言わせてもらえるならば、すべての他の研究者たちも同じようにやっているのだ。

おり、王家の一員であったかもしれないという前提から出発してみよう。彼はたしかに自分の大きな能力を自覚し、野心に満ち、力強く行動力のある男であった。いつの日にかエジプト民族を導き、王国を支配せんとする目標すら、彼の念頭にはちらついていたかもしれない。ファラオの側近として、彼は新たな宗教の心底からの信奉者であり、その根本思想を完全に体得していた。しかし、王の死と反動勢力の復活とともに、彼は自分の希望と将来への展望がことごとく崩れ去るのを目の当たりにすることとなった。彼がかけがえのない信念を捨て去ろうとしなかった以上、エジプトは彼に何ひとつ与えるべきものを持たなくなったわけであり、彼は祖国を失うことになった。この危機的状況のなかで、彼は途方もない打開策を見出した。夢想家イクナートンは民族の心から離反してしまい、その世界帝国を崩壊させてしまったが、モーセの精力的な本性は、新たな王国を打ち立て、新たな民族を見出し、エジプトから排除された宗教をその新たな民族に信仰させようとする計画へと向かうにふさわしいものだった。これが、運命と闘い、イクナートンの破局によってモーセが失ったものを二つの方向において奪い返そうとする英雄的な行為であったことは、誰しも認めるだろう。その当時、モーセはセム人の諸部族が(ヒクソスの時代まであったか?)[(6)]定住していた国境地帯(ゴシェン)の総督であったのかもしれない。モーセは新たな民族とするために、この人びとを選んだ。これは世界史的な決断であった[*23]！　モーセは彼らと協定を結び、彼らの先頭に立ち、「強い手で」彼らの旅立ちを配慮し、見守った。聖書のなかの伝承とは完全に矛盾することになるが、この脱出の旅は平和裡に追撃されることもなしに行われたと考えるべきだろう。モーセの権威がこれを可能にしたのであり、当時はこの動きを妨害できるような中央権力など存在しなかった。

以上のわれわれの構築に基づけば、エジプト脱出は紀元前一三五八年から前一三五〇年のあいだに、すなわちイクナートンの死ののち、ホルエムハブによる国家的権威の再建よりも早くに起こったことになる。*24 脱出行の目的地は、カナンの地以外ではありえなかった。その地は、エジプトの統治が崩れ去ったのち好戦的なアラム人の軍勢の侵入を受け、支配され略奪されるがままになっており、それゆえに力の強い民族ならば新しい領土を獲得できる地でもあることが分かっていた。このアラム人の戦士たちに関しては、廃墟と化したアマルナ市街地の文書庫で一八八七年に発見された書簡から知ることができる。アラム人の戦士たちは書簡のなかでハビル〔Habiru〕と記されているが、この名前は、どうしてか分からぬが、後年にやってきたユダヤ人侵入者――ヘブライ〔Hebräer〕――へと変化してしまった。ヘブライという名前は、昔書かれたアマルナ書簡のなかに現れうるはずもないのだが。ともかく、パレスティナの南――カナン――には、エジプトから脱出してきたユダヤ人とたいへん近しい繋がりを持つ民族も居住していた。

*23　モーセが政府高官であったとするならば、彼がユダヤ人のなかで指導者としての役割を引き受けた経緯は理解しやすくなるだろう。モーセが祭司であったとするならば、彼が宗教創設者として現れるのは自然の成り行きであったろう。いずれの場合であっても、それは彼のそれまでの天命の継続であったろう。王家の王子が総督と祭司を兼ねることは容易であったろう。遺棄伝説を受け容れてはいるが、聖書のなかのものとは別の伝承を知っていると思われるフラウィウス・ヨセフス(古代ユダヤ人)の報告によれば、モーセはエジプトの将軍としてエチオピアに遠征し、勝利をおさめている。

*24　この将軍をメルエンプタハ統治下の第十九王朝の人物と見なすたいていの歴史家と比べると、私の考える将軍はおおよそ一世紀も昔の人物となってしまうだろう。多少は時代が下るかもしれないが、この相違の理由は、公式の歴史記述が空位期間をホルエムハブの統治時代のなかに含めてしまい、ここから一世紀のずれが生じてくる点にあるのだろう。

われわれがエジプト脱出そのものに関して推察したその動機は、割礼の制定にも妥当する。このような大昔の、もうほとんど理解されない慣習に対して、人間が、民族としてであれ個人としてであれ、どのような態度をとるかは周知のことである。この慣習を持たない者にとって、それはひどく奇妙で、それを知って少しぞっとするだろう――割礼を受け容れている側の者は、しかしそれを誇りに思っている。彼らは割礼によって高められ、高貴な存在になったと感じ、他の者を軽蔑すべき者として見下し、不純だと見る。こんにちですら、トルコ人はキリスト教徒を「割礼されていない犬」と罵るほどである。モーセがエジプト人として自身割礼を受け、このような態度をとったことは信じられてもよかろう。モーセが祖国を去るにあたって連れ出したユダヤ人は、彼にとって、彼が祖国に残してきたエジプト人の、より優れた代理人でなければならなかった。いかなることがあろうと、ユダヤ人はエジプト人に劣るものであってはならなかった。ひとつの「聖別された民」をこそ、モーセはユダヤ人から創り出そうと欲したのであり、これは聖書の文章にもはっきりと表現されているとおりである。そして、このような聖別のしるしとして、モーセはユダヤ人にこの掟を与えたのだが、この掟は最悪の場合でもユダヤ人をエジプト人と同格にするものであった。また、ユダヤ人がこのしるしによって孤立し、流浪の旅と移住がユダヤ人にもたらすであろう異民族との混ざり合いから遮断されるならば、これはモーセにとって実に望ましいことであったろう。事情はエジプト人自身が他のあらゆる異民族からおのれを切り離していた事実と似ている。*25

しかし、ユダヤの伝承は、のちになると、このような結論がまるで疎ましいものでもあるかのように別の筋道をたどることになる。割礼がエジプトの慣習であり、それをモーセが導入したということが承認されるのであれば、それは、モーセがユダヤ人に伝えた宗教もまたひとつのエジプトの宗教であったと認めるに等しいだろう。しかし、この事実を否認しなければ済まない理由は十二分にあった。結果として割礼に関する実情も、また否認されざるをえなかったのだ。

＊25　紀元前四五〇年頃にエジプトを訪れたヘロドトスは、その旅行記のなかでエジプト民族の特性を記しているが、この特性はのちのユダヤ人についてよく知られている諸特徴と驚くほど似ている。「彼らは、一般的に言って、あらゆる点において他の人間よりも信心深い。彼らはまた、すでに彼らの多くの慣習によって自分たちを他の人間から切り離している。たとえば、彼らが清潔を保つという理由から最初に取り入れた割礼という慣習によって、彼らは自分たちを他の人間から区別している。また、さらに豚嫌いによっても自分たちを区別している。これはおそらく黒豚の姿のセトがホルスを傷つけた件と関連しているのだろう。そして最後に、とりわけ、彼らは牝牛を畏敬することによって自分たちを他の人間から区別している。彼らは牝牛を決して食べないし、犠牲に供しもしないが、これは、そうすれば牝牛の角を持つイシスを侮辱することになるからであろう。このようなわけであるから、エジプト人の男も女もギリシア人に接吻することなど絶対にないだろうし、また、ギリシア人のナイフ、ギリシア人の焼き串あるいはギリシア人の鍋を決して使わないであろう。また、(普通ならば)清浄とされる牡牛の肉も、それがギリシア人のナイフで切られたものであれば、決して食べないであろう。(…)エジプト人は、高慢な偏狭さでもって他の民族を見下していた。他民族は不浄であり、エジプト人のように神々の近くには立っていないのだ、と」(エルマン『エジプトの宗教』一八一頁以下による)。
　われわれは、もちろんここでインド民族の生活との比較を忘れるつもりはない。ところで、十九世紀のユダヤ人の詩人H・ハイネに「ナイルの谷から引きずられてきた厄災、古代エジプトの不健康なる信仰」と彼の宗教を嘆かせるよう吹き込んだのは、いったい誰であったのだろうか。

（四）

モーセというエジプト人をイクナートンの時代に移し置き、ユダヤ民族を引き受けんとする彼の決断の根拠を当時のエジプト国内の政治事情から導き出し、モーセが彼に従う民に授けた、あるいは強いた宗教を、まさしくエジプト内において崩壊してしまったアトンの宗教であったとする私の構築、この憶測による組み立てを、私があまりにも大胆に物証による証拠づけもなく論じたこと、これらをここまで述べたことで、非難されるだろうと私は予測している。だが、この非難は不当であると私は思う。私はすでに序論において疑念を抱かれてしかるべき事情を強調しておいたのだし、それをいわば括弧手前のものとしたのであって、すべての疑わしい項目をそのつど括弧内に入れて書く煩雑は省略されてもよかろう。

私自身の批判的な注釈のいくつかは、ここに続けて述べてもよいと思われる。ユダヤの一神教がエジプトの歴史における一神教の時代に依存し、由来を持っているというわれわれの主張の核心部分は、さまざまな研究者たちによって、漠然とではあるが、感知され、示唆されてきた。が、これらの声をここに再提示するのは省略する。なぜなら、彼ら研究者のうちの誰ひとりとして、どのような筋道をたどってこの影響力が作用しえたのかを論じるすべを知らないからである。われわれにとってはこの影響力はモーセという人物と不可分に結びついているわけだが、われわれに都合のよいものとは別のいろいろの可能性もまた考えられる。公的なかたちのアトン教の崩壊がエジプトにおける一神教の潮流を完璧に終わらせてしまったとは考えられない。一神教の流れの源泉たるオンの祭司学校が、破局を克服して生き延び、イクナートンののちの数世代を一神教の思考法で呪縛していたかもしれない。もしそうであるならば、仮にモーセがイクナートンの時代に生きておらず、その人格からの影響を直接に受けていなかったとしても、また、モーセがただ単にオンの学校の信奉者あるいは構成員であっただけだとしても、モーセの行為は納得できる。この可能性に従うならば、エジプト脱出の時点はずらされ、通常受け容れられている時点(紀元前十三世紀)に近づくだろう。しかし、この可能性は、これ以外には支持してもらえる点をまったく持っていない。モーセを突き動かした要因を深く見つめる道は失われ、エジプト国内を満たした無政府状態によってエジプト脱出が容易になった状況も、視野から外れてしまう。第十九王朝の王たちの統治は厳しかったのだ。エジプト脱出にとって有利な外的および内的なすべての条件は、異端の王が死んだ時点の直後においてのみ整う。

ユダヤ人は聖書以外にも内容豊富な文献をたくさん持っていて、そのなかには初めての指導者にして宗教創設者である男の偉大な姿が造形されている伝説や神話が含まれており、これらが数世紀をかけてこの男の姿を明瞭化したり曖昧にしたりしている。このような資料には、モーセ五書には見出せない良質の伝承の断片がちりばめられているかもしれない。この種の伝説のひとつは、モーセという男の覇気がすでに彼の子供の頃にいかに現れていたかを公然と印象深く語っている。ある日、ファラオがこの子供を両腕に抱き、あやしながら高く持ち上げたとき、この三歳の男の子はファラオの頭上から王冠をもぎ取り、それを自分の頭上に載せてしまった。王はこの前兆に驚き、恐れてしまい、ゆるがせにすることができず、配下の賢人にこれについて質問した。[*26] 別の個所では、モーセがエジプトの将軍としてエチオピアに遠征したときの輝かしい戦いぶりが述べられているが、この話には、モーセが王宮

＊26　この逸話は、ヨセフスの物語では少し異なっている。

内の一派あるいはファラオその人の嫉妬を恐れ、エジプトから逃げ出したという続きがある。聖書のなかの描写そのものもモーセに関していくつかの特徴を添えているが、これは信頼されてもよいものだろう。聖書のなかの記述によれば、モーセは短気で、すぐに憤激してしまう男で、たとえば、ユダヤ人労働者を乱暴に扱った粗野な監視人を憤怒のあまり殴り殺してしまい、ユダヤの民の背教的行為を見て激怒し、神の山から持ち帰った掟の刻まれた石板を打ち砕いてしまう。いや、それどころか、神ですら最後にはモーセをその短気すぎる行為のゆえに罰している。この行為が何であったのかは述べられていない(7)。このような難点の多い性格はモーセ讃美に役立たないわけであるから、これは歴史的な真実と言うにふさわしかろう。また、ユダヤ人は彼らの神の初期観念に、熱狂的とか峻厳なとか仮借なきとか言われる多くの性格特徴を取り入れているが、これらは元来はモーセの想い出から生じてきた可能性も否定できない。なぜなら、実際のところ、目に見えない神ではなくモーセという男が、彼らをエジプトから連れ出したのだから。

　モーセの特徴に帰せられている別の事柄も、われわれの関心を特別に強く惹く力を持っている。モーセは「口下手」だったとの一件である。つまり、モーセは上手に話すことができず、言い間違いをしやすかったわけで、それだからこそ、いわゆるファラオとの談判に際して、彼の兄弟とされるアロンの助けを必要とした。これもまた歴史的な真実であったかもしれないし、この偉大なる男の相貌に生気を与えるためには好都合な話かもしれない。だがしかし、これはまた別のもっと重要な意味を持っている。この記録は、モーセがユダヤ人とは言語を異にする人物であって、彼に従ったセム系の新エジプト人とは、少なくともはじめの頃は通訳なしでは交流しえなかったという事実を、軽く歪曲して物語っているのかもしれない。それゆえ、これはわれわれの主張する命題の正しさを裏づける。モーセはひとりのエジプト人であった、ということを。

さて、ともかく、われわれの研究はいちおうの終結に至ったように思われる。証明されたか否かは分からないが、モーセはひとりのエジプト人であったという仮定のなかから、いまのところこれ以上の事柄を推論し続けることはできない。モーセとエジプト脱出に関する聖書の記録を、遠い昔からの伝承に独特の筋道をつけるために改作された信心深い文学以外の何かであると考える歴史家は、ひとりもいまい。伝承が起源においていかなるものであったのかは知りようがない。歪曲をした真意がどんなものであったのか推量したいのだが、これもしかし歴史経過が知られていないので闇に包まれたままである。十の厄災、紅海横断、シナイ山における荘厳なる掟の授与というような、聖書のなかの物語の多くの華やかな場面に関してわれわれの再構築はいっさい触れていないが、このような食い違いは大した問題ではない。しかし、もしもわれわれが現代の公平な歴史学の成果に矛盾する論に陥っているとなれば、これはとうてい無関心ではおれない。

最近の歴史家たちは、われわれはEd・マイヤー[*27]をその代表的存在と認めたいが、決定的な点においては聖書の記録に従っている。また、彼らは、後年にイスラエルの民を生んだユダヤの古い民族がある時点でひとつの新しい宗教を受け容れたことも認めている。しかし、この出来事はエジプトで起こったのではなく、またシナイ半島にある山の麓で起こったのでもなく、メリバト＝カデシュと名づけられていた場所で起こったとされている。この場所は、パレスティナの南、シナイ半島の東端とアラビアの西端とのあいだの湧き水の豊かなオアシス地帯であったとされ

＊27　Ed・マイヤー『イスラエル人とその近隣民族』一九〇六年。

ている。(8) ユダヤの民はそこでヤハウェ神信仰を受け容れたが、この信仰はおそらく近くに住んでいたミディアン人、つまりアラブ部族から伝えられた、とされている。また、別の近隣民族もこの神の信者であったと推測されている。ヤハウェは間違いなく火の神であった。周知のように、こんにちエジプトには火山がないし、シナイ半島の山々もまた火山性であったことはない。これに対して、アラビアの西の端に沿った地帯には、かなり後年に至るまで活動していたと考えられる火山群が存在する。それゆえ、ヤハウェの居所*28と考えられていたシナイ＝ホレブは、これら火山群のひとつの山であったに相違あるまい。Ed・マイヤーに従うならば、聖書の記録が被ったありとあらゆる改竄にもかかわらず、この神の根源的な性格像は再構築される。この神は、夜中にうろつきまわり、太陽の光を嫌う、不気味な血に飢えた魔物なのだ。*29

この宗教創設にあたって神と民族のあいだに立った仲介者は、モーセと名づけられている。このモーセはミディアン人の祭司エトロの娘婿で、彼は神から召命を受けたとき、この地域で家畜の番人をしていた。このモーセは、またカデシュでもエトロの訪問を受け、エトロはモーセにいろいろと教示している。

Ed・マイヤーは、ユダヤ人のエジプト滞在やエジプト人の破局に関する物語には何らかの歴史的に核心的な事実が含まれていることに疑問の余地はないといちおうは述べているけれども、*30 彼が自身で認めた事実をうまく整理し、利用するすべを知らなかったのは明らかである。彼が無理なく納得しているのは、割礼という慣習がエジプトから伝えられたことだけに過ぎない。しかしながら、彼は二つの重要な指摘によって、われわれが先に述べた論拠をより豊かなものにしてくれている。まずヨシュアが「エジプト人から嘲りを受けぬよう」ユダヤ民族に割礼を要求したこと、そのつぎに、ヘロドトスからの引用に基づいて、パレスティナのフェニキア人（おそらくはユダヤ人であろう）とシリア人が割礼をエジプト人から学んだと自分たちで認めていること、[*31]この二つの指摘である。しかし、マイヤーはエジプト人モーセに関しては、ほとんど関心を示していない。「われわれが知っているモーセは、カデシュの祭司の祖先であり、それゆえ祭祀に繋がりを持つ、系譜学的伝説におけるひとつの形象に過ぎず、歴史的に実在するひとりの人物ではない。それだからこそ（あらゆる伝承をひっくるめて歴史的真実と見なす人は論外として）、モーセを歴史的存在と見なし、研究した人たちのなかには、モーセという人物に内実を与え、ひとりの具体的な個人として提示し、あるいはモーセが創造したであろうものを示し、モーセの歴史的な仕事が何であったかを示しえた者は、いまだかつてひとりもいない[*32]」。

このように論じるマイヤーは、倦むことを知らずにカデシュとミディアンへのモーセの結びつきを強調する。「ミディアンと砂漠の祭祀場と緊密に結びついているモーセという人物像[*33]」、「このモーセの人物像は、こうしてカデシュ（マサとメリバ[(9)]）と分かち難く結びつけられており、ミディアンの祭司との姻戚関係は、この事実を補完して

＊28　聖書のいくつかの個所には、ヤハウェがシナイ山を下り、メリバト＝カデシュ〔カデシュのメリバの泉〕にやってきたとの記載がなお残されている[(10)]。
＊29　前掲書、三八、五八頁。
＊30　前掲書、四九頁。
＊31　前掲書、四四九頁。
＊32　前掲書、四五一頁。
＊33　前掲書、四九頁。

いる。これに反して、エジプト脱出、さらには幼少時代の物語との結びつきは、まったく二次的なものであって、ただ単にモーセを一連の伝説物語のなかへ組み込んでしまった結果に過ぎない」[*34]。マイヤーは、またモーセの幼少時代の物語に含まれていた創作動機ものちになって完全に欠落してしまったと指摘している。「ミディアンのモーセは、エジプト人でもファラオの子孫でもなく、羊飼いであり、この羊飼いにヤハウェがおのれを開示したのだ。十の厄災の物語のなかでも、効果的に利用することは容易であったろうに、モーセのかつての言動に関する話題は無視され、イスラエルの男の子を皆殺しにせよとの命令も完全に忘れ去られてしまっている。エジプト脱出およびエジプト人の没落に際しても、このモーセは何の役割も果たしておらず、その名前すら挙げられていない。幼少期の伝説が求めるような英雄的性格が、後年のモーセには完全に欠けているのである。このモーセは、言うなれば信心家以上の者ではなく、ヤハウェから超自然的な力を与えられて奇跡をなす人に過ぎない[*35]……」。

伝承において青銅の蛇を守護神として直立させたとさえ語られているカデシュとミディアンのモーセと、ユダヤの民にひとつの神を開示して、いっさいの魔法や呪術を苛酷なまでに禁じたわれわれの考えてきた偉大なる王族としてのエジプト人とは、まったく別人であるとの印象をわれわれは否定できない。われわれのエジプト人モーセとミディアンのモーセとの相違の著しさは、普遍的な神アトンと神々の山に棲む魔物たるヤハウェとの相違の著しさに等しい、と言ってもよかろう。そして、この最近の歴史家の報告に関してわれわれが一定程度の信を置くとするならば、モーセはエジプト人であったろうとの想定からわれわれが紡ぎ出そうとしてきた糸はまたしても断ち切られてしまった、と認めざるをえない。そして、今回は断ち切られた糸を元のように結び直す希望は失われてしまったかと思われる。

（五）

ところが、予期しなかったことだが、ここでもまたひとつの出口が見えてくる。カデシュの祭司という存在を超えて、モーセのなかにひとつの人物像を認めようとする努力、伝承が賞賛しているモーセの偉大さを確証しようとする努力は、Ed・マイヤーの研究が公表されたのちも、やむことがなかった（グレスマン（『モーセとその時代――モーセ伝説への注釈』ゲッティンゲン、一九一三年）、その他の研究者）。そして、一九二二年に至って、E・ゼリンがわれわれの立てた問題に決定的な影響を与える発見をなした。[*36] ゼリンは、預言者ホセア（紀元前八世紀後半）の言葉のなかに、宗教創設者モーセが反抗的で強欲なユダヤの民の反乱によって暴力的に殺害された、との内容を告げる紛れもない伝承のしるしを見出したのだ。同時に、モーセによって創設された宗教も捨て去られた。この伝承は、しかしホセアによるものに限られているわけではなく、後年の幾多の預言者のなかにも繰り返し現れてくるのであり、ゼリンによれば、まさにほかならぬこの伝承こそが、のちの世のあらゆるメシア待望の基盤になった。バビロン捕囚の終わる頃、ユダヤ民族のなかに、あまりにも屈辱的に殺害された者が死者のなかから再来し、後悔の念に打ちひしがれた民を、おそらくはその民だけでなくすべての人びとを、永続する至福の王国へと導いてくれるだろうとい

＊34　前掲書、七二頁。
＊35　前掲書、四七頁。
＊36　E・ゼリン『モーセ、イスラエル・ユダヤ宗教史にとっての彼の意義』一九二二年。

う希望が育ってきた。のちの世に現れた宗教創設者の運命との一見して明らかな関連は、われわれの論ずるところではない。

ゼリンが預言者による一節を正しく解読しているか否かを決定できる立場に、私がいないのは言うまでもない。しかし、ゼリンが正しいとするならば、彼によって認められた伝承は、歴史的な真実として信頼されてよい重みがあるだろう。なぜなら、このような事態は容易には捏造されえないからである。ここには明瞭に理解される動機が欠けている。しかし、事態は現実に起きたのだ。となれば、道理は分かりやすい。つまり、人びとはこの事態を忘却せんと欲したのだ。伝承のなかのすべての個別的な事柄を考える必要はわれわれにはない。ゼリンは東ヨルダンにあるシティムの地を、モーセへの凶行がなされた舞台と見なしている。しかし、このような地域特定がわれわれの思索にとって受け容れられない理由は、じきに承認されるだろう。

エジプト人モーセがユダヤ人によって打ち殺され、モーセによって伝えられた宗教が捨て去られた、という考えをわれわれはゼリンから借用する。この考えは、歴史学的研究の信頼するに足る成果と矛盾せず、いったん断ち切られたかに思われた糸をふたたび紡いでゆくのを許してくれる。しかし、この考え以外に関しては、研究者に依存せず、独自に「わが道を行く」ことにする。エジプト脱出は、いまもなおわれわれの研究の出発点であり続ける。モーセとともにエジプトの地を離れた人びとの数は、かなり大勢であったに相違あるまい。もしも小さな群れであったなら、それは野心に満ち、偉大なる仕事を志すひとりの男にとって骨折りがいのないことだったろう。エジプトへ移住したユダヤ人は、民族に属する人数が相当多くなるくらい長いあいだ、そこで生活していたと考えるべきであろう。とはいえ、のちのユダヤ民族のごく一部分だけがエジプトにまつわる運命を経験したに過ぎない、と多くの研究者とともに考えることも、たしかにわれわれを誤りから救うであろう。言い方を換えるならば、エジプトから戻ってきた部族は、そののち、エジプトとカナンのあいだの地域で、そこに昔から定住していた別の近しい間柄にある諸部族と一体化したのである。この一体化からイスラエル民族が現れたわけだが、この一体化の表現こそ、すべての部族に共有されたひとつの新しい宗教、すなわちヤハウェの宗教の受容だったのであり、この出来事は、Ed・マイヤーに従うならば、ミディアン人の影響のもとでカデシュにおいて起こった。それから、この民族は十分に強くなったと自覚するに至り、カナンの地への侵入を企てるほどになった。モーセと彼の宗教の破局が東ヨルダンの地で展開されたとの見解は、以上述べてきた事の成り行きと調和しない——モーセの破局は、この民族一体化よりもずっと以前に訪れてしまっていたのでなければならない。

ユダヤ民族の組織化にあたって実に多くのさまざまな要因が絡み合っていたことは間違いないだろうが、しかし諸部族のあいだの最も大きな差異を生んでいたのが、エジプトに滞在し、そこで起こった一連の出来事をともに経験したか否かという点であったことは確実である。この観点から考えるならば、国家が二つの構成要素の統合から生まれたと見なされてよいだろうし、この国家が短い政治的統一期間ののち、ふたたび二つの政治単位、すなわちイスラエル王国とユダヤ王国へと分離した事実も分かりやすくなる。歴史はこのような復原過程を好むのであって、この過程のなかで、後年になって生じた融合は元の状態へと押し戻され、かつての分裂状態がふたたび出現する。このような例のなかで最も印象深いのは、周知のごとく宗教改革が起こした事態であった。宗教改革は、かつてローマ領に属していたゲルマニアと独立し続けていたゲルマニアとのあいだの境界線を、千年以上の時の流れののちにふたたび出現させてしまった。ユダヤ民族の場合、以前の状態のそっくりそのままの再出現を証明するのは、われわれには難しいだろう。つまり、北の王国には昔からの定住者が、南の王国にはエジプトからの帰還者がふたたび寄り集まったのだろうとの主張を承認するためには、この時代に関するわれわれの知識はあまりにも不確実なのだ。けれども、のちの南北への解体を見るならば、ここでもまた、以前の接合との関連なしにこの解体はありえなかったとは言ってよかろう。かつてのエジプト人たちは、おそらく民族の人数においては他の諸部族よりも少なかったであろう。しかし、かつてのエジプト人たちは文化的に、より強き者たちであった。かつてのエジプト人たちは、他の諸部族が持っていなかった伝承を持っていたがゆえに、民族全体のさらなる発展に力強い影響力を発揮したのである。

ところで、伝承よりも明瞭に把握できる何か別のものがまだ残されているかもしれない。ユダヤの太古の最大の謎のなかにレビ族の来歴という一件がある。レビ族はイスラエル十二部族のなかのひとつ、レビを祖とする部族を起源とするが、いかなる伝承も、この部族が元来どこに住んでいたのか、あるいは征服されたカナンの地のどの部分がレビ族に配分されたのか、はっきりと言明していない。レビ族は最も重要な祭司の地位を占めているが、しかしながら職業としての祭司からは区別されている。レビ人が必ず祭司であるわけではない。レビは排他的職業階級の名前ではない。この謎を解くにあたって、モーセという人物に関するわれわれの前提は説明を与えてくれる。そもそも、エジプト人モーセのような身分の高い男が、部下を伴わずに単身で異民族のところに赴いたなどという話は信じられない。彼は、間違いなく、彼の従者を、彼の側近の信奉者を、彼の書記を、彼の召使いを伴っていたはずである。そして、この者たちは元来レビ人だったのだ。モーセその人がひとりのレビ人であったと主張する伝承は、事態の見え透いた歪曲の所産と思われる。レビ族はモーセ配下の者たちであった。この解答は、ただ唯一レビ族のなかにのみ後年なおエジプト語の名前が現れるという、私が先の論文ですでに述べておいた事実によっても支持される(11)。このモーセ配下の人びとのうちかなりの数の者が、モーセとその宗教創設を襲った破局を免れたと考えてよかろう。この人びとは続く数世代のうちに増えていき、彼らがともに生活していた民族と融合したけれども、彼らはその主人モーセには忠実であり続け、モーセへの追憶の念を抱き続け、そしてモーセの教えの伝統を育んだ。ヤハウェを信仰する人びとと一体化した頃、このレビ人たちは影響力の大きな、他民族に文化的にまさる少数派を形成していた。

私は、モーセの破滅とカデシュにおける宗教創設のあいだには、二世代、それどころかおそらくは一世紀の時間が経過したということを、とりあえず仮説として提出する。区別を明瞭にするために、私はエジプトから帰還したユダヤ人をネオ・エジプト人と名づけておくことにするが、このネオ・エジプト人は、ヤハウェ教を受け容れたのちに近しいユダヤ民族と合体したのか、それとも受け容れる前に合体してしまったのか、これに決定を下すすべを私は知らない。だが、結果的に見るならば、どちらでも同じになる。カデシュの地で行われたのはひとつの妥協であったわけだが、この妥協にモーセの民が関与したのは紛れもない。

ここで、またしても割礼という証拠を持ち出してもよかろう。割礼は、われわれにとって、いわば示準化石とし

＊37　この考えは、古代ユダヤ文書に対するエジプトの影響に関するヤフダの論述とよく一致している。A・S・ヤフダ『エジプト語との関連におけるモーセ五書の言葉』(一九二九年)参照。

て、繰り返しきわめて重要な任務を果たしてきた。この慣習は、ヤハウェ教においてもまた掟となった。そして、割礼はエジプトと分かち難く結びついているわけであるから、この受容はモーセの民への譲歩以外の何ものでもありえなかったであろう。モーセの民——あるいは彼らのなかのレビ人たち——は、聖別のしるしを決して放棄しようとはしなかった。割礼だけはモーセの民が昔の宗教のままに護り抜こうとしたのであり、そのためには、彼らは新しい神性を受け容れ、ミディアンの祭司がヤハウェという神性について物語った事柄をも受け容れるつもりになっていた。モーセの民はさらに別の妥協をした可能性もある。ユダヤの儀式書が神の名前を用いるにあたって一定の制限を規定していることはすでに述べた。ヤハウェの代わりにアドナイと言わなければならない。この規定をわれわれの文脈に持ち込むのは自然なやり方だが、それは十分に確かな拠り所を欠く憶測となろう。神の名前をみだりに口にすることへの禁止は、周知のように太古のタブーである。これがなぜ、ほかならぬユダヤの律法のなかで復活させられたのかは理解できない。しかし、新しい要因の影響のもとでこの復活が起こった可能性は除外できない。この禁止が一貫して遂行されたと考える必要はないだろう。神の名前に因む人名の形成、すなわち複合名を創るにあたって、ヤハウェ神の名前は自由に用いられた（ヨカナン、イエフ、ヨシュア）。しかしながら、神の〔ヤハウェという〕名前に関しては、やはり特別な事情があった。批判的な聖書研究がモーセ六書に二つの原典を想定しているのは、よく知られている。この二つの原典は、それぞれJ、E、と標記されるが、これは一方がヤハウェという神の名前を、他方がエロヒムという神の名前を使用して記録されているためである。なるほど、エロヒムはアドナイではないけれども、こんにちの研究者の言葉が忘れられてはならないだろう。「さまざまの異なる名前は、根源的に異なっている神々が存在していたことを明瞭に示すしるしである」[*38]。

われわれは割礼の保持を、カデシュでの宗教創設に際してひとつの妥協がなされた証拠と見なした。この妥協の内実はJとEの記録の一致から見て取れるのであって、それゆえJとEはひとつの共通の根源(文書であれ口承であれ)を持っていることになる。この動きを導いたのは、新たな神ヤハウェの偉大さと力強さを明示せんとする意図であった。モーセの民はエジプト脱出の体験にたいへん高い価値を認めていたゆえ、まさにそれゆえにこそ、この解放行為はヤハウェのおかげとされなければならなかった。そして、この出来事には、火の神の驚嘆すべき偉大さをはっきりと打ち出すべく、さまざまな粉飾が加えられることになった。煙の柱は夜になると火の柱に変身し、嵐が紅海の水をしばしのあいだ干上がらせ、エジプトの追跡者は戻ってきた海水に呑まれて溺れた、というように。このような粉飾に際して、エジプト脱出と宗教創設とは近接させられ、二つの出来事のあいだの長い期間は否認された。また、立法も、カデシュではなく、火山の噴火の予兆を示す神の山の麓でなされたことになった。しかし、このような描写は、モーセという男への追憶に対する重大な不正であった。まったくのところ、ユダヤの民をエジプトから解放したのは、決して火の神などではなく、まさしくモーセというひとりの男にほかならなかったからである。そのため、モーセに対して償いをすべき負い目が生じ、この償いは、モーセをカデシュの地あるいはシナイ=ホレブへと移し置き、モーセをミディアンの祭司の地位に置くことでなされた。この解決策によって、第二の避けようもなく現れてくる意図も満たされた点については、のちに述べよう。ともかく、このようなやり方でいわば埋め合わせがなされたので、ミディアンの山に棲んでいたヤハウェはエジプトまで遠征したことになり、モーセの存

＊38　グレスマン、前掲書、五四頁。

在と活躍の舞台はカデシュや東ヨルダンにまで移されてしまった。こうして、彼はのちの世の宗教創設者としての人物、すなわちミディアン人エトロの娘婿と融合させられ、この人物に彼のモーセという名前を貸し与える結果となった。しかし、このもうひとりの別のモーセに関して、個人的な事柄をわれわれは何ひとつ語りえない——彼は別人であるエジプト人モーセの存在によって完全にぼやけてしまっている。それゆえ、聖書のなかの記録に見られるモーセの性格特徴の矛盾も指摘されてしまう。聖書のなかのモーセは、しきりと、高圧的、癇癪持ち、それどころか暴力的とすら記述されているのだが、しかしながら、あらゆる人間のうちで最も温和で忍耐強いとも言われている。あとのほうの特徴が、モーセに従う民とともにたいへんに大きく困難な偉業を企てたエジプト人モーセにほとんど当てはまらないのは明らかである。おそらく、あとのほうの特徴は、もうひとりのミディアン人のものだろう。このようなわけであるから、この二人の人物をふたたびはっきりと区別し、エジプトのモーセは一度もカデシュにいたことがないし、ヤハウェという名前も一度も耳にしたことがなく、また、ミディアンのモーセは一度もエジプトに足を踏み入れたことがなく、アトンについては何も知らなかったと考えるのが妥当である、と私は思っている。この二人の人物を接合させるという目的のために、エジプトのモーセをミディアンにまで持ってくる任務が伝承と伝説形成とに課せられたのであり、これに関してはいくつもの説明が流布している。

（六）

イスラエルの民の太古の歴史の再構築をあまりにも大胆かつ不当な確信でもって論じている、との非難の声をまたしても耳にするであろうとわれわれは承知している。しかし、このような批判も、われわれの判断とこだまし合っている程度のものに過ぎないので、大した打撃にはならない。われわれの組み立てが弱点を持っているのを、けれどもまた強い面を持っているのを、われわれ自身が承知している。全体としては、この仕事をこれまでやってきた方向に向けて続けることは苦労のしがいがあるとの印象を強く受けている。こんにち手許にある聖書の記載は、価値の高い、いや、それどころか評価して余りあるほどの歴史に関する陳述を含んでいるのだが、強力な意図の影響を受けて歪曲され、文学的な作為に満ちた創作により粉飾されてしまっている。これまでの研究努力のなかで、われわれはこの歪曲へと向かう流れのうちのひとつを見つけ出すことに成功した。この発見は、さらなる道を指示している。われわれは、このような歪曲せんとする意図をさらに多く見出していかなければならない。このような意図によってなされた歪曲がはっきりと認められるような拠り所を手に入れるならば、そのとき、われわれはもろもろの歪曲の背後に潜んでいる真実の新たな断片を白日のもとに曝すことになろう。

まず批判的聖書研究が、旧約六書(モーセ五書および「ヨシュア記」。ここでわれわれが関心を寄せるのは、この六書だけである)の成立史について知りえている事柄を述べておきたい。[*39] 最古の原典はJとされているが、これはヤハウェの祭司〔Jahvist〕の意であり、最近の研究では、ダビデ王の同時代人であるアビアタルという祭司のことであると認められつつある。[*40] いくらかのちになって、どれくらい遅れてかは分からないが、北の王国に属する、いわゆるエロヒムの祭司〔Elohist〕が現れる。[*41] 紀元前七二二年に北の王国が没落したのち、ひとりのユダヤの祭司がJと

＊39　『エンサイクロペディア・ブリタニカ』第一一版、一九一〇年、「聖書」の項。
＊40　アウエルバッハ『荒野と約束の地』(一九三二年)を見よ。

Eの各部分を相互にとりまとめて統一し、自分の記述もこれに書き入れた。この人物が編纂したものは、JEと標記されている。紀元前七世紀には、第五の書である「申命記」が付け加えられるが、これは全部まとまったかたちで神殿のなかで発見されたという。この神殿が破壊された（紀元前五八六年）のち、捕囚の期間のあいだに、そして帰還してから書き直しが行われ、これは「祭司資料」と呼ばれる。紀元前五世紀にこの資料は最終的に編集され、それ以後、本質的な改変はなされていない。[*42]

ダビデ王とその時代の歴史叙述は、ほとんど間違いなく同時代人の業績であろう。これは「歴史の父」ヘロドトスに先駆すること五百年も早くになされた正当な歴史叙述である。われわれが想定した意味におけるエジプトからの影響を考えるならば、このような業績が達成されたわけが理解しやすくなる。[*43] 太古時代のイスラエル人、すなわちモーセの書記たちが最初期のアルファベット文字の発明に無関係ではなかったとする推測すら現れている。[*44] 大昔の時代に関する報告がより近い過去の記録や口承にどれくらい深く起因しているのか、また、個々の場合に、出来事の発生とその歴史認識の定着のあいだにどれくらいの時間が流れたのか、これはもちろんわれわれには知る由もない。それはたしかにそうなのだが、こんにちわれわれが目にする原典が、それ自体、たどってきた運命について多くを物語っているのは事実である。二つの互いに反立し合う取り扱いがなされた痕跡が原典には残されている。一方では秘められた意図に基づく改竄、削除、拡大解釈という加工が露骨に原文に対してなされ、意味が逆になってしまっている。他方では、整合性を持とうが、相殺し合って意味を失おうが、おかまいなしにあったがままのすべてを保存せんとする実直な敬虔の念が、原文にははっきりと認められる。それゆえ、原典のほとんどすべての個所に、明白な脱落、煩わしい反復、はっきりとした矛盾が現れているのだが、これらは伝えたくなかった事柄の存在をわれわれにほのめかす徴候にほかならない。原典の歪曲には、殺人に似たものがある。難しいのは、殺人を行うことではなく、犯行の痕跡を消し去ることなのだ。「歪曲」なる語には、二重の意味が与えられてよかろう。こんにち使用されていなくとも、これは正当な要求である。この語は、ただ単に外観を変えることを意味するだけではなく、また、別の場所に持っていく、別の方向へ移し置くことをも意味している。このように考えてくると、歪曲された多くの個所で、抑え込まれたものと否認されたものが、実際には変形され、文脈から切り離されているだろうけれども、やはりどこかに隠されているのを発見しうると期待してもよかろう。ただし、この認識作業がいつも容易にできるわけではない。

＊41　ヤハウェの祭司とエロヒムの祭司とは、一七五三年にアストラックによって最初に区別された[12]。

＊42　ユダヤ人という型の最終的な固定化がキリスト生誕前五世紀のエズラとネヘミヤによる改革の結果であったことは、歴史的に確実視されている。つまり、捕囚時代ののち、ユダヤ人に好意的なペルシアの支配下における出来事であった。われわれの計算によれば、モーセ出現後およそ九百年の年月が流れたのちのことであった。この改革では、民族全体の聖別を目的とする規定が重視され、異民族との結婚を禁止することで周囲の民族からの分離が行われ、本来の掟の書たるモーセ五書が最終的な形式に至り、祭司資料として知られている資料の修正が完了した。とはいうものの、この改革は新たな動向を導入したわけではなく、以前からの流れを受容し確実にした、とするほうが事実に近いだろう。

＊43　ヤフダ、前掲書参照。

＊44　モーセの書記たちがいっさいの造形を禁止する掟のもとにいたとするならば、まさしく彼らは象形文字を放棄する動機を、新たな言語表現のための文字を作り上げるあいだに持っていたことになる——アウエルバッハ、前掲書、一四二頁参照[13]。

われわれがこれから捉えようとしている歪曲への秘められた意図は、あらゆる文書記録ができあがる前、すでにして伝承に対して力を及ぼしていたに相違ない。このような意図のなかでおそらくは最も強力なもののひとつを、われわれはすでに見出しておいた。先に論じたことだが、カデシュの地にヤハウェという新たな神を創設したと同時に、その神の栄光を讃美する必要性が結果的に生じた。より適切に言えば、ヤハウェが据え置かれ、そのための場所が創り出され、それまで存在していたあらゆる宗教の諸痕跡が消し去られなければならなかった。これは、そこに定住していた諸部族の宗教についてはは完全にうまくいったように思われ、われわれは消去されたものに関していっさい耳にしなくなってしまった。エジプトからの帰還者たちにとっては、しかしこれは容易ではなかった。この者たちは、エジプト脱出の体験、モーセという男への追憶、割礼という慣習を一掃させなかった。つまり、彼らはエジプトに入って住んでいたのであるが、そこをふたたび去ったのであり、それからのちはエジプトの影響のすべての痕跡が否認されるべきものとなったのだろう。モーセをミディアンへ、そしてカデシュへと移し置き、彼を宗教創設者としてのヤハウェの祭司と融合させる処理によって、モーセという男は片づけられた。エジプトへの従属の最も重いしるしである割礼は、保持されざるをえなかった。とはいえ、あらゆる明白な証拠に抗してまでもこの慣習をエジプトから切り離そうとする試みが、なおざりにされたわけではなかった。この隠そうにも隠しきれない事態への意図的な異論としてしか理解しえない謎めいた文章が「出エジプト記」のなかに記されている。すなわち、モーセが割礼をないがしろにしたために、ある日ヤハウェは彼に対して怒りを発し、モーセのミディアン人の妻がとっさに手術を行ってモーセの命を救った、との文章である！　われわれは、もうすぐあとで、この都合の悪い証拠文言を無害にするための別の考えを耳にするだろう。

ヤハウェがユダヤ民族にとって新しい無縁の神であった事実を否定せんとする努力は実際になされたであろうが、これは秘められた意図が新たに露呈してきたと見るべき動きではなく、おそらくは以前から継続してきた動向であろう。この意図のなかで、民族の太祖アブラハム、イサク、そしてヤコブにまつわる伝説が取り込まれているからである。ところが、ヤハウェは自身がすでにしてこれら太祖たちの神であったと明言するのだけれども、太祖たちがその名前で自分を崇拝していたわけではなかったことを容認せざるをえない。[*45]

では、太祖の時代にいかなる別の名前で呼ばれていたのかは、語られていない。そして、ここにこそ、割礼という慣習がエジプト由来である事実に対して決定的な打撃を与えるはずの機縁が現れてくる。ヤハウェは割礼の掟をすでにアブラハムに要求していたのであり、割礼をおのれとアブラハムの子孫たちとのあいだの契約のしるしにした、と。ところが、これは特別に拙劣な作り話であった。ひとりの人間を他の人間から区別し、他の人間たちよりも優遇するしるしとしては、他の人間たちには決して見出せない何かが選ばれるべきで、幾百万もの他の人間が同じように示しうるものであってはなるまい。にもかかわらず、ひとりのイスラエル人がエジプトに移し置かれると、彼はすべてのエジプト人を契約における同胞として、ヤハウェのもとにおける同胞として認めなければならないのだ。エジプトでは割礼が親しまれた土着の風習であった事実を、聖書原典を創作したイスラエル人が知らなかったとは考えられない。Ed・マイヤーが論じている「ヨシュア記」の個所もこの事実を遠慮もせずに認めてしまってい

*45　この経過からすると、この新たな神の名前を使用するにあたっての制限は、理解しにくくなるどころか、ありそうもない話になってしまう。

るが、この個所は、まさしくいかなる代価を払っても否認されなければならなかったものであろう。
宗教的な神話形成にあたっては、それが論理的整合性を持つよう考え抜かれることが要求されるべきではないだろう。もしも論理的整合性を要求するのであれば、かつて祖先とのあいだで相互に義務を果たすとの契約を結んでおきながら、その後、幾世紀ものあいだ人間の側を放っておいて、そして突然新たに子孫たちの前におのれを開示せんと思いつく、というような神性の振舞いは、民族感情に不快感を与えて当然であろう。それ以上に奇異な印象を与えるのは、神が突然にひとつの民族を「選び出し」、その民族をおのれの民族であると、おのれをその民族の神であると言明する、との考えである。私は思うのだが、このようなことは人間の宗教史上、唯一無比である。通常の場合、神と民族は分かち難く結びついていて、両者はそもそもの始原から一体である。ある民族がそれまでとは別の神を受け容れるという話は、実際のところ稀ではないが、しかしある神がそれまでとは別の民族を選択するなどという話は聞いたことがない。モーセとユダヤ民族のあいだの関係をしっかりと思い起こすならば、われわれは、この類を見ない出来事を理解するようになるだろう。モーセこそがユダヤの民のなかに身を落とし、彼らをモーセの民族としたのだ。ユダヤ民族は、モーセによって「選ばれた民族」だったのだ。[*46]
太祖たちを歴史のなかに取り込むことは、また別の意図にもかなっていた。彼らはカナンの地で生活していたのであり、その思い出はこの地方の特定の場所に結びついていた。おそらく、彼ら自身が元来はカナンの英雄たちあるいは地方神たちだったのであり、のちになって、移住してきたイスラエル人によってその前史を形成するために取り込まれたのだろう。この先祖たちが証人として引き合いに出されるならば、いわばイスラエル人の土着性が承認されることになり、異国エジプトの征服者にまつわる憎悪の念も鎮められたわけである。自分たちの先祖が昔所有していたものをヤハウェ神が返してくれただけだ、とは実に巧妙な言い回しではないか。聖書原典への後年の書き込みでは、カデシュへの言及を避けようとする意図が一貫して続いていた。宗教創設の

＊46　ヤハウェは、疑問の余地もなく火の神、火山の神であった。エジプトに住む人びとにとって、この神を信仰するいわれはまったくない。ヤハウェという名前が別の神々の語根、たとえばユ＝ピテル〔Ju-piter〕(ヨウィス〔Jovis〕)の語根とよく響き合うことに驚かされたのは、私が最初というわけではあるまい。ヘブライ語のヤハウェの短縮形から組み立てられたヨカナン〔Jochanan〕(これはたとえばゴットホルトの意であり、カルタゴの同義語はハンニバル〔Hannibal〕)は、ヨハン、ジョン、ジャン、ファンなどのかたちをとって、ヨーロッパの全キリスト教徒にいちばん好まれる名前となっている。イタリア人がこのような名前をジョヴァンニ〔Giovanni〕と翻訳し、週の一曜日をジョヴェディ〔giovedì, 木曜日〕と呼ぶとき、彼らは類似の事情をまたしても明るみに出しているが、これは無意味であるかもしれないけれども、非常に多くの事柄を意味しているかもしれない。ここには広大な、しかしまたかなり不確かな展望が開けてくる。地中海東部沿岸辺りの諸国は、歴史的研究がほとんど解明できなかった暗黒の幾世紀かのあいだ、頻繁かつ激烈な火山噴火の舞台であって、火山噴火はそこの住民に強烈な印象を与えたに相違ないと思われる。クノッソスのミノス神殿の最終的な崩壊も地震の結果であったとエヴァンズは考えている。クレタにおいては当時、エーゲ海周辺全域に関して言えることであろうが、偉大なる母性神が信仰されていた。ところが、火山の強大な攻撃に抗して彼ら住民の家を守護する力が母性神には欠けている事態が目の当たりにされて、母性神が男性神に席を譲らざるをえなくなった可能性はあったわけで、そこで火の神が母性神に取って代わる最初の資格をえた。ゼウスは、まさしくいまもなお「大地を震撼させるもの」である。この暗黒の時代に母性神が男性の神々(おそらく元来は母性神の息子たちであったか?)に取って代わられたことは、ほとんど疑いえない。とりわけ印象深いのはパラス・アテナの運命であって、この女神は母性神の地方形態であったのだが、宗教上の革新によって娘へと格下げされ、彼女自身の母性を奪われてしまっただけでなく、若い乙女の処女性を強制されてしまい、母性神になる能力を永遠に剥奪されてしまった。

場所は、最終的には神の山シナイ＝ホレブとなった。この経緯に関する動機は、明瞭には分からない。おそらくは、ミディアンの影響が想起されることが望ましくなかったのであろう。しかし、そののちに、特にいわゆる祭司資料時代になされた歪曲は、すべて別の意図に沿ったものである。いろいろな出来事についての報告を都合のよいものにする必要は、もはやなくなっていた。なぜなら、このような改変はすでにずっと昔になされてしまっていたからである。別の意図に沿った歪曲とは、現下の戒律と制度をことごとくモーセの立法に基づくものと見なし、それによって現下の戒律と制度の神聖性および拘束力の必然性を導き出すという努力にほかならなかった。このようにしてまで過去のありさまの捏造が強く欲せられたとなれば、この処理に特定の心理学的な理由があって当然であろう。このことは、長い時の流れのなかで――エジプト脱出からエズラとネヘミヤのもとでの聖書文章確定までおおよそ八百年の歳月が流れている――ヤハウェ教が過去に溯って創られ、根源的なモーセ教と調和し合うようにされ、おそらくはモーセ教と同一のものとされた事実と軌を一にしている。

そして、この事実こそが、本質的な決着、ユダヤ宗教史における運命的に重要な正体にほかならない。

（七）

のちの世の詩人、祭司、歴史家が造形せんとした太古のあらゆる出来事のなかで、きわめて分かりやすい、いかにも人間臭い動機によって抑え込まれたひとつの出来事が際立ってくる。それこそ、偉大なる指導者にして解放者たるモーセが殺害された一件であって、これはゼリンが預言者の示唆的な言葉から推測したものであった。ゼリンの提言を空想的だなどとは言えまい。彼の提言は真実に近いと思われる。イクナートンの学校を出たモーセは、王のごとく振舞う以外のすべを知らなかった。彼は命令し、民族に彼の信仰を強要した。[*47] モーセの教義はモーセの主人の教義よりもさらに峻厳であったかもしれない。オンの学校など、モーセ配下の異民族にとっては何の意味も持ちえなかったゆえ、モーセも太陽神を頼りにする必要がなかったからである。モーセもイクナートンも、開明君主を待ち受ける同じ運命の道をたどった。第十八王朝時代のエジプトの民衆と同様、モーセ配下のユダヤ民族も、かくも高度に精神化された宗教に耐えることができず、この宗教のなかにおのれの欲求の満足を見出す力を持っていなかった。両者に同じことが起こった。監督支配され、不当に遇された民衆が蜂起し、課せられた宗教の重荷を投げ棄てた。しかしながら、穏和なエジプト人がファラオという聖化された人物を運命の手に委ねたのに対し、荒々しいセム人は運命をおのれの手に入れ、独裁者を片づけてしまった。[*48]

こんにち残されている聖書はこのようなモーセの最期を暗示すらしていない、と断言することもできまい。「荒野のさすらい」——これはモーセによる支配の時代を代表する可能性がある——に関する報告は、モーセの権威に反抗する一連の深刻な謀叛を記述しており、これは——ヤハウェの掟に基づき——流血を見る懲罰によって鎮圧されている。いったん起きてしまった群衆の蜂起が、聖書が物語ろうとするものとは別の結末を迎えたと考えるのは容易だろう。もちろん、ひとつの挿話としてであるが、民族の心が新しい宗教から離反したことも聖書に書かれて

＊47　当時、別のやり方で感化するのはほとんど不可能であった。

＊48　数千年に及ぶエジプトの歴史のなかでファラオの暴力的追放あるいはファラオ殺害という事件がいかに稀であることか、これは実際、注目すべき事実である。たとえばアッシリアの歴史と比較するならば、この驚きはさらに強まるに違いない。もちろん、エジプトにおける歴史叙述がもっぱら公的な意図に奉仕していた事実がこの相違の理由である可能性は残る。

いる。それは黄金の子牛にまつわる物語であるけれども、このなかで、巧妙な言い回しでもって、象徴的に理解されるべき掟の石板の粉砕(「彼は掟を破った」)がモーセ自身の所業とされ、彼の憤怒がその所業の動機だとされている。

そして、人びとがモーセ殺害について悔恨の念に満たされ、この犯行を忘れようと努めるときがやってきた。この時期がカデシュにおける諸部族の合体の頃であったのは間違いない。ともかくも、エジプト脱出をオアシスにおける宗教創設に近づけ、ほかならぬモーセその人を宗教創設に関与させる処理によって、モーセ配下の民の要求が満たされたばかりでなく、モーセを暴力でもって片づけてしまったという不快で苦々しい事実も、またきちんと否認される結果になった。だが、現実的に考えるならば、もしも仮にモーセの生涯が殺害によって短縮されずに済んだとしても、モーセがカデシュにおける一連の出来事に関わりえたとはとても言えない。

われわれは、ここで、このようなもろもろの事件の時間的な相互関係を明瞭化すべく努めなければなるまい。われわれはエジプト脱出を第十八王朝消滅後の時代に置いた(前一三五〇年)。エジプト脱出は、ちょうどその頃、あるいはごくわずかのちに起こったと考えた。なぜなら、エジプトの年代記作家は、王朝消滅に続く無政府状態の時代を無視して、無政府状態に終止符を打ったのち前一三一五年まで君臨したホルエムハブの統治時代が王朝消滅に直結したと見なしているからである。エジプト年代記にとって、つぎの、しかしたったひとつの拠り所は、メルエンプタハ(前一二二五―一二一五年)の石碑であり、この石碑はイシラール(イスラエル)に対する勝利およびイシラールの収穫(?)の収奪を称揚している。この碑文の価値はしかし残念ながら疑わしいものであって、この碑文は、むしろイスラエル民族が当時すでにカナンの地に定住していた証拠と見なされてよかろう。[*49] Ed・マイヤーは正当にも、エジプト脱出が起こったときのファラオはこれまで考えられてきたメルエンプタハではありえない、とこの石碑から結論している。エジプト脱出はもっと早期のことであるに相違ない。われわれにしてみれば、エジプト脱出時のファラオは誰であったかとの問い自体が、そもそも無意味に思われる。エジプト脱出時、ファラオはいなかった。なぜなら、エジプト脱出は空位時代に敢行されたのだから。ところで、カデシュにおけるユダヤの民の合流と宗教の受容がいつ頃起こったかという点に関しても、メルエンプタハ石碑の発見は何の解明力も持っていない。われわれが民族合流と宗教受容の時期に関して確実に言えるのは、それは前一三五〇年と前一二一五年のあいだのいつか、ということだけである。推測するに、この百年あまりのなかで、エジプト脱出は初期にかなり近いであろうし、カデシュでの出来事は終わりの頃からそう遠くはないであろう。この百年余の時間の大部分が、この二つの出来事のあいだに収まると考えられる。すなわち、エジプトからの帰還者たちのあいだでモーセ殺害へと向かった激情が鎮静化し、モーセの民、つまりレビ人たちの影響力がカデシュにおける妥協を引き出すほどに大きくなるまでには、かなり長い歳月が考えられなければならない。二世代、六十年かかればこれに十分かもしれないが、それでもなお短すぎるかもしれない。メルエンプタハ石碑から結論を下すには時期尚早なのであり、われわれの構成において、この点では、ひとつの仮説がもうひとつ別の仮説に基づいているだけに過ぎないと認めざるをえないゆえ、この議論がわれわれの構築の脆弱な面を暴露しているのは事実である。ともかく、残念ながら、ユダヤ民族のカナン定住に関するいっさいの事柄はあまりにも不明瞭であり、まとめようがない。たとえば、イスラエル石碑に刻されてい

*49　Ed・マイヤー、前掲書、二二二頁。

る名前は、われわれが運命を追尋している部族、すなわちのちのイスラエル民族へと合流した部族とは何の関係もないという報告くらいしか、手許にはないのである。なにしろ、ハビル＝ヘブライ人という名前ですら、アマルナ時代からこの民族の上に冠せられたくらいなのだから。

ユダヤの諸民族がひとつの共通の宗教を受け容れつつ一国民へと統合されていったのがいつ頃のことであろうとも、それ自体は世界史にとってはまったくどうでもよい一幕劇に過ぎなかったかもしれない。この新しい宗教はもろもろの出来事の奔流に呑まれ去り、ヤハウェは作家フロベールが眺望したような古い神々の行列のなかに小さな居場所を見出し(14)、また、その民は、アングロ・サクソン系の研究者が長いあいだ追い求めてきた十の部族ばかりでなく十二部族すべてが「失われ」てしまう、という成り行きに至ったとしても、何ら不思議ではなかっただろう。ミディアンのモーセが当時の新民族に教えたヤハウェ神は、たしかに、いかなる視点から見ても飛び抜けて偉大な存在ではなかった。粗野で傲慢な一地方神、暴力を好み、血に飢えたものであった。この神が信者たちに「乳と蜜があふれ流れる」地を与えると約束し、その地に前から住んでいた人びとを「鋭利な刃で」皆殺しにしてしまえ、と命じたのだ。さまざまの修正が加えられたにもかかわらず、聖書のなかにこの神の元来の本性を教えてくれる多くの文章がそのままに残されているのは、奇妙と言ってよいだろう。この宗教がほんとうの一神教だったのか、この宗教が他民族の神々と神格をめぐって闘争したのか、これすらあやしいものである。おそらく、自分たちの神がすべての他の神々よりも強ければよい、くらいのことであったに過ぎまい。それにもかかわらず、事のすべてがこのような端緒から予想されるのとは別の経過を結果的にはたどってしまったのだが、これに関する理由として、われわれはただひとつの事実しか見出せない。すなわち、エジプトのモーセが、民族の一部の人びとに、元来の神とは別の、より高度に精神化された神の観念を与えたということ、唯一の、全世界を包括する神性、全能の力を有するだけではなく、万物を愛で包む神性、いっさいの儀式や魔術を嫌悪して、人間に真理と正義に生きることを至高の目標として定め示す神性の理念を与えたという事実、これこそがわれわれが見出すただひとつの理由にほかならない。そうであればこそ、アトン教の倫理的側面に関するわれわれの報告は不十分であったかもしれないが、イクナートンが彼自身の手による碑銘のなかにいつも「マート(真理、正義)に生きる」と刻していた事実は、無意味とは言えないのである[*50]。ユダヤ民族がおそらくはエジプト脱出ののちまもなくモーセの教えを投げ棄て、モーセその人を殺害してしまった件は、長い時の流れのなかでは決定的な出来事ではなかった。モーセにまつわる伝承は生き残り、伝承の力が、もちろん幾世紀もの時の経過のなかで、ゆっくりとではあったろうが、ついにモーセ自身がやり残した仕事を達成してしまったのだ。モーセの解放行為はカデシュ以来ヤハウェのおかげとされてきたが、ヤハウェ神は受ける資格のない栄誉を受けたわけであり、この手柄横取りの代償は大きかった。ヤハウェは神の場を占拠したが、その神の影がヤハウェよりも強力になってしまったのである。この展開の終末に至って、ヤハウェ神の背後に、忘却されたはずのモーセの神が現れてきた。ヤハウェとは別のこの神の理念のみが、イスラエルの民にあらゆる運命の痛撃に耐えさせ、この民にわれわれの時代まで生き抜く力を与えてくれたことを疑う者などひとりも

＊50　イクナートンの頌歌は、神の普遍性と唯一性を強調しているにとどまらず、また、ありとあらゆる被造物への神の愛情にあふれた配慮をも謳い、自然に触れることの歓び、その美しさの享受へと人びとを誘っている。ブレステッド『良心のあけぼの』参照。

いまい。

ヤハウェに対するモーセの神の最終的勝利にレビ人が関わっていたか否か、もはや確かなことは言えない。カデシュで妥協がなされたとき、従者であり同国人でもあった彼らは、なおなまなましい主人の姿を想起しながら、モーセのために力を尽くした。そののち幾世紀かが過ぎ去るなかで、彼らはユダヤ民族あるいはその民族の祭司層と融合した。祭式を発展させ、指導し、さらに聖なる書物を保護し、彼らの意図に沿ったかたちでこれに修正を加えることが、祭司たちの主要な仕事となった。しかしながら、すべての供犠、あらゆる儀式は、根本において、昔のモーセの教えが無条件に峻拒し去ったはずの魔法や呪術の類いにほかならなかったのではあるまいか。このようなとき、民族の中心部から、もはや途切れようもなく、不屈の男たちがつぎつぎと現れるようになった。この男たちは来歴においてモーセと直接には結びついていなかったが、しかし暗闇のなかからゆっくりと育ってきた偉大にして強力な伝承に捕えられていた。この男たち、すなわち預言者たちは倦むことなく昔のモーセの教えを語り続けた。神は犠牲を拒絶する、儀式を拒絶する、信仰のみを求める、真理と正義(「マート」)に生きることを求める、と。預言者たちの努力は、永続的な成果をおさめた。預言者たちが昔の信仰を復活させるために現れた教えは、ユダヤ教の不変の内実となった。仮に鼓舞する力の源が、外部から、ひとりの偉大なる外国人の男から到来したものであったとしても、このような伝承を護り続け、不屈の預言者たちを生み出しえた事実は、ユダヤ民族にとって十分に名誉なことである。

モーセがエジプト人であることを承認しないにしても、ユダヤ宗教史にとってのモーセの意義を同じ光のもとで眺めている別の専門知識を持つ研究者たちはおり、仮にそうした研究者たちの判断と共通の基盤の上に私が立っていないとするならば、私は以上のような叙述に確かなものを感じ取れなかったであろう。そして、たとえばゼリン[*51]は以下のように述べているのである。「したがって、われわれは、モーセの元来の宗教を、モーセが告知した倫理的な神への信仰を、当初は民族のなかの小さな集団に限られて所有されていたものと考えざるをえない。公的な祭祀のなかで、祭司の宗教のなかで、民衆全体の信仰のなかで、すぐにモーセの宗教に出会えるなどとは、はじめから期待されるべきではない。モーセがかつて点火した精神の炎から、時折、そこかしこに、火花がいま一度、もう一度と現れたのだ。モーセが掲げた理念は、死に絶えたのではなく、そこかしこに、信仰と道徳慣習の上にひそかに展開されて、すみやかにであったか、ゆっくりとであったかは分からぬが、特別の体験の影響のもとで、あるいは彼の精神に特別に強く捕えられた人物たちの力によって、いま一度ふたたび強烈に立ち現れ、より広範な民衆の心に浸透していった、とわれわれはまずもって考えておくにとどめるべきだろう。まずはこのような視座から、古代イスラエルの宗教史は考察されなければならない。カナンの地で開始された最初の五世紀の民族生活における宗教の歴史的証拠はあるが、これを真に受けて、モーセの宗教をいわば構成しようとする者は、ひどい方法上の間違いを犯すことになるだろう」。さらにはっきりしているのが、フォルツ[*52]である。彼の考えはこうである。「モーセの天に聳える業績は、当初まったく不明瞭かつ不十分にしか理解されず実践もされなかったが、数世紀の時の流れのなかでだんだんと強く人心に浸透していき、そしてついには偉大な預言者のなかに同質の精神を見出すに至り、こ

＊51　前掲書、五二頁。
＊52　パウル・フォルツ『モーセ』テュービンゲン、一九〇七年、六四頁。

の預言者たちがモーセという孤独な人の業績を継承したのである」。

ここまできて、私の研究は結論に至ったとしてよいだろう。実際のところ、私の研究は、エジプトのモーセの姿をユダヤの歴史のなかに組み入れるという唯一の意図にのみ即したものだったのだから。われわれが得た成果を、ごく手短に公式的にまとめておく。ユダヤの歴史を貫く周知の二重性——二つの民族集団、これらは国家形成のために合体した。この国家の崩壊後に成立した二つの王国。聖書原典に見られる二つの神の名前——以上のような二重性に、われわれは新たに二つの二重性を加えておく。二つの宗教創設、最初の宗教は、別の宗教に抑圧されながらも、のちになって別の宗教の背後に立ち現れ、勝利をおさめるに至った。二人の宗教創設者、両者ともにモーセという同じ名前で呼ばれているが、この二人の人物は区別されるべきである。そして、これらの二重性のすべては、第一に挙げた二つの民族集団という二重性に淵源を有するのであり、民族内の一群の人びとが外傷と言ってもよい体験を得てしまい、残りの人びとはこれと縁がなかったという事実からの必然的な帰結なのである。以上の事柄に加えて、詳論すべきこと、説明すべきこと、主張すべきことは、なお無数に存在しているであろう。その作業がなされたとき初めて、われわれが純粋に歴史学的な研究に対して持つ関心の重要性がほんとうに肯定されるのだろう。伝承なるものの本来の正体はどこに存するのか、伝承なるものの独特の力はどこに基づいているのか、世界史に対する個々の偉大な男たちの個性的な影響力を否定することがいかに不可能であるか、物質的欲求からの動機だけが承認された場合、人間の生活の大いなる多様性に対して、いかなる犯罪的所業がなされる結果となるか、いかなる源泉から人間や諸民族を征服するような力を、多くの、とりわけ宗教的な理念は汲み取るのであるか——これらすべての問題をユダヤの歴史という特殊事例に即して研究するのは、魅惑的な課題であろう。私の仕事をこの方向に進めていくならば、私が二十五年前に書いた『トーテムとタブー』〔本全集第十二巻〕のなかで論じた内実に繋がるのかもしれない。しかし、そのような仕事を成し遂げていく力は、もう私には残されていないように思われる。

III　モーセ、彼の民、一神教

第一部

序文I（一九三八年三月以前）

もはや失うものがない、あるいはほとんど失うものがない者に固有の大胆さでもって、私は十分に納得したうえでの決意をもう二度目ではあるが翻し、『イマーゴ』誌（第二十三巻、第一号、第四号）に掲載したモーセに関する二つの論文に、これまで差し控えておいた結末部を付け加えることにする。この仕事を成し遂げるために必要な力が私にはもうないであろうと自覚している旨を私はすでにはっきりと述べたし、高齢ゆえの創造力の減衰[*53]という事態ももちろん考えたのではあるが、しかしさらになお別の障害をも念頭に置いていた。

われわれは特別に奇妙な時代に生きている。進歩が野蛮と同盟を結んでしまっているのを眺めるにつけ、われわれは驚きの念を禁じえない。ソビエト・ロシアでは、圧政に縛りつけられた約一億人の人びとをよりよい生活水準に持ち上げるべく企てが進められている。そこでは、大胆にも宗教という「麻酔剤」が奪い取られ、賢明と言ってよいけれども、常識的な程度の性的な自由も与えられているが、しかし民衆は苛酷すぎるほどの強制のもとに置かれており、考えることの自由という可能性もことごとく奪われてしまった。似たような暴力的圧政のもとで、イタリア民衆は秩序と義務感情の教育を受けている。ドイツ民衆の場合、ほとんど歴史以前とも言える野蛮への後戻りが何の進歩的理念にも依存せずに起こりうるのを見ることができるのだが、これは重苦しい憂慮の軽減と感じられている始末である。いずれにせよ，こんにちでは，保守的な民主主義諸国家が文化の進歩の保護者となってしまっており，実に奇妙な現実だが，ほかならぬカトリック教会制度が上述したような文化の危険性の拡大に力強い防衛力でもって対抗している状況になっている。これまでは，このカトリック教会制度こそが，考えることの自由および真理認識への進歩にとって宿敵であったのに！

われわれはここカトリック教の国でカトリック教会に護られて生活しているが，この庇護がいつまで持ちこたえるのか分からないけれども，この庇護が存続する限り，教会の敵愾心を引き起こしてしまう類いの行動をとるのは当然ながら慎重に遠慮するつもりである。これは臆病ではない。用心深いだけである。われわれが屈服するまいとしている新しい敵が，和解すべき古い敵よりもいっそう危険であるのを，われわれはすでに承知している。このような事態に至る前から，われわれが育ててきた精神分析的研究はカトリック教の側から不信の目で見られてきている。それが不当であるとは言うまい。宗教を人類の神経症へと還元し，その巨大な力をわれわれが治療している個々の患者における神経症性の強迫的な力と同じものとして解明できるとの結論に研究が立ち至ったとき，われわれは，たしかに，われわれを支配するもろもろの権力の強烈な怒りを身近に招き入れてしまった。とはいえ，われわれは何か新しいことを言ったわけではないし，すでに四半世紀も前に十分明瞭に言わなかった事柄をいま言っている

＊53　バーナード・ショウは，三百歳になれば人間は初めて何かしらきちんとした仕事ができるであろうとの考えを示しているが，私はこの同時代人の意見に賛成しかねる。寿命が延びてもどうしようもないだろう。つまり，生命と生活に関するその他もろもろの条件が根底から変わらなければならないと思われるのだ。

るわけでもない。二十五年前に言われたことがただ忘れられているに過ぎない。それゆえ、われわれがそれをこんにちただいま繰り返し論じ、あらゆる宗教創設にとって決定的であるような範例に即して事態を明らかにするならば、影響なしでは済まないだろう。精神分析の活動が禁止される結果にもなりかねない。抑え込みという暴力的な方法は教会にとって決して無縁でないばかりか、むしろ教会は、教会以外のものがそれを使用すると自分の特権が侵害されたと感じるほどに、この方法に縁が深い。精神分析は、私が長生きしているあいだに広範囲に伝わったが、しかしながら、それが生まれ育った街よりも親しい住処をいまなお知らない。

このような宗教上の障害によって、また外的政治的危険によって、モーセに関する私の研究の結末部を公表するのを差し控えることになろうと私は予想している。というより、差し控えることを私はすでに知っている。さらに私は、この不安な気持ちの底には私という個人の意義についての過大評価が潜んでいるのではないかと自問して、困難を除去しようともしてきた。実際のところ、私が、モーセについて、一神教という宗教の根源について何を書こうとしたところで、権力の場にとってはまったくどうでもよいことなのだろう。しかし、この私の判断がほんとうに正しいとも思われない。むしろ、悪意と刺激好きの熱狂性とが、世間の判断に対する私の考えの甘さにつけ込んでくる事態のほうがありそうなことだと思われてならない。このようなわけであるから、私はこの論文を公表しないが、しかし書くことまで我慢する必要もあるまい。なにしろ、私はこの論文をすでにいまから二年前に書き終えてしまっているのであり、(1)ただ少し修正し、先に発表した二つの論文に結びつけるだけでよいのだから。この三番目の論文は、いつの日にか危険を感じることなく公表できる時代がくるまで、あるいは、いつの日にか同じ結論と同じ見解を公言する人が、かつて暗い時代にも君と同じように考えた人物がいたのだよ、と言い聞かされる時代がくるまで、秘密のうちに保管されることになるだろう。

序　文 II（一九三八年六月）

モーセという人物に結びついているこの研究を書き上げ、まとめる仕事をしているあいだに私に重くのしかかってきた、まったく特別にひどい困難な状況——内的な危惧の念、そして外的な妨害——は、この三番目の論文に、相互に矛盾し合う、いや、それどころか相互に打ち消し合う二つの異なった序文を否応なく用意させることになった。なぜなら、二つの序文を叙する短いあいだに、筆者の外的状況が根底から変化してしまったからである。はじめの序文を書いた当時、私はカトリック教会の庇護のもとで生活しており、私の不安はと言えば、第三の論文の公表によって私が教会の庇護を失い、オーストリアにおける精神分析の信奉者や学習者に対し禁止令が下るかもしれないという程度のものであった。ところが、突然にドイツ軍が侵入してきたのである。カトリック教会は、聖書の言葉で言うならば、一本の「揺らめく葦」に過ぎない正体を露呈するに至った。いまや、私の思想ゆえのみならず、加えて私の「人種」ゆえにも迫害されることが確実となり、私は多くの友人たちとともに、幼い頃から七十八年にわたって故郷であり続けた街を去った。

美しく自由で寛大な心に満ちたイギリスで、私はたいへん友好的に受け容れられた。私はいま歓迎される客人として生活しており、ほっとして生き返った気分であって、あの忌まわしい重圧が取り除かれて、ふたたび私がしたいことを、あるいはしなければならないことを語っても書いてもよいことになった——いま私は危うく、考えてもよい、と綴りそうになった——。私は私の仕事の最終部分をあえて公表する。

外的な障害はもはやないし、少なくとも恐れて尻込みしなければならないような障害はない。この地に滞在してまだほんの数週間しか過ぎていないのに、私は、私の滞在を喜んでくれる友人たちから、会ったこともない人びとから、それればかりか無関係の人びとから、無数の歓迎の手紙を受け取ったが、それらの書状はすべてひとしく私がこの地で自由と安全を見出したことへの満足を表現しようとしていた。それに加えて、一異邦人にとって驚かざるをえないほど頻繁に別種の書状も届いたが、それらは私の魂を救済せんとするもの、私にキリストの道を教示せんとするもの、イスラエルの将来について私に説明しようとするものである。

このように書いてくれた善良な人びとは、私について多くを知るすべがなかったのだろう。しかし、モーセに関するこの仕事が翻訳されて私の新しい国民同胞の知るところとなれば、私はこの人びとがいま私に示してくれている好意あふれる同情の大半を失うであろうと予想している。

内的な重苦しい気分について言えば、政治的激変も住居の移転も何ひとつ変えることができなかった。依然として私は、私自身の仕事を前にして動揺しており、本来ならば作者と作品のあいだに存在しているべき統一性と相互依存の意識が欠如しているのを感じてしまう。これは、たとえば結論の正しさについての確信が私に欠けているという意味ではない。この確信は、私が一九一二年に『トーテムとタブー』という本を書いたとき、つまり四半世紀も前にすでに得られているのであり、以来、確信の度は強まるばかりなのだ。宗教的な現象は、われわれに馴染み深い個々人の神経症症状をモデルとしてのみ理解されうる、つまり宗教現象は人類が構成する家族の太古時代に起こり、はるか昔に忘却されてしまった重大な出来事の回帰としてのみ理解されうる、そして宗教現象はその強迫的特性をまさにこの根源から得ているのであり、それゆえ歴史的真実に即した宗教現象の内実の力が人間にかくも強く働きかけてくるのだ、ということを私はその当時からもはや疑ったためしがない。私の不確かな気分は、右に記された命題がここで選び出されたユダヤの一神教においても証明しうるかと自問するときに初めて生じてくる。私自身が批判的に見つめていくと、モーセという男から出発したこの仕事そのものが、つま先で平衡を保っている踊り子のような姿をとってしまう。もし仮に私が遺棄神話の分析的解釈の上に立脚しえず、さらに加えて、そこからモーセの最期に関するゼリンの推測まで到達できないのであれば、この仕事全体は書かずにおかれるべきだったろう。何はともあれ、さて、やってみよう。

二番目の、モーセに関する純粋に歴史学的な研究の結論の概要を再述することから始めよう。この結論に、ここで新たな批判は加えられない。なぜなら、この結論は心理学的な論究の前提となるものであり、心理学的な論究はこの結論から出発し、繰り返しこの結論に戻っていくことになるからである。

A　歴史学的前提

われわれの関心をとらえ続けているもろもろの出来事の歴史的背景は、以下のごとくである。第十八王朝の遠征と征服によって、エジプトはひとつの世界帝国となった。この新たに現れた帝国主義は、民族全体ではないにしても、民族上層部の支配的かつ精神性において活動的な人びとの宗教的な考えの発展という面でも現れてくる。オン（ヘリオポリス）の太陽神祭司たちの影響下で、さらにおそらくはアジアからの刺激により強化されて、特定の地域や特定の民族との結びつきにはもはやこだわらない普遍的なアトン神の理念が突出してくる。若いアメンホテップ四世〔イクナートン〕の登場とともに、この神の理念の展開以外にはほとんど関心を示さないファラオの絶対権力が成立する。この若い王はアトン教を国教にまで高め、この若い王によって普遍的な神は唯一神とされる。その他の神々に関して語られるいっさいは、錯誤であり虚妄である。この若い王は、徹底した厳格さでもってあらゆる魔術的思考の誘惑に抵抗し、エジプト民衆にとって特別に大切であった死後の生命という錯覚を切り捨てる。のちの科学的認識を驚くべき鋭敏さで先取りしているわけであるが、この若い王は、太陽光線のエネルギーにおいて地上すべての生命の源泉を認め、太陽光線を神の力の象徴として崇拝する。アメンホテップ四世は、創造を目の当たりにして歓び、マート(真理と正義)に生きることを誇りに思っている。

これは人類史上における最初にして、おそらくは最も純粋な一神教の例である。この宗教が成立した歴史学的ならびに心理学的な諸条件をさらに深く洞察することは、はかりしれない価値を持つだろうと思われる。しかし、アトン教に関して多くの報告がわれわれに届いているはずもないゆえ、この点は留意されなければならない。イクナートンの弱々しい後継者の時代になると、早くもイクナートンが創り出したものすべてが崩壊してしまった。イクナートンによって抑え込まれていた祭司たちの復讐の念は、この若い王への追憶に対する激しい怒りとなっていや噴出するに至り、アトン教は廃止され、瀆神者の烙印を捺されたファラオの王宮は破壊され、略奪の手に委ねられた。紀元前一三五〇年頃、第十八王朝は消滅した。無政府状態の時代がしばらく続いたのち、ホルエムハブ将軍が秩序を回復し、将軍の統治は前一三一五年まで続いた。イクナートンの宗教改革は、忘却されるべく運命づけられた、ひとつの挿話のように思われた。

ここまでが歴史学的に確認されている事実であり、ここから先はわれわれの仮説が参入していく。イクナートンの身辺近くにいた人びとのなかに、おそらくはトトメスという名のひとりの男がいた。この名前の者は他にも大勢いた。[*54] ――この名前そのものにはさしてこだわる必要はなく、その男の名前の後半がモーセであったに相違ないという点が大切である。この男は、身分が高く、アトン教の心底からの信奉者であったが、夢想家肌の王とは対照的に、精力的かつ情熱的な人物であった。この男にとって、イクナートンの死とその宗教の廃止は、あらゆる希望の終焉を意味した。王室の恩恵と保護を剝奪された者として、あるいは背教者としてエジプト内で生き残ること以外の道は、この男に残されていなかった。おそらく、彼は国境地域の総督であったと思われ、それゆえ数世代前からその地に移入して生活を営んでいたセム系の民族と接触するに至ったのだろう。絶望と孤独の危機に直面し、彼はこの異民族に心を向け、彼が失ってしまったものをこの異民族において埋め合わせようと考えた。彼はこの異民族をおのれの民族として選び出し、彼の理想をこの異民族において実現せんとした。従者に伴われて異民族とともにエジプトを去ったのち、彼は異民族の人びとを割礼のしるしによって聖別し、彼らに掟を与え、彼らを、エジプト人がまさしく放棄してしまったアトン教のなかに導き入れた。このモーセという男が彼のユダヤの民に与えた宗規は、主人であり教師でもあったイクナートンのそれよりもさらに峻厳であったかもしれないし、おそらくモーセは、イクナートンが最期まで固執していたオンの太陽神への依存をも捨て去ってしまったのであろう。

エジプト脱出の時期に関しては、紀元前一三五〇年ののちの空位時代が当てはめられなければならない。これに続く時期、つまり脱出からカナンの地の占領が成就するまでの期間は、実に不明瞭である。聖書の記述が放置して

＊54　たとえば、テル＝エル＝アマルナで仕事場が発見された彫刻家もトトメスと名乗っていた。

しまった、あるいは聖書の記述が作り出してしまったこの暗闇のなかから、こんにちの歴史研究は二つの事実を取り出すことができた。ひとつはE・ゼリンによって見出されたものだが、聖書そのものがはっきりと記述しているように、立法者にして指導者たるモーセに対し、頑迷で反抗的であったユダヤ人たちが、ある日、謀叛を起こしてモーセを打ち殺し、まさしくかつてエジプト人がしたように、強制的に与えられたアトン教を捨て去ってしまったという事実である。もうひとつはEd・マイヤーによって示されたもので、エジプトから帰還してきたユダヤ人たちが後年になってパレスティナとシナイ半島とアラビアのあいだにある地域で別の近縁の諸部族と合流し、豊かな水に恵まれたカデシュの地で、アラビアのミディアン人の影響下に、新たな宗教、火の神ヤハウェ崇拝を受け容れた事実である。この件があってまもなく、この民族は征服者としてカナンに侵攻しうる力を持つようになった。

この二つの出来事相互の時間的関係、およびこの二つの出来事とエジプト脱出との時間的関係は非常に分かりにくく、確実なことは何も言えない。ファラオ・メルエンプタハ(前一二一五年まで)の石碑が歴史上の分かりやすい拠り所として存在し、そこにはシリアおよびパレスティナ遠征の被征服者のひとつとして「イスラエル」と刻されている。この石碑の日付を一連の事件の《最終時点》と見るならば、エジプト脱出からの全経過はおおよそ一世紀(前一三五〇年から前一二一五年)となる。しかし、イスラエルという名前がわれわれの追尋している部族と関連を持たない可能性はあり、実際、われわれの前には、より長い時間経過が横たわっている可能性もある。後年のユダヤ民族のカナンへの移入は、たしかに、一気になされた征服ではなく、幾度かの波状のかたちで起こった、より長い時間にわたった出来事であった。メルエンプタハ石碑による制約から自由になって考えるならば、われわれは、より容易に一世代(三十年間)をモーセの時代と見なして確保できるし*55、それから少なくとも二世代、いや、実際にはもっと多くの世代がカデシュにおける合流までに経過したとすることができる。*56 カデシュでの合流とカナンへの侵攻のあいだの時間は、短ければ都合がよいわけだ。つまり、ユダヤの伝承は、先の論文で示されたように、エジプト脱出とカデシュにおける宗教創設のあいだの期間を短縮しなければならない十分な理由を持っていたのだが、われわれの提言の要点は、逆にこの期間を延長することにある。

しかし、これらすべては、われわれの歴史認識の空隙を充塡する試み、つまりなお物語に近い意味での歴史にとどまっており、また一部は『イマーゴ』誌の第二論文の反復に過ぎない。われわれの重大関心事は、ユダヤ人の謀叛によって表面的には終わってしまったかに見えるモーセと彼の教えの追尋にある。紀元前一〇〇〇年頃に書かれはしたが、たしかにそれ以前にすでに成文化されていたものに基づいているヤハウェ祭司の記録から、われわれは、カデシュにおける民族合体と宗教創設にはひとつの妥協がなされ、この妥協の内実に即して見ると双方の勢力がなおはっきりと識別されうるのを知った。一方の民族勢力には、ヤハウェ神の新奇さと違和感を否認し、民族全体がヤハウェ神に帰依すべきだと強力に要請する必要があった。他方の民族勢力には、エジプトからの解放および指導者モーセの偉大な姿への貴重な想い出を捨て去る気はなく、この勢力は、エジプト脱出という事実もこの男も先史の新しい叙述のなかに保存すること、少なくともモーセの宗教の目に見えるしるしである割礼を保持すること、そ

＊55　この一世代は、聖書のなかの四十年にわたる荒野のさすらいと対応するだろう。
＊56　それゆえ、おおよそで言うならば、前一三五〇（四〇）年から前一三二〇（一〇）年がモーセ時代、前一二六〇年あるいはそれ以降がカデシュの時代、メルエンプタハ石碑が建てられたのは前一二一五年よりも昔の時代となる。

しておそらくは新たな神の名前の使用に一定の制限を加えることにも成功した。これらの要求を代表として突きつけたのが、モーセの民の子孫、レビ人たち、ほんの数世代しかモーセの同時代人ないし民族同胞から離れておらず、なおなまなましい想い出によってモーセへの追憶に結びついていた人びとであったことは、すでに述べたとおりである。われわれがヤハウェ祭司から、そして後年の彼らの競争者たるエロヒム祭司から受け継いでいる詩的に粉飾された叙述は、昔の出来事が、モーセの宗教の正体が、そしてこの偉大なる男を暴力的に排除した事件に関する真実が、のちの世代に知られぬままに永遠の安息を見出すべき墓地のようなものなのだ。そして、われわれが事件の経過を正当に推測してきたとするならば、ここにはもはや謎めいた事柄は何ひとつないことになる。この出来事は、たしかにユダヤ民族の歴史におけるモーセ物語の最終的な決着を意味しているのかもしれない。

ところが、奇妙なことに事態はそのようにはおさまらなかった。この民族にとっての事件の体験の非常に強烈な影響力が、のちになって表に現れるに至り、幾世紀もの時の流れのなかで徐々に現実世界へ突入してきたとしか言えない事情が実に奇妙なのである。ヤハウェが、その存在性格において、周囲に居住していた諸民族や諸部族の神々と多くの点で異なっていたとは考えられない。諸民族同士が互いに闘争していたのと同様に、ヤハウェも他の神々と闘っていたのではあろうが、当時のヤハウェ崇拝者の念頭には、カナン、モアブ、アマレクなどの神々の存在を、それらを信仰する諸民族と一緒に葬り去る必要性など、浮かぶはずもなかったと考えるべきだろう。

イクナートンの出現とともに束の間に輝いた一神教の理念は、ふたたび曇らされ、その後、なお長いあいだ暗闇のなかにとどまることになった。ナイルの第一瀑布のすぐ手前にあるエレファンティン島で発掘された出土品は、その地に数世紀来定住していたユダヤ人の軍隊駐屯地があって、そこの神殿には主神ヤハウと並んで二柱の女神が祀られており、うち一柱はアナト・ヤハウと呼ばれていた、というびっくりするような情報を伝えているけれども、このユダヤ人は言うまでもなく民族母体から遮断された人びとであって、その島で宗教上の発展をともにしたわけではない。エジプトを統治したペルシア帝国（紀元前五世紀）がこのユダヤ人たちにエルサレムの新しい宗規を伝えただけの話である。[*57] これより昔の時代に溯るならば、ヤハウェ神はモーセの神とひとかけらの類似性すら持っていなかったと言ってよかろう。アトンは、その地上における代理人、もとはといえばアトンの原型であったファラオ・イクナートンと同じく平和を愛する神であって、実際、この若い王は、彼の先祖によって獲得された世界帝国が崩壊していくさまを平然と傍観していた。新しい居住地を暴力でもって占領せんとしていた民族にとっては、たしかにヤハウェのほうが好都合な神だった。それに加えて、モーセの神を信仰するにあたって尊ぶべきものはすべて、単純で原始的な民族集団の理解力をそもそも超えていたのであった。

すでに私が述べてきたように――そして述べつつ他の研究者との一致点にも立脚しているわけだが――、ユダヤ宗教の発展の中枢的な事実は、時代が経過していくなかでヤハウェ神がその本来の性格を失っていき、だんだんとモーセの古い神アトンとの類似性を獲得していったことにある。なるほど、無視してはなるまいと思われそうな違いはあるけれども、しかしこれは簡単に説明できる相違に過ぎない。アトンはエジプトで確実な基盤に恵まれた幸運な時代に支配的な力を振るい始め、王国がぐらつき始めたときですら、その信者は煩わしい世俗事から目を逸らして、その創造を称え、その創造を喜び、享受し続けた。

＊57　アウエルバッハ『荒野と約束の地』第二巻、一九三六年。

ところが、ユダヤ民族に対しては、運命は立て続けに重苦しい試練と苦痛に満ちた経験をもたらし、民族の神は苛酷で峻厳、そして陰鬱な存在となった。この神は、すべての国々、すべての民族を支配する普遍的な神という性格を保持し続けたが、この信仰はエジプト人からユダヤ人へと受け継がれて、ユダヤ人が神によって選ばれた民族であり、その特別な義務は最後には特別なかたちで報われるだろうという新たな表現を見出すに至った。ユダヤ民族にとって、彼らの全能の神による恩寵への信仰と不幸な運命のもとでの悲惨な経験とを統一して考えるのは容易でなかったかもしれない。しかし、当惑はなかった。人びとはおのれの罪責感を強めて神への疑念を封じた。おそらく、人びとは、こんにちでもなお敬虔な人がそうするように、最後には「人知の及ばぬ神の御心」を感知したのだろう。アッシリア人、バビロニア人、ペルシア人と、続々と新たな暴力的迫害者を神が登場させ、彼らによってユダヤ人は屈辱を受け、虐待されたわけだが、このような受け容れ難い事態に直面してもなお、これらすべての悪しき敵どもがふたたび一掃され、その王国が消滅した事実のなかにこそ、人びとは神の力を認めた。

三つの重要な点において、のちのユダヤの神は、最終的に古いモーセの神と均質になった。第一の決定的な点は、ユダヤの神が実際に比類なき唯一神として認められ、並立する他の神など考えられなくなってしまった事実にある。イクナートンの一神教はひとつの民族全体によって真剣に受け容れられたばかりでなく、この民族はあまりにも強烈に一神教の理念に固執したために、この理念が民族の精神生活の中枢を占領するに至り、この民族には別の重要関心事などなくなってしまった。この民族と民族内部で支配的な力を得た祭司たちは以上の二点においては一致していたが、しかし祭司たちが崇拝のための儀式を整えるべく全力を注いでいるあいだに、彼ら祭司たちは、モーセの神に関するモーセの別の二つの教えを蘇らせんとしていた民族の心のなかの強烈な奔流と矛盾する立場に陥ってしまった。神は儀式と供儀を忌み嫌い、人びとが神を信じ、真理と正義のなかで生きることを求めているだけだ、と預言者たちの声は倦むことなく響き渡っていたのである。そして、預言者たちが砂漠あるいは荒野の生活の簡素な美しさと神聖さを称えるとき、彼らはたしかにモーセの理想のもとに立っていた。

さて、いまこそ問いを立てるべきときである。ユダヤの神の観念の最終的な成り立ちにとって、モーセの影響を考えることはそもそも必要であるのか、数世紀にわたる文化的生活のなかでたいへんに高度な精神性への自然発生的な発展が起こったに過ぎないと考えれば、それで十分ではないのか、と。このような説明で済むならば、われわれの謎解き作業は終わってしまうわけだが、ここには少しばかり言うべきことがある。まず、このような説明によっては何ひとつ明らかにされぬということ。同じような状況が、異論の余地なくきわめて高度の才能に恵まれていたギリシア民族においては、この民族を一神教の成立へと向かわせることなく、多神教的宗教への弛緩した拡散と哲学的思索の開始へと向かわせているではないか。エジプトにおいても、われわれが理解する限り、一神教は帝国主義の反映として育ってきたのであって、神は巨大な世界帝国を無制約の力で支配するファラオの鏡であった。ところが、ユダヤ人の場合、排他的な民族神という理念が普遍的な世界支配者という理念にまで一気に育っていくには、もろもろの政治的状況があまりにも不都合だった。このちっぽけで無力な国民に、いったいどこから、自分たちを偉大なる主に選ばれた寵児であると称する不遜とも言える考えがやってきたのか。ユダヤ人における一神教の成立事情についての問いは、このように考えてくると答えを見出せない。ひょっとしたら、これはユダヤ民族の特殊な宗教的天才の表現にほかならないのだろう、という月並みな答えで済まされてきたのかもしれない。しかし、天才などというものはまったくつかみどころがなく、これは無責任な考えである。それゆえ、ありとあらゆる別の解決法がことごとく失敗するまでは、説明のために天才などというものを持ち出すべきではない。[*58]

そして、さらに歩みを進めていくと、ユダヤの報告書および歴史叙述そのものがわれわれに道を示している事実に出会う。すなわち、そこでは、このたびは矛盾することなく、唯一神の理念はモーセによってユダヤ民族にもたらされた、ときわめて明瞭に語られているのである。もしもこの言明の信頼性に対して異論があるとするならば、それは、われわれの手許にある聖書の、祭司による修正があまりにも多くをモーセの力に帰してしまっているという異論であろう。明らかにのちの時代に作られた制度や典礼規定が、それらに権威を与えるという分かりやすい意図のもとで、モーセの掟として伝えられている。たしかに、これはわれわれも異論に同調したくなる理由ではあるが、先の件の信頼性を棄却しても仕方あるまい。なぜなら、この種の誇張をなしたかなり深い動機がすでに明白になっているからである。祭司たちの叙述は、彼らの現在とモーセの過去のあいだに連続性を作り出そうとしている。彼らは、われわれがユダヤ宗教史のなかで最も驚くべき事実と呼んだ出来事、つまりモーセの立法と後世のユダヤ宗教のあいだには裂隙があり、この裂隙は当初ヤハウェ信者によって塞がれ、のちになってゆっくりと塗りつぶされたのだという事実を、まさしく否認しようとしている。彼らは、歴史的な正しさがあらゆる疑念を超えて確立されているにもかかわらず、手持ちの手段すべてを動員してこの事の成り行きに反抗するのだが、聖書の原典が特別な修正処置を被ったのちも、事の成り行きの真実を証明する夥しい陳述が残されたままなのである。祭司たちの修正作業は、ここでは新たな神ヤハウェを先祖たちの神へと捏造せんとする歪曲傾向とよく似た性質を帯びてしまっている。祭司資料のなかに秘められたこのような動機を考慮するならば、モーセその人が彼に従うユダヤ人たちに実際に一神教の理念を授けたとする主張を信じないほうが難しいだろう。それゆえ、唯一神の理念はモーセによってユダヤ民族にもたらされたという明瞭な言明に賛意を表するのは、われわれにとっては容易な帰結なのだ。まして、ユダヤ人の祭司たちにはたしかにもう分からなくなってしまった事情なのだが、一神教の理念がどこからモーセに到来したのかをわれわれはすでに知ってしまっているのだから。

ここで、ユダヤ一神教はエジプトからやってきたという場合、われわれはそこから何を得るのか、との問いが発せられるかもしれない。問題はそれによって少しだけずらされるに過ぎず、それによってわれわれが一神教の理念の発生に関して知ることは何もあるまい、と。このような問いに対しては、これは利益の問題ではなく研究の問題なのだ、と答えておこう。現実に起こった出来事を研究によって知るならば、そのときわれわれは何かを学ぶことになるだろう。

B　潜伏期と伝承

これまで述べてきたとおり、われわれは、唯一神の理念も、魔術的儀式の排除も、倫理的要求の強化も、神の名においてなされたとされているが実はモーセの教えであったこと、当初はこの教えに耳を傾ける者はいなかったが、この教えは長い空白期が過ぎたのちに力を発揮するに至り、ついには永続的な浸透力を得てしまったことを事実として確信している、と公言する。このような遅れて活動しだす力はどのように説明されるべきであろうか、そしてどのような場面で類似した現象に出会えるのであろうか。

＊58　同様の熟慮が、ストラトフォード出身のウィリアム・シェイクスピアという奇妙な事例に関してもなされるべきだろう。(2)

すぐに考えつくことだが、このような現象は稀でなく、実にさまざまの領域で見出されるであろうし、程度の差はあれ分かりやすいかたちで多様な姿をとって現れていると見なされてよかろう。たとえば、ダーウィンの進化論のような新しい科学理論がたどる運命を取り上げてみたい。このような理論は、まず激烈な拒絶に出会い、数十年にもわたって激しく議論されるが、それが真理に向けての偉大な進歩であると認知されるまで、一世代より長い時間はかからない。ダーウィン自身は、さらにウェストミンスター寺院に墓標ないし記念碑が置かれる名誉を獲得する。このような例には、われわれにとって、ほとんど解くべき謎もない。新しい真理というものは情動的な抵抗を喚起してしまうのだが、この抵抗は、不快な学説の証拠に対して異論を唱えうる論拠によって支えられている。論争はしばらくの時間を要し、はじめから賛成者と反対者がいるわけだが、賛成者の数と力がだんだん増強していき、ついには優位を占めるに至る。闘争の全期間を通じて、何が問題になっているかが忘れられることは決してない。闘争の全経過がかなり長い時間を要する点は、われわれにとってほとんど驚くにあたらない。おそらく、ここでわれわれは集団心理学的経過に関わっていると認めることのほうがはるかに重要である。

この種の経過に完璧に類似対応する論理を個人の心の生活のなかに見出すのは、決して困難ではない。以下のような例があるだろう。ある人が確実な証拠をもとにして真理と認めざるをえない何か新しい事態を経験する。ところが、この何かは彼の欲望にかなり矛盾するものであって、彼にとって価値ある確信のいくつかに対し侮辱的ですらある。このとき、彼はためらうようになる。この新しいものを疑うことができるような、いろいろな理由を探し求めるようになるだろう。しばらくのあいだ彼は自分自身と闘うであろうが、ついに是認することになる。私はそれを簡単に受け容れたくはないけれども、しかしやはりそうなのだ、と。われわれがこのような例から学ぶのは、強い情動的な備給によって保持されている抗議を自我の知的作業が克服するまでには時間がかかる、という事実だけである。この種の例とわれわれがいままさに理解せんと努力している事例とのあいだにある類似性は、さほど大きいとは言えない。

　つぎにわれわれが注意を向ける例は、外見上はこの論考に共通する問題性をほとんど持っていない。ある人が恐ろしい事故、たとえば列車衝突に遭遇した現場から、見たところ無傷で立ち去ったとする。ところが、幾週間か経過するうちに、彼はそのショック、列車衝突事故という衝撃、あるいはそのときに作用した別の何かから導き出すしかない一連の重篤な心的ならびに運動性の症状を呈するようになる。彼はいまや「外傷性神経症」に罹患したのである。これは、まったく不可解で、それゆえ新しい事態である。事故遭遇から症状初発までに過ぎ去った時間は、感染性疾患の病理学を参考にして「潜伏期」と呼ばれる。外傷性神経症の問題とユダヤ一神教の問題のあいだに、双方の事例が根本的に異質であるにもかかわらず、なおひとつの点で一致が存する事実は、遅ればせながら、われわれの注意を引かずにおかない。すなわち、潜伏と名づけてよい特性における一致。われわれが確認したところに従うならば、実際、ユダヤ宗教の歴史のなかには、モーセの宗教への背教行為ののち、一神教の理念に関して、儀式の拒否に関して、そして倫理性の極度の強調に関して、何ひとつ感知できない長い一時代が存在している。事情がこうであるゆえ、われわれは問題の解決をある特別な心理学的状況のなかに求めうるだろうとの予想を持つ。

　のちのユダヤ民族を形成することになる二つの勢力がひとつの新しい宗教を受容するために集合したとき、カデシュで何が起こったのか、われわれはすでに繰り返し叙述してきた。エジプトに住んでいた勢力のなかでは、エジプト脱出およびモーセの姿に関する想い出がなおあまりに強く、なまなましかったため、この人びとは過去に関する記録に採用するよう要求した。おそらく、モーセその人を直接に見知っていた人びとの子供や孫もいたろうし、そのなかには自分をまだエジプト人だと感じていた人、エジプト名を持っていた人もいくらかいたのだろう。しかしながら、この人びとは、彼らの指導者にして立法者であった人物が陥った運命にまつわる想い出を抑圧しなければならない十分な動機を持っていた。他方の勢力に属する人びとにとっては、新たな神の栄光を称え、その神の外来無縁の素性を否定する意図が決定的であった。双方の勢力が持っていた共通の利益ある関心事は、彼らに昔の宗教があったこと、またいかなる内容の宗教であったかということを総じて否認する点にあった。そこで先に述べた最初の妥協がなされたわけであり、妥協の結果はおそらくすぐに文字として書きとめられたのだろう。エジプトから帰還してきた人びとは文字と歴史記述欲とをもたらしたが、しかし歴史記述が仮借のない真理性へと呪縛されていることを認識するまでには、なお長い時間が必要だった。当初、彼らはこの事情に頓着せず、偽造という概念などまだ存在していなかったかのように、彼らのそのつどの欲求や動向に沿ったままに報告書を作成した。このような状況が続いた結果、同じ史的資料の文字による固定と口頭による言い伝え、すなわち伝承とのあいだに矛盾対立が生じてくる帰結はありえたであろう。文書において省略され、削除され、変形させられたものが、伝承のなかでは無傷のままに保存され残される事態は、実際、大いにありえたであろう。伝承は、歴史記述にとっては、補完であると同時に抗言でもあった。伝承は、歪曲せんとする秘められた意図の影響力に屈服することが少なく、多くの場面では、おそらくこれを完全に回避しており、そのため文字で固定された報告よりも多くの、強固な真理をうちに含みえた。伝承の持つ信頼性は、しかし文書よりも移ろいやすく、不安定で不明瞭であるという宿命のもとにあり、口承によってひとつの世代から別の世代へと伝えられるとき、多様な変更および変形に曝されざるをえなかった。この性質を帯びている伝承がたどる運命はさまざまであった。最も容易に考えられるのは、伝承が文書によって圧倒され、打ち負かされ、文書と対等の存在理由を発揮できなくなって、だんだんと影のようなものになっていき、ついには忘却されてしまう、という運命であろう。しかし、伝承はまた別の運命をもたどりうる。そのなかのひとつは、伝承がそのままのかたちで文字による固定に落ち着いてしまう帰結であり、さらにまた別の運命に関しては、われわれがじっくりと考察を加えていかなければならない。

われわれが取り組んでいるユダヤ宗教史のなかの潜伏なる現象に関連して、こんにちに至って、いわゆる公的歴史記述によって意図的に否認されてきた事実内容が実際にはまったく失われていない、との解釈が現れてきている。この事実内容をめぐる報告は、伝承のなかに生き続け、民族によって保存されていた。ゼリンが確認したところによれば、モーセの最期についてすら伝承が存在しており、この伝承は、公的叙述とはっきり矛盾しているけれども、はるかに真理に近いものであった。これと同様のことが、見かけ上はモーセとともに消滅してしまった別の事柄にも、モーセと同時代を生きた人びとの大半にとって受け容れることのできなかったモーセの宗教における多くの内実にも、ひとしく当てはまると考えられてよかろう。

しかしながら、われわれがいまここで直面しているのは、このような伝承が、時とともに力を失っていくのではなく、幾世紀もの時の流れのなかでだんだんと力強くなり、後年に修正を受けた公的報告のなかにまで侵入して、ついにはこの民族の思考と行為にまでも決定的な影響力を振るうほど強靱になってしまった、という実に奇妙かつ注目すべき事実なのである。いかなる条件がこのような帰結を可能にしたのか、これはもちろん、いまのところわれわれの知識が及びうる問題ではない。

この事実はあまりにも奇妙である。それゆえ、われわれはこの事実を改めて眼前に据えて凝視しなければならぬと感じる。この事実にこそ、われわれの問題が決定的な重みをもって含まれている。ユダヤ民族は、モーセによってもたらされたアトン教を投げ棄て、近隣部族のバアル(3)と大した違いもない別の神の信仰へと走った。この恥ずべき事態を覆い隠そうとする後年の秘められた意図に沿った努力は、ことごとく失敗した。ともかく、モーセの宗教は痕跡も残さず消滅したわけではなく、モーセの宗教にまつわる一種の想い出は生き続けた。これが、おそらくは暗闇のなかに隠され、歪曲された伝承なのだろう。そして、この偉大な過去からの伝承こそが、いわば背後から作用し続け、次第に魔神たちを超越する力を獲得し、ついにはヤハウェ神をモーセの神に変貌せしめ、幾世紀も前に与えられ、それから棄てられてしまったモーセの宗教にふたたび生命を与えることを成し遂げた、当の力にほかならない。ひとつの忘却された伝承がひとつの民族の心の生活にこれほどまでに強力な作用を及ぼすなどという経緯は、われわれの思考にとってまったく親しめないことである。われわれは、ここで集団心理学の領域にいるわけだが、この集団心理学の領域のなかでは落ち着いた気持ちになれない。実際、これとは別の領域においてではあっても、類似の事態を、少なくとも似た性質を有する事実を見出しうるだろうとわれわれは思う。

ユダヤ人たちのなかにモーセの宗教が回帰しつつあった頃、ギリシア民族はたいへんに豊かな民族伝説と英雄神話を貯え持つようになっていた。紀元前九世紀ないし八世紀と信じられているが、この伝説世界から題材を得てホメロスの二大叙事詩が誕生した。われわれのこんにちの心理学的洞察をもってすれば、ホメロスや偉大なアッティカの劇作家が彼らの傑作のなかへ摂取した伝説素材のすべてをギリシア人はどこから受け取ったのか、という疑問は、シュリーマンおよびエヴァンズよりもずっと前に発せられていたであろう。この民族はおそらく先史時代に光輝に満ちた文化的繁栄の時代を体験したが、それは何らかの歴史上の破局に際して没落してしまい、その時代にまつわるおぼろげな伝承が伝説のなかに保存されていた、という答えしかありえまい。こんにちの考古学的研究は、シュリーマンやエヴァンズの時代であったならばたしかにあまりにも大胆に過ぎると言われたであろう推測を確証してしまった。考古学的研究は壮大なミノア＝ミュケナイ文化が存在した証拠物を発見したが、この壮大な文化は、ギリシア本土において、おそらく紀元前一二五〇年頃にはすでに終焉を迎えた。そして、後世のギリシアの歴史家たちは、この文化が存在したことにほとんど触れていない。かつてクレタ人が制海権を握っていた時代があったこと、王の名前がミノスであり王宮の名前がラビュリントスであったこと、これが記述されたすべてであって、これ以外には、詩人たちによって取り上げられる伝承のほかには、この文化について何ひとつ書き残されていない。

他の民族、ドイツ民族、インド民族、フィンランド民族においても、民族叙事詩が知られるようになってきている。これらの叙事詩の成立にもギリシア叙事詩の場合と同じような条件が考えうるか否か、これは文学史家たちが研究すべき事柄である。私が思うに、この研究は肯定的な結論をもたらすであろう。われわれが認識している条件とは、登場直後には内容豊かで意味深く、壮大でおそらくは英雄的と思われたに違いないが、あまりにも大昔の、あまりにも遠く隔たった時代のことであるために、のちの時代にとっては、ぼんやりとして不完全な伝承だけが知識を与えてくれるような先史の一断片が存在する、という事態である。後年に至って芸術のひとつのジャンルとしての叙事詩が消滅してしまったのは、不思議なことだと思われている。おそらく、叙事詩を生み出す条件がもはや成り立たなくなってしまったことが、その理由だろう。古い昔の素材は修復されて新しいものとなり、それ以降のすべての出来事については、伝承に取って代わって歴史記述が現れてしまった。こんにちでは、どれほど偉大な英雄的行為であっても叙事詩に魂を吹き込むことができなくなってしまっているが、実はアレクサンドロス大王ですら、すでにいみじくも彼のためにひとりのホメロスもいなくなってしまった現実を嘆いていたのであった。

遠く過ぎ去った時代は、人間が抱く空想《ファンタジー》にとって大きな、しばしば謎めいたと言ってもよいほどの引力を持つ。人間はしょっちゅう現在に不満を抱き――実際、実にしきりと不満を抱く――、過去に向かい、こんどこそは二度と消え去らない黄金時代の夢を真実の世界として確保できるようにと望む。*59 おそらく、人間はいつも幼年時代という魔術に支配されているのであって、この幼年時代は、人間にとって、決して公平無私とは言えない想い出によって、不満なき至福の時代として映し出されている。過去が不完全でぼやけてしまった想い出でしかないならば、これをわれわれは伝承と呼ぶわけだが、これは芸術家にとっては格別に刺激的なものである。なぜならば、その場合、想い出の裂隙を空想という強烈な欲望で埋め尽くすことも、ふたたび生み出そうとする時間のありさまを意図どおりに造形することも、芸術家の自由に任されているからである。伝承がぼやけるに従って、伝承はますます詩人にとって役立つようになる、と言ってもよいだろう。それゆえ、文学にとっての伝承の意義に関して、不思議は何もない。そして、叙事詩の誕生にまつわる条件は、その類似性のゆえに、ヤハウェ信仰を古代のモーセの宗教へと変貌させたのはユダヤ人のなかのモーセ伝承であったという奇妙な考えへとわれわれを誘う。しかし、ギリシア民族とユダヤ民族とのあいだには、これ以外の点でたいへんに大きな差異がある。ギリシア民族の場合、成果は文学であるが、ユダヤ人の場合はひとつの宗教である。そして、ユダヤの宗教の場合、この宗教は伝承の推進力のもとで忠実に再現されたと考えられるのだが、ギリシア叙事詩がこの忠実さに匹敵する対応物を示しえていないのは言うまでもない。つまり、われわれの問題に関して言えば、多くの謎が解かれずに残されているのであって、より妥当な類似性が要請されてもよかろう。

C　類　似

ユダヤ宗教史において認められた注目すべき出来事に対して唯一の、満足すべき類似を示しているものは、一見したところ、遠くかけ離れた場所に存在している。しかし、この類似は申し分なく完璧であり、ほとんど同一であるとすら言える。その場所で、われわれは、ふたたび潜伏という現象、不可解で説明を要する事象の出現、そして昔の、のちには忘却されてしまった体験という前提条件に出会う。さらに加えて、たとえば叙事詩の発生に際しては認められなかったひとつの特徴、すなわち論理的思考を圧倒しつつ心に迫りくる強迫という特徴にも出会う。

この類似の出来事は、精神病理学のなかで、人間の神経症の発生に際して、それゆえ個人心理学の領域において現れる。他方、宗教上の現象が集団心理学の領域に属することは言うまでもない。この類似性の指摘は、はじめは唐突と思われるかもしれないが、実はそうではなく、それどころかむしろそれを要請するにふさわしいものであって、このことはやがて明らかにされるだろう。

かつて体験され、のちになって忘却された印象、われわれが神経症の病因論において非常に大きな意味を置く印象、これをわれわれは外傷と呼んでいる。神経症の病因が総じて外傷的なものであると見なされてよいか否かとい

---

*59　マコーリーは、この状況を『古代ローマ詞藻集』の基礎に置いている。彼はこの著書のなかで、現代の不毛な党派間闘争を嘆き、聴衆に祖先の犠牲的精神、和合、そして憂国の情を訴える吟遊詩人の役割を演じている。

う問題は、とりあえず未決定のままにしておくほうがよいかもしれない。容易に出てくるのは、神経症に罹患したすべての個人の古い過去の出来事のなかから明瞭な外傷がはっきりと現れてくるわけではない、という異論である。すべての個人が遭遇し、正常と言いうるかたちで処理され、解決される体験や要求に対して、尋常でない異常な反応が存在するだけだ、と言うにとどめるべき事例はたしかに多い。病因を説明するにあたって、遺伝的ないし体質的素因以外のものが何も存在しない場合、神経症は外部から獲得されるのではなく、内部から自然発生的に現れてくると言いたくなるのは当然であろう。

しかし、神経症の病因に関するこの脈絡においては、二つの要因が目立っている。つまり、神経症の発生はいつでもどこでも非常に早期の幼年時代に受けた印象に淵源を有する、というのが第一点[*60]。病因的作用力が間違いなく早期におけるひとつないしいくつかの強烈な印象にまで溯りはするが、この作用力が正常なかたちで解決されなかったために発症したのだろう、この作用力がなかったならば神経症も現れなかったであろう、と判断される症例も「外傷的」と名づけられて正当である、というのが第二点。この二つの点を押さえておくならば、われわれが求めている類似をこの外傷性の症例に制限せざるをえないにしても、われわれの意図を示すには十分である。とはいえ、この双方の群のあいだの溝は、見たところ橋渡しができないようには思われない。双方の病因論的条件をひとつの見解のもとに統一して把握するのは、実際のところ可能なのだ。肝腎なことは、何をもって外傷的と定義するか、という点に存する。体験は量的な要因によってのみ外傷的な特質を獲得するのだと、それゆえ体験が尋常でない病的な反応を引き起こすならば、すべての症例においてその原因は印象づける力の過剰な量にあるのだと考えてよいのであれば、ある体質の者には外傷として作用するものが別の体質の者にはそのように作用しないことは、容易に理解されよう。こう考えてくると、外傷と体質という二つの要因が結合して病因論的実現に至る流動的な相補系列の図式[4]が現れてくる。一方の過少が他方の過多によって補完され、全体として双方の要因の協働が起こり、この二つの端末において単純な原因が論じられることになる。このように熟慮するならば、われわれが求めている類似に関連して、外傷的な病因論と外傷的でない病因論の区別は、本質的なものではなく、無視されうる。

われわれにとって有意義な類似を内包する諸事実をここでまとめておくのは、反復の煩わしさはあるにせよ、妥当であろう。それは、以下のごとくである。われわれの研究によって明らかになったのは、神経症の現象（症状）と言われるものは、ある体験ないし印象の結果であって、これらの体験ないし印象をわれわれはまさしくそれゆえに病因的な外傷と見なす。ここでわれわれに与えられる課題は二つである。第一は、これらの体験に共通する特徴を見出すこと、そして第二は、神経症の症状に共通する特徴を見出すことであって、この際、ある程度の図式化はあえて避ける必要もないと思われる。

I　(a) これら外傷のすべては、おおよそ五歳までの早期幼年時代に体験される。言語能力が生じつつある時代に受ける諸印象は、とりわけ重要である。二歳から四歳までは、最も重要な時期と思われる。誕生ののち、この感受性の高い時期がいつ始まるのか、これは断定できない。(b) その体験は、通常の場合、完全に忘れ去られており、回

＊60　この非常に早期の幼年時代という原始時代が研究されず考慮されないのであれば、こういう見解は実際広く流布してしまっているのだけれども、精神分析を行うこと自体、無意味なのである。

想によっては想い出せず、幼児期健忘の時期に属し、たいていの場合、個々の想い出‐残渣、いわゆる遮蔽想起によって開示される。(5) (c) これらの体験は性的そして攻撃的性質の諸印象と結びついており、また、たしかに早期の自我侵害(ナルシシズムの受傷)とも結びついている。さらに注目すべきは、このような幼児が後年のようには性的な行為と純粋に攻撃的な行為のあいだの差を明瞭には区別しないことである(性行為をサディズム的に誤解する)。(6) 性的な要因の圧倒的な強さは、言うまでもなくたいへんに顕著であり、これは理論的な妥当性証明を要求してくる事態である。

これら三点――生まれて五年以内の早期の出現、忘却、性的・攻撃的内実――は、相互に緊密に絡み合っている。外傷は、自己の肉体に起こったことであるか、感官知覚、たいていは見られたものと聴かれたものであるかのいずれかであり、それゆえ体験あるいは印象と表記される。ここに記した三点相互の関連は分析的作業の成果であるひとつの理論によって組み立てられるが、この理論だけが、忘却された体験に関する知識を現在へと接続させ、実際よりも誇張されて不正確な言い方になるが、忘却された体験を想い出のなかへと取り戻させる。この理論によれば、人間の性生活――あるいは成長してからの性生活に対応するもの――は、常識的な考えとは対立するけれども、およそ五歳で終焉を迎える早咲きを示し、それからいわゆる潜伏期が――思春期まで――続き、この潜伏期においては性欲の進展は起こらず、そればかりか実際のところ、到達した段階から後戻りさせられる。この学説は、内生殖器の成長に関する解剖学的研究によっても確かめられている。この学説は、人間は生後五年で性的成熟に至るような動物種から派生したとの推測を可能にし、また、性生活の遅延と二度にわたる開始は人類の発生史とたいへん緊密に関連しているのではないかとの思いを喚起する。ともかく人間はこのような潜伏期と性生活上の遅延を示す唯一無比の動物であるようだ。霊長類に関する研究は、私の知る限りまだ存在していないけれども、この理論の検証のためには不可欠であろう。心理学的見地からすれば、幼児期健忘の時期がこの五歳までの早期性欲の時期と重なっている点に無関心ではいられない。この事態は、実際のところ、ある意味では人間の特権でもある神経症の成立可能性にとっての現実的な条件になっているかもしれない。このように考えてくると、神経症が成立する可能性の現実的な条件は、われわれの肉体の解剖学で見出されるある種の器官と同様に、太古時代の残存物《生き残り》のようにも思われてくる。

II　神経症性の諸現象に共通する特質あるいは特殊性。これには二つの点が指摘されるべきである。

(a)　外傷の働き方は二様である。正的なものと負的なものと。正的な働き方とは、外傷にふたたび作用力をもたらそうとする努力であり、それゆえ忘却された体験を想起する努力であって、あるいは、より正確に言い換えるならば、忘却された体験を現実化し、その体験を新たに反復し、ふたたび体験せんとする努力である。実際、この忘却された体験が幼い頃のささやかな情動関係に過ぎなかったとしても、ほかならぬこの関係を別の人物に対する似たような関係のなかに新たに復活させようとする努力なのである。このような努力は、総じて、外傷への固着として、また反復強迫としてまとめられる。この努力の現実の根拠および歴史的な根源が忘却されてしまっているにもかかわらず、あるいはまさしく忘却されているがゆえに、この努力は、いわゆる正常な自我に受け容れられ、自我の恒常的な傾向として、自我に不変の性格特徴を与える。たとえば、現在では忘却されている過剰なまでの母への結びつきのなかで幼い時代を過ごしたひとりの男は、彼の全生涯にわたって、彼が依存できる、また彼のそばにいて彼を大切にしてくれる女性を追い求めることになりうる。幼児期に性的誘惑の対象となった少女は、彼女の成人後の性生活を、同じ誘惑的侵襲を繰り返し挑発してしまうように方向づけてしまう。この種の洞察によって、われわれが神経症問題を超えて人格形成の理論全般にまで歩みを進めているのは容易に分かってもらえよう。

負的な反応は、忘却された外傷に関して何事も想起されてはならぬ、何事も反復されてはならぬ、という正反対の努力目標を追い求める。われわれは、これら負的諸反応を防衛反応としてまとめている。防衛反応は主としていわゆる回避という姿をとるが、回避は制止、そして恐怖症にまで亢進しうる。この負的諸反応も、また性格を特徴づける非常に強い働きを示す。根本において見るならば、負的反応も、先の正的なものと同じく、外傷への固着なのであって、流れの向きが逆の固着であるに過ぎない。狭義の神経症症状とは、このような、外傷から発生してくる二様の努力が協働して作り上げる妥協形成物であり、そこでは、ある時には一方の、またある時には他方の流れの向きが優勢化する。これら正的反応と負的反応の対立によって葛藤が作り出されるが、これは、通常の場合、決着のつけようのないものである。

(b)　これらすべての現象、自我の制限や固定された性格変化のような症状は、強迫的特性を持っている。すなわち、これらの現象ないし症状は、その心的な強度が極端に亢進した場合、現実の外的世界の要求に順応し論理的思考の法則に従うようになっているそれ以外の心の事象の編成から、広範かつ露骨に分離独立してしまう。これらの現象ないし症状は、外的世界の現実によって影響されず、あるいは十分に影響を受けることがなく、外的世界の現実とその心的代表物とを顧慮しないので、容易にこの両者との激しい矛盾対立に陥ってしまう。これらの現象ないし症状は、いわば国家のなかの国家であり、和合できず共同作業の役に立たない党派のごときものであるが、この党派は、もう一方の言うなれば正常なる党派に打ち勝ち、これに服従と奉仕を強いるのに成功することもある。こうなってしまうと、内的な心的事実の支配権が外的世界の現実を覆ってしまう結果に至り、精神病への道が開かれる。そこまでいかなくとも、このような相互関係の実践的意義は、高く評価しすぎることがないくらい重要である。神経症に屈服した人間の生活制止、そして生活不能は人間社会の非常に意義深い要因のひとつであり、そうした状態において、過去の早期の場面への彼らの固着が直接的に表出されていると見なされてよかろう。

さて、ここでわれわれは問うのだが、類似という観点において特別にわれわれの興味を惹かずにおかない潜伏とは、いったいどのような事態なのであろうか。幼児期の外傷に直接に続くかたちで神経症が発生してくる場合があるが、これは幼児期神経症であって、症状が形成されてくるなかで防衛への努力が充満しているものである。幼児期神経症は、かなり長い期間存続して目立つ障害を引き起こすこともあるが、また潜伏性に経過して見逃されることもある。この神経症では、通常の場合、防衛が優位を占めるが、いずれにせよ、ちょうど瘢痕形成に比較できるように自我変容のあとを残す。(7) 幼児期神経症が中断することなく成人の神経症に接続していくのはごく稀でしかない。ほとんどの場合、幼児期神経症は、一見したところ全然障害がないかのような発達期によって引き継がれる。これは生理学的な潜伏期の介入によって支えられて現れる経過である。のちになって初めて変化が現れるが、この変化とともに、外傷の遅延した作用の実現として、最終的な神経症が露呈する。これは思春期の開始とともに、あるいはこれにいくらか遅れて起こる。思春期開始と同時に発症する場合、はじめは防衛の力によって圧倒されていた欲動が、肉体的成熟によって強化され、防衛との闘いを再開する結果、神経症が露呈する。思春期開始からいくらか遅れる場合、防衛によって作られた反応と自我変容がいまや新たな生活課題の解決にとって妨害的に働くことが明らかになり、そこで防衛という闘いを通じて苦労して獲得した編成を維持せんとする自我と、現実の外的世界からの要求とのあいだに重大な葛藤が生じてくることから神経症が露呈する。それゆえ、外傷に対する当初の反応と後年の疾患の発生とのあいだに存在する神経症潜伏という現象は、定型的なものと見なされなければならない。この発病は、また治癒への試みとも見なされうる。つまり、発病は、外傷の影響力によって分離された自我の一部分をふたたび他の部分と和解させ、外的世界に対して十分に力のあるひとつの全体へと統合せんとする努力だと見なされてもよい。しかし分析作業の助けがなければ、このような試みがうまくいくことはほとんどないし、この助けがあっても、いつもうまくいくわけではない。この試みが自我の完全な破壊と寸断に終わり、また、以前に分離され、外傷の力によって支配されたままの部分による独裁に終わってしまう結果がほとんどである。

読者を確信させるためには、数多くの神経症者の生活史の詳細な報告が必要であろう。しかし、この主題を長々とややこしく書くならば、この仕事の本来の性格は完全に消えてしまうだろう。この仕事は神経症学に関する論文に変化してしまい、またそうなれば、おそらく精神分析の研究と実践を生涯の任務として選択したごく少数の人びとにしか働きかけないことになるだろう。私はこの論文をより広範囲の人びとに向けて書いているのだから、ここで短く要約して述べた論にとりあえずいちおうの信頼を寄せていただきたいと読者にお願いする以上のことは何もできない。それゆえ、私としても、前提とされている学説が正しいと認められたときに限って、読者は私の示す結論を受け容れるだけに過ぎないと考えるようにしたい。

ともかく、私はこれまで述べてきた神経症の特質の多くがはっきりと認められるような個別的な症例をひとつ示したいと思う。もちろん、たったひとつの例がすべてを示すだろうなどと期待されてはならないし、また、その例がわれわれの求めている類似物から内容的にひどくかけ離れていても幻滅する必要はない。

この男の子は、小市民的な家庭ではごくありふれたことだが、生後一年間、両親と寝室をともにしていた。そして、繰り返し、いや、規則的にと言うべきか、言語能力があまり育っていない年齢で、両親の性交場面を目撃し、多くのことを見、より多くのことを聴いた。後年の彼の神経症は、最初の夢精の直後に発生したが、そのなかでは睡眠障害が最も早く、最も厄介な症状であった。彼は夜間の物音に対して著しく敏感となり、いったん目が覚めると二度と眠れなくなった。この睡眠障害は、正当な理由を持った妥協症状であった。これは、一方では夜間の知覚に対する彼の防衛の表現であり、他方では両親の性交にまつわる諸印象をひそかに見聞きできた覚醒状態を取り戻す試みだった。

このような目撃によって早期に攻撃的な男性性が目覚めさせられて、この子供はその手で小さなペニスを興奮させるようになり、母に対するさまざまの性的攻撃を企て始めた。このとき、この子供は父への同一化のなかで父の位置に身を置いたわけである。このことが続き、男の子はついに彼のペニスに触るのを母から禁止され、さらに母から、お父さんに言えば罰としてお父さんはその罪深いペニスを切り取るでしょう、との脅し文句を聞く結果になった。この去勢するとの脅しは、男の子に尋常でないほど強烈な外傷性の作用を発揮した。彼は性的な行為を断念し、彼のそれまでのやり方を変えてしまった。つまり、彼は父との同一化をやめ、父を恐怖し、父に対して受け身の態度をとるようになり、時折悪戯をして父を挑発し、肉体的折檻を受けたが、これはこの子供にとっては性的な意味を持っていた。つまり、折檻されながら、彼は自分を虐待されている母と同一化できた。彼はますます不安な気持ちになり、母その人にすがりつくようになったが、それはあたかも彼が一瞬たりとも母の愛なしではいられないかのようであって、彼は母の愛情のなかに、父によって脅迫された去勢の危険に対する守護を見ていた。この変形されたエディプスコンプレクスのなかで、彼は潜伏期を過ごした。この時期、目立った障害は現れなかった。彼は優等生になり、学校でも好成績をあげた。

ここまでで、われわれは外傷の直接の作用を追跡し、潜伏という事実を確認したことになる。

思春期の始まりは明瞭な神経症を顕現させ、神経症の第二の主症状、すなわち性的インポテンツを露呈させるに至った。彼は性器の感覚を失い、性器に触ろうともせず、性的な意図を持って女性に近づこうともしなかった。彼の性的な活動性はサディスティック・マゾヒスティックな空想《ファンタジー》と結びついた心的なオナニーに制限されていたが、ここにかつての両親の性交場面目撃体験に水源を持つ流れの突出を認めるのは難しくなかろう。思春期がもたらす男性性の飛躍的な強化は、激烈な父憎悪および父に対する激しい抵抗となって現れた。父に対する、自己破壊にまで至るほどの無分別で極端な関係の持ち方は、また彼の生活上の失敗や外的世界との葛藤を引き起こした。彼は仕事をする必要を感じなかった。なぜなら、父が彼にその仕事を押しつけたからだ、というわけである。彼はひとりの友人も作らず、彼の上司たちとも決してうまくいかなかった。

このような症状と無能力にとりつかれつつ、父の死後に彼は最終的には彼の妻となる女性を見出したが、そのとき、彼の身近にいるすべての人びとにとって彼と付き合うことがひどい重荷となってしまうような、彼の核心とも言うべき性格特徴が表に現れてきた。彼はどうしようもなく利己的かつ暴君的、そして残忍な人格を表し出したのであり、この人格にとっては、他の人びとを抑え込み、その心を傷つけることが、明らかに本能的な欲求なのであった。それは父そっくりのコピーであり、彼の想い出のなかで造形された像であって、それゆえ幼児期に小さな男の子が性的な動機ゆえに断念してしまった父同一化の復活であった。ここに至って、われわれは抑圧されたものの回帰を認める。抑圧されたものの回帰は、外傷の直接的な作用および潜伏という現象と並んで、われわれが神経症の本質的特徴として記述してきた事態である。

D　応　用

早期の外傷―防衛―潜伏―神経症性疾患の発症―抑圧されたものの部分的な回帰。われわれが提示した神経症の発展に関する典型的な形式は、このようなものであった。さて、ここにまで至ると、読者は、人類の生活においても個人の生活における事態と似たことが起こったという考えへと歩みを進めたくなるだろう。すなわち、人類の生活のなかでも性的・攻撃的な内容の出来事がまず起こり、それは永続的な結果を残すことになったのであるが、しかしとりあえず防衛され、忘却され、後世になって長い潜伏ののちに現実に活動するようになり、構成と傾向において神経症症状と似たような現象を生み出すに至ったのだ、と。

われわれは、このような出来事の成り行きを推測できると信じているし、その神経症症状に似た結果こそ宗教という現象にほかならない旨を明示したいと思う。進化論が登場して以来、人類が先史を持っていることがもはや疑いえなくなった以上、そしてこの先史が知られていない、つまり忘却されている以上、この論理的帰結はほとんど公準に等しい重みを持つだろう。現実に活動していながら同時に忘却されている外傷が、人類史においても、個人の神経症の場合と同様に、人類、そして人間の家族生活と結びついていることを経験的に知りうるのであれば、われわれはこの事実を、たいへんに望ましい、予想されなかった、これまでの論述のなかでは求められなかった特別な贈り物として歓迎して受け容れたい。

　私は同じ見解をすでに四半世紀前に、私の著書『トーテムとタブー』(一九一二年)のなかで立論しておいたゆえ、ここではそれを繰り返すだけでよいだろう。私の論の構築は、Ch・ダーウィンの報告から出発して、アトキンソンによる推論を取り入れている。それによれば、太古の時代、原人たちは小さな群族を作って生活していたが、いずれの群族も、力の強いひとりの男性原人の支配下にあった。その時代がいつ頃であるかは述べられていないが、われわれに知られている地質学的な年代に結びつけることは、まだ成功していない。おそらくは、人間存在が十分な言語能力の発達をまだ示していなかった時代であろう。私の構築の本質的な点は、私が抽出しようとする運命がすべての原人を、それゆえすべてのわれわれの祖先を見舞ったという想定にある。

　私が物語ろうとする歴史は、あたかも一気に一度限り起こったかのようにたいへん短縮されて論じられるが、現実には幾千年にも及び、この長い時間のなかで数えきれないほど何度も繰り返されたのである。力の強い男性原人は、群族全体の主人であり、父であった。彼の力は無制約であって、彼はその力を暴力的に行使した。すべての女性原人は彼の所有物であり、自分の群族の妻たちも娘たちも、おそらくは他の群族から略奪されてきたであろう女性原人たちも、ことごとく彼の所有物であった。息子たちの運命はひどいものだった。彼らが父の嫉妬心を刺激してしまうと、彼らは打ち殺され、去勢され、あるいは追放された。息子たちは、小さな共同体を作って生活し、略奪によって自分の女性原人を手に入れるしかなかったが、そのなかの誰かが、原始群族のなかで父が占めていたのと似た地位にのし上がることはできた。最も幼い息子たちには、自然の摂理からして例外的な地位が与えられていた。彼らは母たちの愛情によって保護され、父の老衰によって優越を獲得し、父の死後には父に取って代わることができた。年長の息子たちの追放についても、いちばん若い息子たちの特権についても、伝説やメルヒェンのなかにその名残が認められる。

この最初期の「社会的」組織を変革する、つぎの決定的な歩みは、追放され集まって生活していた兄弟たちが皆で結託して父を圧倒し、打ち殺し、当時の慣習に従って父をなまのまま喰い尽くしてしまったという事実に相違あるまい。この食人ということに触れて、感情を害する必要などない。食人は、長く後世に至るまで深く入り込んできている。むしろ本質的なのは、これら原人たちと同じ感情の動き方を、現代の未開人たち、すなわちわれわれの子供たちのなかに、分析的研究によって確認できるという事実である。つまり、子供たちは父をただ単に憎んだり恐れたりしただけでなく、父を理想的な模範として尊敬していたという事実。そして、どの子供も実際に父の地位を占めようと欲していたという事実。このことから考えるならば、食人行為は父の一部を体内化することによって父との同一化を確実なものにする試みとして理解される。

父殺害ののち、兄弟たちがおのおの父の遺産を独り占めしようと欲し、父の遺産をめぐって互いに闘争した時代が、かなり長く続いたと想定できる。この闘争が危険であり不毛であるとの洞察、皆で一緒になって貫徹した解放行為の想い出、そして追放されていた時代に生じてきた兄弟間の心情的な結びつき、これらは最終的に、彼らのあいだの和解と一種の社会契約へと彼らを導いていった。ここに至って、欲動の断念、相互に義務を負うことの是認、侵すべからざる（聖なる）制度の明確な制定、すなわち道徳と正義の誕生などによって特徴づけられる社会的編成の最初の形式が成立した。個々の男たちはすべて、父の地位を独占するという理想、母と姉妹たちを占有するという理想を断念した。それとともに、近親姦タブーおよび族外婚の掟が生じた。父を片づけたことで宙に浮いてしまった絶対的権力のかなりの部分は女性たちのほうに移り行き、母権制の時代が到来した。父への追憶は、この時代になっても「兄弟同盟」のなかで生き続けた。当初は恐怖の的であった強力な動物が、父の代替物と見なされるようになった。このような選択はわれわれ現代人にとっては奇異に思われるかもしれないが、人間がのちの世になってから自身と動物とのあいだに作り上げた裂隙など、未開人たちにとっては存在していなかったし、われわれの時代の子供たちにあってもに存在していない。子供の動物恐怖症を、われわれは父不安として理解できたのだ。トーテム動物への関わり方のなかには、父に対する感情関係の根源的な分裂(両価性《アンビヴァレンツ》)が完璧なかたちで保存されていた。トーテムは、一方では、肉体を持った祖先にして、かつ一族の守護神であって、崇拝され、大切にされねばならなかった。他方において、原人たちの父が遭遇した運命、トーテムを待ち受ける祝祭の日が定められていた。トーテムは一族全員によって殺害され、喰い尽くされた(ロバートソン・スミスの言うトーテム饗宴)。この大いなる祭の日は、実際に、団結した息子たちの父に対する勝利を祝う祭の日であった。

このような一連の出来事のどこに宗教は存在しているのであろうか。父の代替物を崇拝するトーテミズムのなかに、トーテム饗宴によって明示された両価性のなかに、記念する祭の日を設定することのなかに、違反すれば死をもって罰せられる禁令の設定のなかに、と十分な正当性をもって言える、と私は思っている――私はさらに言いたいのだが、われわれはトーテミズムにおいて人類史上最初の宗教の現象形態を認めてよいだろうし、宗教が最初から一貫して持続的に社会的組織化と道徳的義務に結びついていたと断定してもよいだろう。宗教のさらなる展開に関しては、われわれはここではごく短く展望することしかできない。疑問の余地なく言えるのは、宗教が人類の文化的進歩ならびに人間共同体の構成と変革と並行して歩みを進めている経緯である。

トーテミズムに続くつぎの進歩は、崇拝される存在の人間化である。動物に代わって人間の姿をした神々が登場する。しかし、それがトーテムに由来することは隠されようもない。神はなお動物のような姿をとっているか、少なくとも顔だけは動物のものとして造形されているかである。あるいは、トーテムが神の好む従者になって神から分離されないままであり、また、伝説のなかで神がほかならぬトーテム動物を殺すことになるが、この動物は実のところ神の前段階であっただけの話である。この発展のなかで、その段階は容易に特定できないが、偉大なる母性神格が現れてくる。これはおそらく男性性を有する神々の登場よりも昔の出来事であったろうが、ともかくその後かなりの期間、母性神格は男性性を有する神々と並存していた。この期間が経過するうちに、大きな社会変革が起こった。母権が、ふたたび出現した父権制の秩序に取って代わられたのである。新しい父たちは、しかし、もちろんかつての原人群族における原父のような全能を持ちえなかった。新しい父たちは数が多く、かつての群族よりも大きな連合体のなかで共存して生きていた。彼らは互いに十分に調和し合わなければならなかったし、社会的規約によって力を制限されていた。母性神格はおそらく、母権制が制約を受け始めた頃、軽んぜられた母たちの弱化した力を埋め合わせるために成立したのだろう。男性神格は、はじめは息子の性格を持っていて、偉大なる母たちの性格と共存していたと思われる。このあとになって初めて、男性神格は明瞭に父の形姿を示す諸特徴をそなえるようになった。この多神教的な男性の神々は、この父権制の時代状況をよく映し出している。この男性の神々はたくさんいて、互いに力を制約し合い、時によっては有力な上位の神に従属したりもする。しかし、つぎの歩みは、われわれがここで取り組んでいる主題、すなわち唯一にして無比の、無制約的に支配する力を有する父なる神の回帰へと進んでいく(8)。

この歴史的な展望は、空白が多く、不備であり、多くの点で不確実なものだろう。しかし、われわれの先史構築が空想的なものに過ぎないと言いたい者がいるならば、その者は、先史のなかに包まれて痕跡を残している素材の豊かさと実証力をひどく過小評価してしまうことになろう。ここでひとつの全的な連関へと結びつけられる過去の大きな出来事の断片は歴史学的に証明されているのであって、トーテミズムや男性同盟がそれにあたる。その他の事柄も、明瞭な写しのなかに保存されている。それだからこそ、信者が彼の神の血と肉を象徴的なかたちで体内化するキリスト教の聖体拝領の儀式がいかに忠実に太古のトーテム饗宴の意義と内実を反復していることか、と研究者が繰り返し驚いてしまうような結果になるのだ。忘却されてしまった先史時代の豊富な名残は、いろいろな民族の伝説やメルヒェンのなかに保存されている。そして、子供の心の生活の分析的研究は、先史時代に関するわれわれの知識の空白と欠落を満たしてくれる素材を意想外なほど豊富に与えてくれた。たいへんに意味深い父への関わり方の理解を助けるためには、父に貪り食われるという実に奇妙に感じられる恐怖と、去勢不安の身の毛もよだつほどの強度を示す動物恐怖症を引き合いに出すだけでよいだろう。われわれの構築には、勝手に創作されたものや十分な根拠によって支えられていないようなものなど何ひとつない。

先史に関するわれわれの抽出が全体として信頼するに足るものと見なされるならば、宗教上の教義と儀式のなかに二つの要因が認められることになる。そのひとつは、古い家族の歴史およびこの歴史の遺物に対する固着であり、いまひとつは、長い期間が過ぎ去ったのちの過去の復原、忘却されたものの回帰である。忘却されたものの回帰という事態はこれまで看過され、それゆえ理解もされなかったが、ここまで考えを進めてきた以上、少なくとも印象深い例に即して証明されなければならないだろう。

特にはっきりと言っておかねばならないのは、忘却から回帰したものは、まったく独特の力でもって回帰してきた目的を果たしてしまい、比較するものなどないほど強力な影響を人間集団に及ぼし、真実に向けて抵抗し難い要求を突きつけてくるという事実であり、この力に対するならば、論理的な異議申し立てなどいつも無力だ、という事実である。まさしく、《不合理ゆえにわれ信ず[9]》とならざるをえないかたちで。この奇妙に目立つ特質は、精神病者における妄想をモデルにしてのみ理解されうるだろう。妄想観念のなかには、回帰してくる場合に歪曲や誤解を受けるのはやむをえないにせよ、忘却された一片の真理が隠れていること、妄想を支える強迫的な確信がこの真理の核から生じてきており、この真理の核をすっぽりと包み込む誤謬というかたちでこの確信が拡散してしまっていることを、われわれはずっと以前から理解していた。歴史的と形容すべき真理に関しても、もろもろの信仰個条において、われわれは同様の実態を認めざるをえない。信仰個条は、たしかに精神病の症状の性質を帯びているのだが、集団的現象であるがゆえに孤立という名の呪いを免れているだけに過ぎない。

　動物トーテムから、いつもお供の者を従えている人間の姿をとった神へ、という発展は容易に理解されるのだが（四つのキリスト教福音書の著者たちも、なおそれぞれ愛する動物を持っている）、この例をいちおう論の外に置くとしても、ユダヤ教において一神教という樹が植えられてから、キリスト教における一神教継承へ、という発展以上にすんなりと明瞭に理解される出来事は、宗教史上、他にひとつもない。ファラオの世界支配を一神教の理念登場の誘因と見なすならば、ついで、この理念が誕生の地から切り離され、他の一民族へと転移され、長い潜伏の時代を経たのちにこの民族によって占有され、貴重な財宝として彼らに護られ、そうして彼らに選ばれた民としての誇りを与えつつこの民族の生命を守護した、という事情が見えてくるだろう。それは、褒賞を受け、傑出した存在であることを銘記され、最終的には世界の支配者たることを保証される希望と結びついた原父の宗教である。この最後の、世界支配という欲望空想《ヴンシュファンタジー》は、ユダヤ民族自身によってとうの昔に放棄されたのだが、こんにちなおユダヤ民族に敵対する者たちのあいだでは「シオンの賢者たち」の陰謀なるものを信じ込むというかたちで生き続けている。エジプトから借用された一神教の独特の性質が、魔術と神秘主義を拒絶することによって、精神性における進歩を励起することによって、昇華を要求することによって、どのようにユダヤ民族に作用を及ぼし、その性格を永続的に形成させずにいなかったか、また、この民族が真理を所有することによってどのようなかたちで至福を享受したか、選民意識に支配されて、この民族がどのようにして知性を高く評価し、倫理性を強調するに至ったのか、さらに、この民族の悲惨な運命と現実世界のなかでの幻滅が右に記したような希望のすべてをどのようにして強化しえたのか、これらの問いに答えるのはここでは留保し、後述する。いまは、この一連の展開を別の方向から追跡していきたいと思う。

原父がその歴史的に正当な権威を持って復活したことは大きな進歩であったが、しかしそれで事が終了するはずもなかった。すなわち、歴史以前の悲劇にまつわるその他の場面も、承認を求めてきたのである。この過程を引き起こしたものがいったい何であったのか、これは容易には推論できない。増強しつつあった罪の意識が、抑圧された内実の回帰の前兆として、ユダヤ民族を、おそらくは当時の文化的世界全体を制圧し始めたように思われる。そうして、ユダヤ民族のなかから、正当化された政治的・宗教的扇動者の資格を得て、ひとりの男が現れ、新たな宗教すなわちキリスト教に、ユダヤ教から離れる機縁を与えることになった。タルソス出身でローマに住むユダヤ人パウロが、この罪の意識を取り上げ、正当にもこの意識を歴史以前の源泉へと連れ戻した。彼はこの罪の意識を

「原罪」と名づけた。これは、神に対する犯罪であり、死をもって贖われるほかないものであった。原罪とともに、死がこの世に到来した。実際のところ、死罪に値する犯罪は、のちに神格化されるに至った原父を殺害した行為であった。しかしながら、殺人行為は想起されなかった。それに代わって、贖罪のみが空想されることになってしまった。その結果、この空想《ファンタジー》が救済の告知（福音）として歓迎されてしまった。ひとりの神の息子が罪なき者としておのれを死に至らしめ、それによって万人の罪を一身に引き受けた。死すべきは息子でなければならなかった。なぜならば、まさしく父殺害が起こってしまったからである。この救済空想の完成には、おそらくオリエントやギリシアの秘教からの伝承が影響を与えたのだろう。しかし、この救済空想の本質的なものは、パウロその人の寄与によるものであったと思われる。彼はほんとうの意味において宗教的な資質を帯びた人間であった。彼の魂のなかで、過去のぼんやりとした痕跡が、より意識的な領域へと現れ出る準備を整えて待ち受けていたかのようである。

救済者が罪のないままにおのれを犠牲に供したという話は明らかに意図的な歪曲の所産であって、これが論理的な理解を困難にした。いったいどうして殺人行為に関して罪のないひとりの男が、殺人の罪を一身に引き受け、おのれを殺害せしめることができるのであろうか。歴史的現実のなかに、このような矛盾が存在したためしはない。「救済・解放者」は死罪にふさわしい主犯、父を圧倒して打ち殺した兄弟同盟の首謀者以外の何者でもありえなかった。このような謀叛の主犯、指導者が実際いたかどうか、これは私の考えでは、未決定のままにしておくべき事柄である。主犯が存在したというのは、なるほど、たしかに大いにありそうな話なのだが、しかし兄弟同盟のなかで各人が、おのおの自分ひとりで犯行に至らんと欲していた点、そして共同体のなかで断念され消えゆきつつある父との同一化を代替する例外的な身分をおのおの独力で創り出そうという欲望をもっていた事情が確かである点も、考慮されなければならない。もしもこのような首謀者が存在しなかったとするならば、キリストは満たされずに終わった欲望空想《ヴンシュファンタジー》のなかの遺産相続人であり、もしもいたとするならば、キリストは原父殺害の主犯の後継者にしてその生まれ変わり、すなわち原父殺害主犯の化身にほかならない。しかし、ここでは、空想《ファンタジー》であるにせよ、忘却された現実の回帰であるにせよ、どうでもよい。いずれの場合においても、ここに神人という観念、常に父に対して謀叛を起こし、父を何らかのかたちで殺害する英雄なる観念の根源が見出されるからである。*61 劇中の英雄の「悲劇的な罪」というのも、通常は論証し難いのであるが、ここではその現実的な根拠が見出される。ギリシア悲劇のなかの英雄と合唱隊がまさしく反逆する英雄と兄弟同盟を表現していることはほとんど疑いえないし、中世の演劇が受難物語の上演として改めて開始されているのも意味なきことではない。

すでに述べたように、信者が救世主の血と肉を体内化するキリスト教の聖体拝領の儀式は古代のトーテム饗宴の反復であるが、これは言うまでもなく攻撃的な意味でではなく、崇拝を表現する優しい情愛に満ちた意味でなされる。しかし、父との関わりを支配する両価性《アンビヴァレンツ》は、宗教上の革新という究極的帰結において明瞭に現れてしまっていた。普通に言われるのは父なる神との和解宥和ということだが、この宗教上の革新は、父なる神の廃位と除去という結果に至ったのである。ユダヤ教は父の宗教であったが、キリスト教は息子の宗教に変貌を遂げてしまった。古い父なる神はキリストの背後に退き、キリスト、この息子たる者が、父なる神に取って代わってしまった。まさしく、先史時代にすべての息子がそれぞれ熱望していたことが起こったのである。ユダヤ教の継承者たるパウロは、またユダヤ教の破壊者にもなった。パウロの成功は、たしかに、まず彼が救済の理念を通じて人類の罪意識を呼び出して、これを追い払ったという事実に存するわけだが、しかし彼が彼の民族の選民意識および目に見えるしるしである割礼を放棄したこと、それゆえにこの新しい宗教が普遍的な、すべての人間を包括するものになりえたという事情も、同じように彼の成功を支えた。パウロの革新がユダヤ人のあいだに引き起こした反対の激しさゆえに、パウロの進めた歩みには彼自身の個人的な報復の念がこもっていたのかもしれないが、いずれにせよ、パウロの革新とともに、古いアトン教のひとつの特質は復興され、新しい担い手たるユダヤ民族に移植された際にアトン教が獲得した閉鎖的な限定は解除された。

実際のところ、低い水準にいる新しい人間集団の侵入あるいはその受容に際してよく起こることなのだが、多くの観点から見て、この新しい宗教は、古いユダヤの宗教に照らして見るならば、文化的退行を意味していた。キリスト教は、ユダヤ教が登りつめた精神化の高みを維持できなかった。キリスト教は、もはや厳格な一神教ではなくなり、周辺の諸民族から数多くの象徴的儀式を受け容れ、偉大なる母性神格をふたたび打ち立て、より低い地位においてではあるにせよ、多神教における多くの神々の姿を、見え透いた隠し事をするような仕方で受容する場を設けてしまった。これらを要約するに、キリスト教は、アトン教やそれに続くモーセの宗教のようには迷信的、魔術的、そして神秘的な要素の侵入に対する峻拒の態度をとらなかったのであり、結果として、これらの要素はその後二千年間にわたって精神性の展開を著しく制止することになってしまった。

＊61　アーネスト・ジョーンズは、牡牛を殺す神ミトラスが、その犯行を誇る首謀者を表現している可能性に注意を促している。ミトラス崇拝がいかに長期間にわたり初期キリスト教と最終的勝利をめぐって闘ったか、ということはよく知られている。

キリスト教の凱旋は、千五百年ののちに、より広大な舞台で起こった、イクナートンの神に対するアモン祭司たちの新たなる勝利にほかならなかった。しかも、キリスト教は、宗教史的に、すなわち抑圧されたものの回帰という観点から見るならば、ひとつの進歩なのであって、ユダヤ教はそれ以来、言うなれば化石となってしまった。

一神教の理念がほかならぬユダヤ民族に対してこれほどまでに深い印象を与え、ユダヤ民族によってこれほどまでに強靭な力で保持されえたのはどうしてなのか、これは努力して理解するだけの価値ある問いだろう。そして、この問いには答えることができると私は思っている。運命が、太古における偉業にして凶行たる父殺害をユダヤ民族にとって身近なものにし、父殺害をモーセという聳え立つ父の像を具有する人物に即して反復すべく誘ったからである。これは、分析作業のさなかに神経症者によく起こることなのだが、想起の代わりに「身をもって演ずること」が現れてしまった例であった。ユダヤ民族にモーセの教えを想起させるような刺激に接して、彼らは特定行動の否認でもって反応し、偉大なる父の存在を承認するにとどまり続け、のちにパウロが太古の歴史の進歩と結びつけた場所に至る道をみずからに禁じてしまった。もうひとりの偉大なる人物を暴力的に殺害した件がパウロの場合にも宗教的な新たな創造の起点となった事実は、どうでもよいことではないし、偶然でもないだろう。ユダヤの少数の信奉者が、神の子であり予言されたメシアであると見なした、このもうひとりの男にも、のちになってモーセを称える幼年時代の物語の断片がまとわりつくことになったが、われわれは、このもうひとりの男に関して、実際にはモーセその人に関する事柄よりも確実なことをほとんど知らないし、この男が実際に福音書が記しているような偉大な教師であったのか、あるいは、この人物が獲得した意義にとって決定的であったのはむしろこの男の死という事実ではなかったのか、断定はできない。この男の使徒となったパウロですら、直接にはこの男を知らなかったのだから。

伝承のなかの痕跡からゼリンによって解読され、奇妙なことに若きゲーテによってもいっさいの論証抜きで受け容れられたユダヤの民によるモーセ殺害[*62]は、それゆえ、われわれの構築にとって不可欠の要因となるのであり、忘却された太古の事件と一神教のかたちをとった宗教の後世における再出現[*63]とを結ぶ重要な紐帯となる。実際、モーセ殺害をめぐる悔恨の念が、メシアが再来してその民を救済し、その民に約束された世界支配をもたらすだろうという欲望空想《ヴンシュファンタジー》を生む原動力になったとするのは、興味深い推測である。もしもモーセがこの最初のメシアであったとするならば、キリストはモーセの代替人物、そして後継者となるのであって、そうであればこそパウロもまた、いわば歴史的正当性をもって諸民族に呼びかけることができたのである。見よ、メシアはまことに来臨したまえり、メシアはまことに汝らの目の前で殺されたまえり、と。こうなると、キリストの復活にも、また一片の歴史的真理が宿ることになる。なぜならば、キリストは原人たちの群族に回帰してきた原父であり、神々しく変容して、息子として、父の場に押し上げられた者だったからである。

身についてしまった頑固さでもって父殺害を否認し続けた哀れなユダヤ民族は、そのことで時代を通じて苛酷に罰せられるはめになった。彼らに向けられた非難は、いつもこうであった。おまえたちはわれわれの神を殺したのだ、と。そして、この非難は、正しく解読されるならば、正当なのだ。宗教史的な連関におけるこの非難は、おま

＊62　『荒野のイスラエル』ワイマール版全集、第七巻、一七〇頁。
＊63　このテーマについては、フレイザーの有名な論を参照されたい。『金枝篇』第三巻、「瀕死の神」。

えたちは神(神の原像、原父、そして後世に現れた神の化身)を殺したことを認めようとしない、という意味なのだ。この非難に補足される言葉があるとすれば、それはこうなるだろう。もちろん、われわれも同じことをした、しかし、われわれはそれを認めたし、われわれは以来その罪を贖ってきているのだ、と。反ユダヤ主義がユダヤの民の子孫を迫害するにあたって、これほど正当な理由はありえまい。諸民族が表す強烈かつ持続的なユダヤ人憎悪という現象は、もちろんただひとつの理由によるはずもないだろう。いろいろな理由がたくさん推測されようが、多くのものは現実的な事情から明白に導き出せるものであって、解釈の必要もない。が、別の、根の深い、秘められた源泉に由来する理由に関しては、特殊な動機の存在が考えられてもよい。前者の現実的な理由のなかで、ユダヤ人は土地に馴染まない異邦人であるとの非難は、実際のところまったく根拠のないものだろう。なぜなら、こんにち反ユダヤ主義が席捲している多くの土地で、ユダヤ人は全住民のなかで最古参の部類に属するのであり、また、現在の住民よりもずっと早くその土地にいたからである。この事実はたとえばケルン市の場合に当てはまるのであって、ユダヤ人はこの地にローマ人とともに、この地がゲルマン人によって占領されるよりも前にやってきていた(10)。ユダヤ人憎悪のその他の理由はさらに強力なもので、たとえば、ユダヤ人がたいていの場合、異なる諸民族のなかで少数派として生活している事情がそれにあたる。つまり、集団の共同体感情は、より完全なものになるために局外に立つ少数者に対する敵愾心を必要とするのであり、除外された者の数の上での弱さが、今度は抑え込みを促進してしまう。まったく許し難いとされるのは、しかしながら、またこれとは別のユダヤ人における二つの特徴である。第一の特徴とされるのは、ユダヤ人が多くの点で彼らの「主民族」と異なっていることである。しかし、根本的に異なっているわけではない。すなわち、ユダヤ人は、敵が言い立てているような異種族のアジア人などではなく、地中海地方の諸民族の子孫から構成されていると考えてまず間違いないのであり、地中海文化の後継者なのである。しかし、ユダヤ人はそれでもなお異なっている、ほとんど定義できないようなかたちで特に北方諸民族と異なっているとされる。そして、奇妙に目につく事実なのだが、集団が示す不寛容というものは、根本的な差異に対してよりも、むしろ小さな相違に対して、よりいっそう強く現れるのである。(11) ユダヤ人が示す第二の許し難い特徴は、さらに強烈な力を持つ。それは、すなわちユダヤ人がありとあらゆる圧政に抗し続け、極端に残酷な迫害ですらもユダヤ人を根絶やしにできず、それればかりかユダヤ人はかえって実業生活で成功をおさめる能力を発揮し、事情が許すならば、すべての文化的営為において価値高い寄与をなす能力をも発揮するという事実なのだ。

ユダヤ人憎悪のより深い動機は遠い昔の過ぎ去った時代に根を下ろしており、これは諸民族の無意識から発して、現在の現実に作用を及ぼしているのであるが、この動機なるものがしっかりした根拠を持たないことを、私は十分に承知している。私はあえて言明するが、おのれを父なる神の長子にして優先的に寵愛を受ける子であると自称する民族に対する嫉妬が、こんにちなお他の民族のあいだでは克服されていない。それゆえ、まるで他の民族はユダヤ人の自負の正しさを信じてしまっているかのようなのだ。さらに言えば、ユダヤ人を他から区別している諸慣習のなかで、割礼という慣習は不愉快で不気味な印象を与えてきたが、この印象が去勢される恐怖を思い起こさせるがゆえに生じるのは明らかであり、また、この印象が太古の時代のすすんで忘却された断片を揺り動かす。そして、最後になるが、これら一連の深い諸動機の最新のものとして、こんにちきわめて露骨にユダヤ人憎悪を示しているすべての民族が、歴史時代もかなり経過してから初めてキリスト教徒になった事実、しかも多くの場合、流血の惨を見る強制によってキリスト教徒にさせられた事実が忘れられてはなるまい。これらの民族は皆「粗末に改宗させられた」のであり、キリスト教という薄いうわべの飾りの下で、彼らは野蛮な多神教に忠誠を誓っていた彼らの先祖と何ら変わらないままであったと言ってよかろう。彼らは、この新しい、彼らに押しつけられた宗教に対する恨みの念を克服できずに、この恨みの念をキリスト教の源泉へとずらしたのである。四つの福音書が、ユダヤ人のあいだの、そして元来はユダヤ人だけを描いている歴史を物語っている事実も、このような遷移が起こるのを容易にした。彼らのユダヤ人憎悪は根本においてキリスト教憎悪なのであり、二つの一神教的宗教のこの緊密な関係が、ドイツにおけるナチズムの革命のなかで、双方に対する敵愾心に満ちた取り扱いというかたちでたいへん明瞭に現れている実情は驚くにあたらない(12)。

E　難　点

これまでの論述で、神経症性事象と宗教的な出来事のあいだの類似の論理を貫徹し、それとともに宗教的な出来事の予測されなかった根源を示唆することに成功した可能性はあるかもしれない。個人心理学から集団心理学へとこのように論を転じる場合、異なった性質と異なった意義を持つ二つの難点が結果として現れてくるが、われわれはこの点を考えなければならない。第一の難点は、われわれがここで諸宗教に関する夥しい現象学のなかからたったひとつの例しか取り上げず、他の例に光を当ててこなかったことにある。まことに遺憾ではあるが、著者は、この実験的事例以上のものを提示する能力がなく、研究を完璧にするために必要な専門的知識を持っていない、と白状しなければならない。著者としては、限定された知識から若干のことを補記しておきたいが、ムハンマドの宗教創設の例はユダヤ教創設のひとつの簡略化された反復のように思われる。前者は後者の模倣として登場したと思われる。実際のところ、この預言者ムハンマドは、もともと彼自身および彼の民族のためにユダヤ教を全面的に受け容れるつもりであったらしい。唯一の偉大なる原父をふたたび獲得したことは、アラブ人のなかに自己意識の異様な高揚をもたらし、世界的規模の大成功へと導いたのだが、しかしその大成功でもって力を汲み尽くされてしまった。アッラーは彼の選民に対して、往時のヤハウェの場合よりもはるかに有り難いものとしておのれを示した。しかし、この新しい宗教の内的発展はすぐに停止してしまった。これはおそらく、ユダヤ教の場合に宗教創設者殺害が惹き起こしたような深化を、この宗教では欠いていたためであろう。一見すると合理的に見える東方の諸宗教は、その核心において祖先崇拝であり、それゆえまた過去の人びとや事件の再構築という早期段階にとどまっている。現代の未開諸民族においてひとつの至高の存在が宗教の唯一の内容となっていることが認められるとの見解がもしも正しいのであれば、この事態はただ宗教発展の退縮としてのみ把握されうるのであって、これは、われわれの研究領域で確認される数多くの発展不全の神経症例と関連づけられるだろう。いずれの場合にせよ、なぜ進展が起こらなかったのか、これは理解できない。これら未開民族の個性的な天賦の才能、彼らの活動性および社会全般の状態動向にこそ根拠があると考えざるをえない。このようにいろいろと考えることはできるのだが、しかし現に存在し、現前するものの説明で満足し、実現しなかったものを説明せんとする努力などしないことが分析的作業の好ましい戒律なのである。

集団心理学への転用に際しての第二の難点は、はるかに重要である。原理的な性質の新たな問題が投げかけられてくるからである。現実への作用力を持つ伝承が、現在生活している諸民族のなかにいったいいかなる形式において存在するのか、という問いが現れてくる。これは個人を前にしては存在しない問いである。なぜなら、個人の場合、この問いは、無意識において過去の出来事の想起痕跡が実在するという事実証明によって片づけられてしまうからである。さて、ここで、われわれが論じてきた歴史的事例に戻ってみよう。われわれはカデシュにおける妥協成立を、エジプトから帰還してきた者たちのなかにあった強力な伝承の持続ということに基礎づけた。これ自体は、何らの問題も隠し持っていない。われわれの考えによれば、この伝承は、当時生きていた人びとがたかだか二ないし三世代前の彼らの先祖たちから受け取った口承に関する意識的想起に基づいていたのであって、この先祖たちは問題になっている出来事への関与者であり目撃者であった。しかし、その後の幾世紀にもわたって、伝承が、通常のかたちで先祖から子孫へと受け継がれた知識にいつもいつも基づいていたなどと信じてよいのだろうか。このような知識を胸に秘めて守り抜き、口承というかたちで伝え続けた人物たちはいかなる存在であったのか、これは右に記した場合のようには答えられない問題である。ゼリンに従うならば、モーセ殺害の伝承は祭司仲間のなかにずっと存在し続け、最終的にこの伝承は文書となったということになるのだが、ゼリンにこの伝承の真実性を推測させたのはこの文書だけだった。ゼリンの考えを支えたのが伝承ではなく文書だけであった点はいちおう措くとしても、伝承はごく少数の人びとにのみ知られていたに過ぎず、民族に共有された知識ではなかったことになる。これだけで伝承の持つ強力な作用を十分に説明できようか。この知識が民族集団に伝播したと見なすとしても、民族集団をかくも持続的に呪縛してきた力を少数者の知識のみに帰することができるのだろうか。そうではなく、むしろ無知の民族集団のなかにもまた少数者の知識と似た何かが存在していたに相違なく、少数者の知識が表に現れたときに、まさしくそのとおりと集団によって受け容れられたのだと思われてならない。

太古の時代における類似した事例を考えてみると、このような事態に関する判断は、よりいっそう難しくなる。

周知の特性を持った原父が存在していたこと，いかなる運命が原父を待ち受けていたかということ，これは幾千年もの時の流れのなかで，たしかに完全に忘却されてしまったのであり，加うるに，ここではモーセの場合のような口承としての伝承など想定しようもないからである。では，そもそもいかなる意味において伝承というものが問題になりうるのであろうか。いかなるかたちで伝承なるものが存在しえたのであろうか。

錯綜した心理学的事態の深みに入り込む気がなく，またその準備もない読者の肩の荷を軽くするために，私は，いまここで，これから論証していく作業の結果をまずもって提示しておこうと思う。伝承に関する心理学的事態にあっては，個人の場合と集団の場合の一致はほとんど完璧であって，集団内においても過ぎ去った出来事の印象は無意識的な想起痕跡のなかに保存されている，と私は考えている。

個人の場合，事は明瞭である。早期に体験されたものの想起痕跡は個人のなかに保存され続けているのであって，その保存のされ方が独特の心理学的状態においてであるに過ぎない。個人は，早期に体験されたものを，ちょうど抑圧されたものをめぐって知っているのと同じように，いつも知っているのだと言ってよいだろう。この点に関して，何がどのように忘却されるのか，そして忘却されたものがしばしの期間を経たのちにどのようにしてふたたび現れてくるのかを理解するために，われわれは分析によって容易に確認できる特定の観念群を築き上げてきた。忘却されたものは消滅したのではなく，ただ単に「抑圧されている」に過ぎず，その想起痕跡は常に変わらぬ新鮮な生気を帯びて存在しているのだが，「対抗備給」によって孤立させられている。対抗備給の力によって孤立させられた想起痕跡は，それ以外の知的過程との交流に入ることができず，無意識的であって，意識にとっては近づけないものである。抑圧されたものの一部がその必然の流れを免れ，想起にとって近づきやすいものとなり，意識のなかに現れることもないわけではないが、その場合であっても、それはなお孤立しており、まるで異物でもあるかのように他の知的過程連関の外部にとどまり続ける。このようなことも起こりうるが、しかしそうでなければならないわけではない。抑圧は完璧でもありうるのであって、われわれはこれから抑圧が完璧である場合に沿って考えていきたいと思う。

この抑圧されたものは、固有の浮力を持っている。意識に肉薄せんとする固有の勢いを持っている。抑圧されたもののこの浮上せんとする勢いは、三つの条件のもとでその目的を果たす。一、他のもの〔心的装置の他の審級〕、いわゆる自我を襲う疾患過程によって、あるいは通常睡眠状態において起こる自我内部の備給エネルギー配分の変化によって、抑圧されたものへの対抗備給の強度が低下させられた場合。二、思春期に起こる一連の出来事が最も分かりやすい例であるが、抑圧されたものに密着している欲動の一部が特別に強くなってしまう場合。三、ある時点における新たな体験のなかに、抑圧されたものとあまりにもよく似ているがゆえに、抑圧されたものを復活させる力を持つ諸印象が生じてしまう場合。このとき、新たなものは抑圧されたものが有する潜在的エネルギーによって強力になり、抑圧されたものは新たなものの背後にあって、新たなものの助力を得て現実へと作用を及ぼしてくる。これら三つのいずれの場合であっても、それまで抑圧されていたものがすんなりと、変化もせずに意識にのぼってくることは決してなく、いつも必ず歪曲を受けなければならない。この歪曲が、完全には克服されていない対抗備給ゆえの抵抗の影響を証明しているのであり、あるいは新しい体験が持つ変更能力を証明しているのであり、さらにはこの両方の影響力の存在を証明している。

研究の見当をつけるための道標、そして支点として、ある心的事象が意識的であるか、無意識的であるかを区別することは有用である。抑圧されたものは無意識的である。けれども、この命題が転換されてよいとするならば、つまり意識的（bw）と無意識的（ubw）との質的な差異[13]が、自我帰属的と被抑圧的という区別に符合するとしてよいならば、それはたしかに都合のよい単純化だと言わなければなるまい。われわれの心の生活にはこのような孤立した無意識的なものが存在するとの知見は、新しくもあろうし十分に重要でもあろう。だが、実際には、事態はより複雑である。抑圧されたものはすべて無意識的であるというのは正しいが、しかし自我に属するものがすべて意識的であると考えるならば、これはもはや正しくない。意識は、はかない性質のものであって、心的事象に一過性にくっついているだけなのだ、という実情が留意されるべきだろう。それだからこそ、われわれは、真意を伝えるために、「意識的」を「意識できる」との表現に変えなければならず、この性質を「前意識的」（vbw）と言わなければならない。それゆえに、自我は本質において前意識的（潜勢的に意識的）であるが、しかし自我が真に帰属する領域は無意識的である、と言うほうがより正確なのである。

右に最後に確認された事情は、われわれがこれまで頼りにしてきた質的区別は心の生活の暗闇のなかで見通しをつけるためには不十分だということを教えてくれる。われわれは、いまや別の区別を導入しなければならない。この区別は、質的なものではなく、局所論的なものであり、また、この区別に特別な価値を与えることになるのだが、同時に、発生論的なものでもある。われわれはいま、多くの審級、領域、区画から構成されている装置と見なすべき心の生活において、本来的に自我と呼ばれるべきひとつの領域を、われわれがエスと名づけるもうひとつの領域から分離することにしよう。エスはより古いものであり、自我はエスという樹木が外的世界の影響力を受けた結果発達してくる樹皮のようなものなのだ。エスのなかでは根源的な欲動が蠢《うごめ》いているが、エスにおけるいっさいの出来事は無意識のままに経過する。自我は、先に論じられたように、前意識の領域に対応しているけれども、正常な場合には、無意識のままにとどまる領分を含み持っている。エスのなかの心的事象にとっては、自我のなかにおける場合とはまったく異なった法則が、その経過と相互作用にとって支配的である。実際のところ、われわれを新たな見解に導き、その見解の正しさを保証しているのは、ここに述べた区別の発見にほかならない。

抑圧されたものはエスのなかに算入すべきものであって、また、エスを支配する機制に従うが、ただその発生の仕方という観点においてのみエスから区別される。この差異化は、エスから自我が発達してくる時期、つまり早期に生じてしまう。この差異化が起こるとき、エスの内容の一部は自我によって受容されて、前意識的状態へと浮上してくるが、エスの他の部分はこの移動に参加せず、本来的に無意識的なるものとしてエスのなかに残留する。しかし、自我の形成がさらに進んでいくうちに、自我のなかのある種の心的印象と心的事象が防衛過程によって締め出される。これら自我から締め出されたものは、前意識的性質を奪われ、そしてふたたびエスの構成分へと沈下していく。それゆえ、これらはエスのなかに存在する「抑圧された」ものなのである。これら両方の心の区域のあいだの交流という点について言えば、一方では、エスのなかの無意識的事象が前意識の水準へと押し上げられて自我と合体させられ、そして他方では、自我のなかの前意識的なるものが逆の道をたどってエスのなかへ戻されると考えられる。自我のなかでのちに特別な「超自我」の領域が限定されてくることは、いまのところ関連がないので言及しないでおく(14)。

これらすべての事柄は、単純明快さから程遠いと思われるかもしれない(15)。が、心の装置の馴染みのない空間的把握にいったん親しんでしまえば、この考え方は決して難しいものではない。なお、注釈を付記しておくが、ここで論じられた心的局所論は大脳解剖学とはまったく関係がなく、厳密に考えても、ただ一個所においてのみこれにかすかに触れるに過ぎない[16]。このような考え方に対する不満を、他のすべての人びとと同様に私もはっきりと感じているのだが、この不満は、心の事象の力動論的本性に関するわれわれの完全な無知に由来しているのである。われわれの考えによれば、意識的表象を前意識的表象から、前意識的表象を無意識的表象から区別しているのは、一種の変更過程、おそらくは心的エネルギーの配分変更以外の何ものでもありえない。これは備給と過剰備給の話である。しかし、これ以上の事柄については、われわれには知るところがまったくないばかりか、使用可能な作業仮説への手がかりすらもまったく与えられていない。意識現象に関しては、それが元来知覚に結びついているとは言えよう。痛覚・触覚・聴覚あるいは視覚刺激の知覚によって生じるすべての感覚は、最も早く意識される。思考過程、またエスのなかにあって思考過程と類似している可能性を持つものは、それ自体、無意識的であるが、視聴覚の知覚に由来する想起残渣と結びつき、言語機能という道をたどって意識への通路を獲得する[17]。言語を欠いている動物の場合、事情はもっと単純であるに相違ない。

われわれの論の起点である早期の外傷の印象は、前意識に移りくることすらないか、あるいは移りきてもすぐに抑圧によってエス状態へと戻されてしまうかのいずれかである。早期外傷の印象の想起残渣は、以後、無意識のままであり、エスから現実へと働きかけることになる。この想起残渣が体験当事者のものである限り、われわれは、その残渣の歩みゆく運命を十分に追跡できると信じている。新たな複雑な問題が登場するのは、個人の心的生活において、当事者自身によって体験された内実だけでなく、誕生に際して持って生まれてきた内実、系統発生的来歴を持つ断片、太古の遺産も現実に作動しているかもしれないという真実性の高い可能性にわれわれが注目するときである。ならば、それらはどこに存続しているのか、何がそれらを含み持っているのか、それらの存在の証拠は何であるのか、という問いが生じてくる。

　真っ先に出てくるいちばん確実らしい答えは、それらがすべての生物に固有であるような特定の素因のなかに存続している、というものである。すなわち、特定の発達方向をたどる能力と性向のなかに、ある種の興奮や印象や刺激に対して特有の仕方で反応する能力と性向のなかに存続しているという見解。経験が教えるように、人間という種の個々人においては、この能力と性向に差異が存在するゆえ、太古の遺産もこの差異をすでにして含み持っていることになり、この差異は個々人における体質的要因と見なされるものとなって現れている。ところで、すべての人間が少なくとも乳幼児期にはほぼ同じ出来事を体験し、同じようにそれに反応する事実から、これらの反応も個別的な差異と同じく太古の遺産のせいにすべきではないのか、という疑念が生じる余地はあった。しかし、こうした疑念は却下されなければならない。このような同質性の事実によって、太古の遺産に関するわれわれの知見は豊かにならないからである。

　このようないろいろな議論がなされているうちに、分析的研究は、ほんとうに考えるに値するいくつかの成果をもたらしてくれた。そのなかには、まず言語的象徴表現の普遍性なる事情がある。あるものを別のものによって象徴的に代えることは――行動の場合にも同様なのだが――、すべての子供たちにとってありふれていて自明である。しかし、子供たちがどのようにしてそれを習得したのかを子供たちに即して証明してみせることなどできないし、多くの場合において、習得など不可能だと認めざるをえない。ここでは、成人した者が忘却してしまった根源的な知が問題になっているのである。成人も、夢のなかでは、たしかに同じ象徴を使用するのだけれども、分析家が解釈してあげないと彼はその象徴を理解できないし、解釈されたとしても彼は分析家による翻訳を不承不承信じるだけに過ぎない。常日頃、頻繁に使っている言い回しのなかにこの象徴表現が固着しているのが見出されたとき、成人は象徴の持つ本来の意味が彼にとって完全に失われてしまっていることを認めざるをえないはめに陥る。象徴表現は、また言語の違いをも超越している。研究がなされるならば、この象徴表現が普遍的であり、すべての民族において同一であることが明示されるであろう。それゆえ、ここには、言語発達の時代からの贈与として、太古の遺産の確かな例が示されていると思われるが、しかしまた、別の説明を試みることもできよう。つまり、人類史的な言語発達のなかで成立してきた表象と、言語発達が個人的になされるたびにそのつど反復されなければならない表象とのあいだの思考連関の発生が重要だとも言える。その場合、通常ならば欲動素因の遺伝と言うべきところを、思考素因の遺伝と言うにとどまるわけであり、これではやはり、われわれの問題解決への新たな寄与にはならないだろう。

しかし、分析的研究は、これまでの諸研究の成果をはるかに超える射程を持つ別の事実をも明るみに出した。早期の外傷に対する反応を研究すると、その反応が厳密には現実に当人が体験したものには即しておらず、むしろその体験から離れており、系統発生的な出来事としての典型的反応にはるかに近く、総じて系統発生的な出来事の手本の影響によってのみ解明されうる、という事実にわれわれはしょっちゅう驚かされるのである。エディプスコンプレクスや去勢コンプレクスにおいて神経症の子供がその両親に対してとる態度は、個人的な事件として正当化されるとは思われない。それは、太古の種族の体験へと結びつけることによって、つまり系統発生的に考察して初めて理解されるような反応を無数に表している。私自身がここでは証人になれるこのような素材を集めて公表するならば、必ずや報われる努力となろう。この素材の持つ証明力は、さらに歩みを進めて、人間の太古の遺産は素因だけでなく太古の世代の体験に関する想起痕跡内容にも包括されているのだと言明するにあたって十分な強さを持っている、と私には思われる。それとともに、太古の遺産というものの範囲も意義も著しく増強するであろう。

よくよく考えてみるに、われわれは長いあいだ、先祖によって体験された事柄に関する想起痕跡の遺伝という事態は、直接的な伝達や実例による教育の影響がなくても疑問の余地なく起こっているかのように見なしてきた、と告白しなければならない。実際、ひとつの民族の古くからの伝承の存続について、あるいは民族特質の造型について語るとき、われわれが考えていたのは、たいていの場合、このような遺産としての伝承であって、情報伝達によって伝播した伝承などではなかったのだ。言い方を換えるならば、われわれは少なくともこれら二つの伝承における質の違いを識別してこなかったのであり、この怠慢によっていかに大胆かつ厚顔な歩みを進めてきたか、明瞭に自覚してこなかった。たしかに、われわれの意見は、後天的に獲得された性質の子孫への遺伝に関して何も知ろうとしない生物学の現在の見解によって、通用しにくくなっている。しかし、それにもかかわらず、生物学の発展は後天的に獲得されたものの遺伝という要因を無視しては起こりえないという見解を、われわれは控えめに考えても認めざるをえない。たしかに、目下の二つの事例において問題となっているのは同質の遺伝ではない。一方では捉え難い、獲得された性質の遺伝が問われており、他方では外的世界の印象に関する想起痕跡、ほとんど手に取って見ることができるような性質を持つものの遺伝が問われている。けれども、実際のところ、根本においては、われわれは一方がなければ他方を思い浮かべることもできまい。もしも太古の遺産のなかに後天的に獲得された想起痕跡が存続していると想定されるならば、個人心理学と集団心理学のあいだの溝に橋が架けられるし、諸民族は個々の神経症者と同じように取り扱われうる。太古の遺産のなかに想起痕跡が存在することの証拠として、現在のところ、われわれは系統発生から導き出さざるをえない分析作業中の残渣現象よりも強力なものを持っていないと認めるしかないが、しかしこの証拠であっても、太古の遺産における想起痕跡の存在を自明のこととして仮定するに十分な力を持っていると思われる。もしもそうでないとするならば、われわれは、分析においても集団心理学においても、踏み出された道を一歩も進めなくなってしまう。われわれの要請は大胆ではあるが、これは避けられない大胆さなのだ。

このように考えを進めつつ、われわれはまた別のことをも行っている。人間が傲慢であった昔に人間と動物のあいだをあまりにも強く引き裂いた結果として生じた裂隙を、われわれは小さくしている。動物の本能は、新しい生活状況が昔から慣れ親しんできた状況であるかのように振舞うことをはじめから動物に許す。この動物の本能生活全般に関して説明が可能であるとするならば、それは、動物がその種に固有の経験を誕生とともに持ち込んできた、すなわちそれらの先祖によって体験された物事に関する想い出をおのれの内部に保持し続けていた、と言うしかないだろう。人間という動物にあっても、事情は根本的には別でないだろう。範囲と内容は別物であっても、動物の本能に対応するのが、人間に固有の太古の遺産なのだ。

以上の論究に基づいて、私は一片の疑念も持たずに言明する。人間は、彼らがかつてひとりの原父を持ち、そしてその原父を打ち殺してしまったということを——独特のかたちで——常に知っていたのだ、と。

さらに二つの問いに、ここで答えなければならない。第一として、いかなる条件のもとでこのような想い出が太古の遺産のなかに入り込んだのか。第二として、いかなる状況においてこの想い出は活動的になりうるのか、つまり、変形され歪曲されるにもせよ、エスのなかでの無意識的状態から意識へと突き進んでくるのか。第一の問いへの答えは、容易に定式化できる。出来事が非常に重大であったとき、あるいは頻繁に反復されたとき、あるいはそのどちらででもあったとき、である。父殺害の場合には、両方の条件が満たされる。第二の問いについては、夥しい数の影響が目に入るかもしれないが、そのすべてが必ずしも知られているわけではなく、多くの神経症における事象と似た、自然経過も考えられてよい。しかしながら、出来事の新たな現実的反復によって、忘却された想起痕跡が喚起される事態が決定的意義を持つのは言うまでもない。このような反復のひとつが、モーセ殺害であった。のちの時代には憶測に基づいてなされたキリスト処刑殺があり、これも反復のひとつであった。それゆえに、これらの出来事が忘却された想起痕跡を喚起する要因として突出してくる。これを見ると、まるで一神教の発生にとってはこれらの突発的事件が不可欠であったかのように思われてくる。ひとりの詩人の言葉が想い出される。「詩のなかで不滅に生くべきもの、そは此岸にては滅びざるをえず」*64。

最後に、心理学的な論拠を付加する注意書きを示す。伝承は、それがただ単に直接的な伝達にのみ基づいているものであったならば、宗教的現象にふさわしい強迫的性格を生み出しえないであろう。直接的伝達は、外部からやってくるすべての他の情報と同じように傾聴されたり、判断されたり、場合によっては拒絶されたりするであろうが、論理的思考の強迫からの解放なる特権的な力を獲得したためしは一度としてなかった。伝承とは、回帰してくるにあたって集団を呪縛してしまうほど強力な現実的影響力を発揮する前に、必ず一度はまず抑圧される運命に服さなければならず、無意識のなかに滞留している状態を耐え抜いてこなければならないものなのである。これは、宗教的伝承を前にして、われわれが驚嘆の念をもって、しかもこんにちまで理解できないままに見てきたとおりである。そして、ここまで熟慮されてきた論旨こそ、事態が、われわれが努力して記述してきたように、現実に、あるいは少なくとも近似したかたちで起こったのだと信じさせる重みを持っている。

＊64　シラー『ギリシアの神々』。

第二部

要約と反復

この研究の以下の部分は、かなりくどい説明と弁解なしには公表できない。すなわち、以下の部分は、批判的研究のいくつかのものが短縮され、ユダヤ民族の独特の性格はいかにして成立したかという問題に関する追記が加えられてはいるものの、結局は第一部の忠実な、多くは逐語的な反復にほかならない。このような叙述が不適切であるばかりでなく、芸術的に美しくないことを私は承知している。私自身、このような叙述にはどうしても納得できない。

では、なぜ私はそのような叙述を回避しなかったのか。この問いに答えることは私には決して難しくないが、やはり容易には納得しかねる。要するに、私にはこの研究の尋常でない成立史の痕跡を消去するだけの力がそなわっていなかったのだ。

実際のところ、この研究論文は二度にわたって書かれた。最初のものは数年前にウィーンで書かれたが、それを公表できるとは信じていなかった。私はそれを寝かせておくつもりだったが、それはまるで救済されない亡霊でもあるかのように私を苦しめた。そこで、私はそのなかから二つの部分を独立させ、われわれの雑誌『イマーゴ』に公表する打開策を見出したのだが、それが全篇の精神分析的序章と言うべき部分(「モーセ、ひとりのエジプト人」)とその上に打ち立てられた歴史的な構築(「もしもモーセがひとりのエジプト人であったとするならば……」)であった。ほんとうに感情を害する不快なものと危険なものを含む残りの部分、つまり一神教の発生および宗教一般の把握に関する応用篇の部分の公表を私は差し控えた。永久に差し控えるだろうと私は思っていた。ところが、一九三八年三月、予期していなかったことだが、ドイツが侵入してきて、私は故郷を去らなければならなくなった。しかし、この件はまた、当時まだ精神分析が許容されていたその地において私の研究論文の公表が精神分析の禁止を招いてしまうのではないかという危惧を取り除いてもくれた。イギリスに到着するや否や、私はそれまで抑え、控えてきた私の知識を世界に知らせたいとの誘惑を抗《あらが》いようもなく感じ、この研究の第三番目の部分を、二つのすでに公表された論文に結びつくように書き直し始めた。この作業は、当然ながら、素材の部分的な配列組み替えを伴うものであった。ところで、この二度目の書き直し作業において、素材のすべてを取り込むことはできなかった。他方、以前書いた原稿のすべてを放棄する決心もつかなかったので、最初の原稿の全篇をそのまま第二の原稿に結びつける方策がとられる結果になったが、反復が多いという欠点は、まさにこの事情に基づいている。

事の経過はこのようなわけであるが、私が問題にしている事柄は、ともかくたいへんに新しく、たいへんに重要であるゆえ、この件に関する私の叙述がどこまで正しいかは別にしても、世の読者がこの問題について同じ文章を二度読むことになっても不幸ではないだろうと考えて、私は自分を納得させたい。この世のなかには、一度ならず幾度も言われてしかるべき事柄が、それでもなお十分ではありえないような事柄が存在するものなのだ。もっとも、その事柄のもとにとどまったり、その事柄に立ち戻ったりするのは、読者の自由な判断に委ねられなければならない。読者に同じ本のなかで同じ内容を二度も示すような所業は、無断でなされるべきではない。それは常に不適切であって、非難されても仕方ないだろう。けれども、残念ながら、書き手の創造力は、いつもその人間の意志に従うわけではない。作品は、それがなりうるものにしかなりえないのであり、著者に対して独立してしまうことが多く、それどころか異物のようになってしまう場合すらある。

(a) イスラエルの民

伝えられた素材のなかから使えると思われるものを採用し、役立たないものを捨て去り、心理学的に真実らしい可能性に即しつつ個々の断片を組み立てていくわれわれの方法が——このような技法が、真理を発見するにはまったく不確実であることが明瞭になるならば、そもそも何のためにこの研究が企てられているのか、問われて当然であろう。この問いへの答えは、この研究の成果そのもののなかに存する。歴史学的・心理学的研究に求められる厳密さがもっとゆるやかになるならば、これまで常に注目に値すると思われてきただけでなく、現在ただいま起こっている事態ゆえに新たに見る者に肉薄してくる問題を解明することが、おそらく可能となるであろう。古代において地中海沿岸に居住していたすべての民族のなかで、こんにち名前だけでなく実質においてもなお存続しているほとんど唯一の民族がユダヤ民族であることは知られている。比類のない抵抗力でもってユダヤ民族は不幸な運命や虐待に抗し続け、独特の性格特徴を展開し、同時にあらゆる他民族の心底からの憎悪をその身に受けてきた。ユダヤ人のこの生命力はどこからやってくるのか、その性格はその運命とどのように関連し合っているのか、これはまことに知りたくなる問題であろう。

まず、他民族に対するユダヤ民族の関係を支配しているユダヤ人の性格特徴から始めてみよう。ユダヤ人が自分たちについて特別に気高い見識を持ち、自分たちを高尚であると見なし、自分たちの持つ多くの慣習によって分離される他民族よりも自分たちがより高貴であり、優れていると考えているのは間違いない。*65 そしてまた、彼らは貴重な財産をひそかに占有することによって与えられる特殊な信念でもって生命と生活を満たしている。これは一種の楽天主義なのだが、敬神の念の篤い者は、これを神への信頼と言う。

われわれは、ユダヤ人のとるこのような態度の理由を知っているし、また彼らの秘密の宝物が何であるかも知っている。彼らは実際に自分たちが神によって選ばれた民族であると考え、特別に神に近いところに立っていると信じているのであり、このことが彼らに誇りと確信を与えている。よく知られている事実だが、彼らはすでにヘレニズム時代にこんにちと同じように振舞っていたのであり、それゆえユダヤ人という存在は当時すでにできあがっていたわけであって、彼らが一緒にあるいは並存して生活していたギリシア人も、ユダヤ人の持つ特異性に対して、こんにちの「主民族」と同じような仕方で反応し、応接していた。ギリシア人もまた、イスラエルの民が自負していた特権的優位性を信じているかのように反応していたと考えてよかろう。ある人間が畏怖すべき父の寵児であることが明白な場合、その人間が同胞から嫉妬されるのを不思議がる必要などないのであって、この嫉妬がいかなる帰結を見るかは、ヨセフとその兄弟にまつわるユダヤの伝説が見事に描き出している。その後の世界史の経過は、このユダヤ人の傲岸不遜を肯定するかのようである。なぜなら、のちの世になって、神が人類にメシア、すなわち救済者を送り込む気になったとき、神は救済者をまたしてもユダヤ民族のなかから選び出したからである。他の諸

＊65　昔よく言われた悪口、つまりユダヤ人は「不潔な皮膚病患者〔Aussätzige〕」だという悪口（マーネト）は、おそらくは、「奴らは、まるで俺たちが不潔な皮膚病患者でもあるかのように、俺たちから離れてやがる」という他民族の気持ちの投射だろう。(18)

民族は当時、ほんとうだった、彼らは正しかった、彼らは神に選ばれた連中なのだ、と呟かざるをえなかったかもしれない。しかしながら、事の成り行きはまるで別だった。他の民族にとって、イエス・キリストによる救済は、ただひたすら彼らのユダヤ人憎悪をかき立てるだけであった。ユダヤ人自身は、この二度目の寵愛から何の利益も享受できなかった。なにしろ、ユダヤ人はイエス・キリストを救済者として認めなかったのだから。

先に詳しく述べてきた事情に基づいて、ユダヤ民族に対しその将来のいっさいにとって重要な特徴を刻印づけたのはモーセという男であった、とわれわれはいま言明してもよいだろう。彼はユダヤ民族が神の選民であることを保証して彼らの自尊の念を高め、彼らを聖別し、彼らに他民族から離脱することを義務づけた。他民族には自尊の念が欠けているなどと言うつもりはない。こんにちと同様に、当時もまた、すべての国民は自分たちを他の国民よりもよいものだと思っていた。しかしながら、ユダヤ人の自尊の念はモーセの力を受けて宗教的にがっしりと根を張ってしまったのであり、彼らの自尊の念はその信仰心の一部と化してしまった。神への特別に緊密な関係に基づいて、ユダヤ人は神の偉大さを分有するに至った。そして、ユダヤ人を選び出し、エジプトから解放した神の背後にモーセという男が立っており、この人物が委託を受けたと称してこれらの仕事を成し遂げた事実をわれわれは知っているのだから、ユダヤ人を創造したのはモーセというひとりの男であった、とあえて言ってもよかろうと思う。ユダヤ民族は、その強靭な生命力を、また同時に昔から身に受け、いまもなお身に受け続けている周囲の敵愾心のほとんどすべてを、モーセという男から受け取ったのだ。

(b) 偉大なる男

ただひとりの人間が、互いに無頓着のまま漫然と生きている個々人や個々の家族からひとつのまとまった民族を造型し、その民族に最終決定的な特性を刻印し、その民族の運命を幾千年にもわたって規定してしまうほどの尋常ならざる影響力を現実に発揮するような出来事が、いかにして起こりうるのであるか。そもそも、このように問い、考えること自体、創造者神話や英雄崇拝を生んだ思考様式への、また歴史記述が個々の人物や支配者や征服者の行為と運命の報告だけで事足れりとしていた時代への退歩ではあるまいか。近代の傾向は、むしろ人類の歴史上の出来事を、目立たない、一般的で非人格的な要因に、つまり経済的状況の強制力ある影響、栄養摂取様式の変遷、資源や道具の使用上の進歩、人口増加や気候風土の変化によって起こる移動といった要因に帰するようになってきている。この場合、個々の人物には、大衆集団の代表者あるいは代理人以外のいかなる役割も与えられない。大衆集団というものは否応なくそれ自体を表現せずにはいられず、その表現をかなりの偶然によって個々の人物のなかに見出したに過ぎぬ、というわけである。

これはこれとしてまったく正当な観点である。しかし、この観点のみに立つと、われわれの思考器官の調整と、われわれの思考によって把握されるべき世界の摂理とのあいだに重大な不調和を作り出すことになろう。もしもすべての出来事がそれぞれひとつの証明可能な原因だけで起こるのであれば、因果性に対するわれわれの強烈な欲求が満足させられるのは言うまでもない。だが、われわれの外部の現実世界において、事情がそうなっていることはほとんどない。むしろ、あらゆる出来事は、重層決定されているように思われ、結局、多くの原因が収斂した結果として引き起こされている実情が明らかとなる。出来事の持つ見極めがたい複雑さに直面して驚愕し、われわれの研究はひとつの文脈を味方に取り込み、別の文脈を敵にして対立命題を打ち立てたりするわけだが、その文脈も命題も長続きするはずがない。それらはしょせん包括的な関連系を引き裂くことによって生じたものに過ぎないからである。[*66] それゆえ、もしも特定事例の探究によって、ひとつの人格の比類なく聳え立つ影響力が実際に存在したことが明らかになったとしても、われわれは、右に述べた一般的で非人格的な要因の意義を重視する学説をないがしろにしたと悩んで良心に恥じる必要などない。基本的には、両方の考えが容認されて当然なのだ。もっとも、一神教の生成に関して言えば、一神教の発展は複雑雑多な民族とひとつの大帝国建設のあいだの緊密な関係の成立と結びついている、という先述された事実以外のいかなる外的要因も、われわれは指摘できない。

以上のような事情であるゆえ、われわれは、出来事を惹起する力の連鎖のなかに、あるいはこう言ったほうがより適切かもしれないが、出来事を惹起する力のネットワークのなかに「偉大なる男」のための場所を確保しておきたい。しかし、いかなる条件が揃ったときにわれわれはこの敬称を授けるのかと改めて問うことは、まったく意味がないわけではないと思われる。実際のところ、この問いに答えるのは決して容易でないと気づいて、われわれは驚かざるをえない。まず、われわれが高く評価する特性をとりわけ高程度にそなえている人間、との定義が浮かぶが、これはどう考えても明らかに不適切である。たとえば美しさや筋力の強さは、人が羨むほどであっても、「偉大さ」を要求することなど決してできない。となると、「偉大さ」とは、精神的な質、心的、そして知的優秀に関する事柄なのかもしれない。だが、この場合も、特定の領域で卓越した能力を持つ人間を、それだからといってただちに偉大な人間とは呼ばないのではあるまいか、との疑念が生じてくる。たしかに、チェスの名人あるいは楽器の巨匠を偉大と称することはないが、しかしまた優れた芸術家や研究者も容易には偉大と言われない。このような場合に、彼は偉大な詩人、偉大な画家、偉大な数学者、偉大な物理学者だ、かくかくしかじかの活動分野でのパイオニアだ、と言うのは妥当と思われるけれども、しかし、彼は偉大な男だ、と認めることは差し控えられる。われわれが、たとえばゲーテ、レオナルド・ダ・ヴィンチ、ベートーヴェンをためらいなく偉大な男たちだと理解するならば、そのときには彼らの偉大な作品に対する感嘆の念とは別の何かしらがわれわれを動かしているに相違あるまい。もしもこの男たちのような例がなかったならば、おそらく「偉大なる男」という名称はもっぱら行動する男たち用のもの、つまり征服者、将軍、支配者用のものであり、彼らがなした仕事の偉大さ、彼らの行動から発した影響力の強さを承認するものだと考えられる結果になるであろう。しかし、この考えもまた満足すべきものではない。同時代、そしてのちの世への影響力という点ではなるほど異論の生じようがない人物のなかにいる実に多くの下らない人物に対して否定的宣告が下される事実からしても、この考えは完璧に反駁されてしまう。最終的に成功することなく不幸のなかで破滅していった無数の偉大な男たちのことを考えるならば、結果としての成功ということもまた、偉大さのしるしとして選び出すわけにはいかないだろう。

こうなると、「偉大なる男」という概念の一義的内実を探究するのは徒労だと決めつけたくもなってこよう。問題になっているのは、「偉大さ」という語の根源的な意味に近づいていくにあたって、ある人間的な特質の常軌を

＊66　しかしながら、もしここで、世界はあまりにも複雑であるから、誰が何を言っても、どこかで真理の一断片くらいにはぶつかるはずだ、などと私が言いたがっているとの誤解が生じるならば、私は断固としてこれを却下する。そのようなことを私は言いたいのではない。われわれの思考は、現実世界のなかに対応するものが全然ないような依存関係や相互関係を発見する自由を守り抜いてきたのであって、科学の内部でも外部でも非常に豊かに有効にこの自由を駆使していることからも明らかなように、この自由という賜物をきわめて高く評価している。

逸した展開を、ゆるい規定でかなり恣意的に承認することだけなのかもしれない。また、われわれが関心を寄せているのは、偉大なる男の本質というよりも、何によって偉大なる男は彼の同胞たちに影響を与えるのかという問題なのだ、との事情もよく自覚されねばなるまい。けれども、われわれはこの探究を可能な限り簡略化して、短く述べることにしよう。この探究にこだわっていると、目標から大きく逸れてしまうから。

そこで、とりあえず、偉大なる男とは二つの仕方で、すなわちその人格と確信する理念とによって彼の周囲の人びとに影響力を発揮する、ということにしておきたい。この理念は、大衆集団の古くからの欲望形象を強化するものかもしれないし、あるいは大衆集団に対して新たなる欲望目標を示すものかもしれないし、あるいはまた別の仕方で大衆集団を呪縛するものであるかもしれない。時には――そしてこれこそたしかに根源的な事態なのだが――人格の力のみが影響を及ぼし、理念の果たす役割はごく小さい場合もある。そもそもなにゆえに偉大なる男が意義を持つに至るのか、この問いの答えが不明瞭になることは決してない。人間の集団には、感嘆讃美するに値する権威への、屈服すべき権威への、それによって支配されたいと願う権威への、場合によってはそれによって虐待されたいとすら願う権威への強烈な欲求が存在しているのを、われわれは知っているからだ。このような集団の欲求がどこから生じてくるのか、われわれは個別的な人間に関する心理学から経験的に学んできた。この欲求の発生源は、すべての人びとに幼年時代から内在している父への憧れにほかならない。伝説のなかの英雄が打ち勝ったと称して誇りにする当の相手たる父への憧れにほかならない。そして、ここまで考えてくると、われわれが偉大なる男に付与してきた特徴のすべてが父の持つ特徴であること、この一致する特徴にこそ空しく追い求められてきた偉大なる男の本質が存在していることが、どうにか見えてくると思われるのである。断固たる考え方、強靭な意志、行動の重々しい力強さは父の像に沁み込んでいるのであるが、しかしそのなかでも特に、偉大なる男の自立性と独立性、冷淡さにまで至りうる神のごとき無関心こそ、父の像に固有のものなのである。父には驚嘆せざるをえないし、父を信じてもよいのだが、しかしまた父には恐怖の念をも抱かざるをえない。われわれは、つぎのような言葉でもって歩み始めるべきだったのかもしれない、そもそも幼年時代に父以外の誰が「偉大なる男」でありえたのか！

強制労働に服していた哀れなユダヤ人のなかに身を落とし、汝らこそ愛するわが子供たちであると言明したのがモーセという人物の姿をとって現れた強烈な父の像であったことに疑問の余地はない。それに劣らぬ圧倒的影響力をユダヤ人に対して及ぼしたのは、唯一で永遠かつ全能の神という観念であったに相違あるまい。この神にとって、ユダヤ人は取るに足らない存在ではない。彼らと契約を結んでくれたのであり、ユダヤ人たちが誠実に崇拝し続けるならば彼らを見守ると約束してくれた神なのだ。モーセという男の姿をモーセの神の姿から区別するのは、ユダヤ人にとっておそらく容易ではなかったであろう。癇癪持ちで仮借ないというモーセ自身の人物特徴をモーセがその神の性格に取り込んだ可能性がある以上、モーセとその神とを区別するのは難しいと感じたユダヤ人の感性は正当なものであった。それから、ユダヤ人はついにこの偉大なる男を打ち殺すに至るわけだが、これは、太古の時代に、神格化されていた王に掟として課せられていた王殺害なる凶行のひとつの反復に過ぎなかった。このような凶行がもっと古い祖型にまで溯りうることは、よく知られている。[*67]

このような偉大なる男の姿が神的なるものへと育っていったのは事実の一面ではあるが、また、この父もかつて

＊67　フレイザー、前掲書参照。

はひとりの子供であったという事実にも、時にはしっかりと目を向けねばなるまい。モーセという男が示した偉大な宗教的理念は、われわれがすでに詳しく述べてきたとおり、モーセ固有の所有物ではなかった。彼は、この偉大な宗教的理念を彼の王たるイクナートンから受け継いだ。そして、この王もまた、その宗教創設者としての偉大さは明瞭であるけれども、彼の母からの言い伝えによって、あるいは別の道筋を通じて——近東あるいはもっと遠いアジアの地から——彼のもとに到達した宗教的励起におそらくは従った。(19)

このような連鎖をさらに追求することはわれわれにはできないが、しかし近東から、という考えが妥当だとするならば、一神教の理念はブーメランのようにその歴史的な誕生の地へと戻ったことになる。こう考えてくると、新たな理念の誕生をめぐって一個人の業績を確認しようと努力するのは不毛と思われる。多くの人びとがこの理念の発展のためにともに働き、寄与したのは明らかである。他方、この原因として作用する力の連鎖をモーセのところで切断し、モーセの後継者と継承者、すなわちユダヤの預言者たちが成し遂げてきた仕事をないがしろにするのは、著しく不当な所業になるだろう。一神教という種子は、エジプトでは開花しなかった。ユダヤ民族がこの厄介で理念の高すぎる宗教を振り払ったのち、エジプトと同じ結末がイスラエルで起きても不思議ではなかった。だが、ユダヤ民族のなかからは、色褪せていく伝承を思い出しては蘇らせ、モーセの訓戒と要求を復活させ、失われたものがふたたび確立されるまで決して休むことのなかった男たちがつぎつぎと現れた。幾世紀にも及ぶ絶えざる努力のなかで、そして最終的にはバビロン捕囚の前後二度の大きな宗教改革によって、民族神ヤハウェが、モーセによってユダヤ人に押しつけられた神へと変貌していく過程は、とうとう完了してしまった。選ばれた存在であるという報酬のために、そしておそらくはそれと同じくらい高度の別の報酬ゆえにモーセ教という重荷を背負わんとした多くの人びとをこれほどまでに輩出しえた事実こそ、のちにユダヤ民族となっていったこの集団のなかに特殊な心的適性が存在していたことを証明している。

(c) 精神性における進歩

ある民族に対する持続的な心的影響力を獲得するためには、その民族が神によって選ばれていると保証するだけでは明らかに不十分である。その民族が神を信じ、その信仰からもろもろの帰結が実を結ぶべきであるならば、選ばれた存在であることが何らかのかたちで証明されなければなるまい。モーセ教においては、エジプト脱出がこのような証明の役割を果たした。神は、あるいは神の名においてモーセは、この恩寵の証明を示して倦むことを知らなかった。過越の祭は、エジプト脱出という出来事の想い出を定着させるために設けられた。あるいは、古くからあった祭がエジプト脱出の想起内容によって満たされたと言うべきかもしれない。しかし、そうは言っても、これはひとつの想い出でしかなかった。エジプト脱出は消え去りゆく過去の出来事でしかなかった。ユダヤ民族において、この神の恩寵のしるしはひどく乏しいものであり、民族の運命はむしろ恩寵の喪失をこそ示してきた。未開の諸民族は、彼らの神々が彼らに勝利と幸運と安楽を提供する義務を果たさなかった場合、彼らの神々を排除するのを慣習としていた。それどころか、神々を処刑することすら慣習としていた。王たちは、いつの世にあっても、神々と同じように取り扱われてきた。この太古における王たちと神々の同一性は、両者が共通の根から生じてきた事実を明瞭に示している。近代の諸民族もまた、国土や財産の喪失を伴う敗北によって王の統治の光輝がかげりを帯びてくると、この王を追放してしまうのを通例としている。ところが、イスラエルの民は神からひどい扱いを受ければ受けるほど、ますます神に対して恭順に屈従してきたのだ。これはいったいなぜであるのか。これは、いまのところそのままに立てておかねばならない問題である。

以上の事情は、モーセ教はユダヤ民族に、選ばれた存在であるという意識に基づく自負の念の高揚以外に何か別のものをもたらさなかったかどうかを探究する気持ちへとわれわれを誘うだろう。この何か別のものにおける分かりやすい要因は、実際、容易に見出される。つまり、この宗教はユダヤ人に途方もなく壮大な神の観念を、あるいは少し控えめに言えば、偉大なる神という観念をもたらしたのだ。この神を信じる者は、ある程度この神の偉大さを分け持っていたのであり、自身が高められたと感じても当然であった。このことは信仰を持たない者にとっては必ずしも自明ではないだろうけれども、たとえば革命によって政情不安定になった異国に生活するイギリス人の誇り高い気持ちを思うならば、この心情は比較的容易に理解されるかもしれない。イギリス人が持つこの誇り高い気持ちは、大陸の小国家の国民には完全に欠落している。すなわち、イギリス人は、もしも彼が指一本でも触れられるならば彼の《政府》が戦艦を派遣してくるだろうと、そして反逆者たちは自分たちの小国がそもそも戦艦など持っていないのを承知しているだろうと、計算済みなのである。それゆえ、《大英帝国》の偉大さに対する誇りも、個々のイギリス人が享受している偉大なる安全と偉大なる庇護という意識のなかにその根を持っているわけである。この事情は、偉大なる神の観念の場合と似ているかもしれない。そして、世界統治に際して神に協力することなどほとんど求められるはずもないわけであるから、神の偉大さについての誇りと選ばれた存在であるとの誇りのみが純粋に融合することになる。

ところで、モーセ教の掟のなかには、一見しただけでは解し難い、たいへんに意義深いひとつの掟がある。それは、神の姿を造形することの禁止であり、見ることのできない神を崇拝せよという強制である。察するに、モーセはこの点においてアトン教の厳格さを凌いでいた。ひょっとしたら、モーセは一貫性を保とうとしただけなのかもしれない。彼の神はこうして名前も顔も持たなかったわけだが、ひょっとしたらこれは魔術的に濫用されることへの新しい防止策程度の手段だったのかもしれない。しかしながら、この掟は、いったん受け容れられたならば、根本的影響力を発揮するしかないものであった。なぜなら、この掟は、抽象的と称すべき観念を前にしての感官的知覚蔑視を、感覚性を超越する精神性の勝利を、厳密に言うならば、心理学的に必然的な結果としての欲動断念を意味していたからである。

一見したところ納得できないと思われる事柄が実は信ずるに値すると理解するためには、人間の文化の発展における同じ性質を持った異なる出来事が想起されなければなるまい。このような出来事における最初のもの、おそらくは最も重要なものは、太古の時代の暗闇に消え去ってしまっている。けれども、その出来事の驚嘆すべき影響力を見ると、われわれはそれが実際に起こったと言わざるをえない。われわれの子供たち、成人の神経症者たち、そしてまた未開民族において、われわれは「思考の万能」への信仰とも言うべき心の現象を見出すのだが、われわれの判断によれば、これは、われわれの心の行為、ここでは知的行為と言うべきものが外的世界を変えることができるとする、思考の持つ影響力の過大評価にほかならない。これだけでなく、われわれの技術の先駆とも言うべきすべての魔術も、根本においてはこの前提の上に成り立っている。さらに、言葉の持つあらゆる魔力に関する信仰も、ある名前を知り、それを口にすることと結びついている信仰も、この前提の上に成り立っている。「思考の万能」は、知的活動の尋常でない促進をもたらした言語の発達にまつわる人類の誇りの現れであると考えられる。ここに、感覚器官の直接的知覚を内実としていた低次の心的活動に対立する精神性の新たなる王国が出現したわけであり、この王国においては、表象、想起、そして推論過程が決定的となった。この出来事は、たしかに人間になるための最も重要な道程のひとつであった。

のちの時代に起こったもうひとつ別の出来事は、ずっと分かりやすい。十分には知られておらず、ここで追跡される必要もないが、ある外的な要因の影響下で、母権制の共同体秩序が父権制のそれに取って代わられる事態が生じた。当然ながら、この交替にはそれまでの掟の転覆が伴った。この革命の余韻は、アイスキュロスの『オレステイア』のなかにまで残っていることが感知されよう。[20] ところが、母から父へというこの転換は、また感覚性に対する精神性の勝利を、つまり文化の進歩と言うべきものを告げている。というのも、母性というものが感覚による目撃証言によって明示されるのに対して、父性というものは推論と論理的前提で打ち立てられた仮定的承認だからである。思考過程が感官的知覚を超越することは、たしかに重大な結果へと至る一歩なのだ。

上述した二つの出来事の[21]あいだにある時点で、宗教史研究のなかで明らかにされた事柄と多くの点で類縁性を示す、もうひとつの別の出来事が起こった。すなわち、そのとき人間は、感覚的とりわけ視覚的には把握されえないが、それでもなお疑問の余地のない尋常ならざる影響力を発揮するような、もろもろの「精神的な」力を承認するようになった。言葉が証拠として信じられてよいとするならば、精神性の典型的表象を与えたのは動いている空気であった。それゆえ、精神はその名前を風の息吹〔Windhauch〕(*animus, spiritus*, ヘブライ語では *ruach*, すなわち風)から借りている。それとともに、個々人の精神性の原理として、魂も発見された。観察によって、人間の呼吸においても動いている空気が再発見されたが、呼吸は死とともに止むのであって、こんにちでもなお、死にゆく者はその魂を呼気の風として吐き出すと言われている。ところで、他方においては、人間には精神性の王国が拓かれていたゆえ、人間は、自身において見出した魂が自然界のあらゆるもののなかにも存在すると信じるようになった。全世界は魂の息吹を吹き込まれた。ずっと後世になって登場した科学は世界の一部から魂をふたたび抜き取る仕事をしてきたが、こんにちでもなお科学の任務が済んだとは言えない。

モーセの禁令によって神は精神性のより高度な段階へと高められ、神の観念にはさらなる変化を遂げていく道が拓かれたわけだが、この変化については、なお述べるべきことが残されている。しかし、ここでは、さしあたり、この禁令が及ぼした別の影響について考えておきたい。精神性におけるこのような進歩はすべて、個々人の自負の念を高め、その人物を誇り高くし、感覚性に呪縛され続けている他者に対する優越感を与える結果になる。周知のように、モーセはユダヤ人に、自分たちは選ばれた民族である、という高揚した感情を与えた。神からいっさいの物質性を除去することによって、この民族の秘められた財宝に新たな価値高きものが加えられた。ユダヤ人は精神的なことへの関心を持ち続けた。ユダヤ人の国家を襲った政治的な不幸は、彼らに残された唯一の財産、すなわち彼らの文書をその価値にふさわしく大切にする必要を彼らに教えた。ティトゥスによってエルサレムの神殿が破壊されると、ただちにラビであったヨハナン・ベン・ザッカイはヤブネに最初の律法学校を開くよう申し出て、許可された(22)。そののち、離散してしまったユダヤ民族をしっかりと結びつけていたのは、この聖なる文書であり、聖なる文書をめぐって続けられた精神的努力であった。

以上のことは、一般に知られ、受け容れられている。ユダヤ的本質の精神性における特異な発展は、神を目に見える造形物として崇拝することを禁じたモーセの掟によって開始されたという事実、私はただこれだけを付け加えたかった。

おおよそ二千年にわたってユダヤ民族の生活のなかで精神的努力に与えられてきた優越性は、当然ながら、現実的影響力を発揮してきた。精神的努力の優越性は、筋力の発達を理想とする民族に現れるのを常とする粗野と暴力への傾向を抑制するのに役立ってきた。たとえば、ギリシア民族が到達したような精神活動と肉体活動の鍛練における調和は、ユダヤ人には与えられなかった。しかし、この相克のなかで、ユダヤ人は少なくともより価値高きものを獲得する決断を下したのであった。

(d) 欲動断念

精神性における進歩と感覚性軽視が、なぜひとりの人物、そしてひとつの民族における自己意識を高揚させるのか、これは決して自明のことではないし、すんなりと洞察できる問題でもない。この事態は、特定の価値基準を、すなわちこの価値基準を行使する別の人格あるいは別の審級を前提にしていると思われる。これを解明するために、われわれに理解されるようになった個人心理学のなかの類似事例を考えてみることにしたい。

人間存在においてエスが性愛的あるいは攻撃的性質を帯びた欲動要求を増強させるとき、最も単純で、最も自然な結末は、思考装置と筋肉装置を自由に使用できる自我が行動によって欲動要求を満足させる場合である。この欲動の満足は自我にとって快と感じられ、不満足は疑いなく不快の源泉になるだろう。ところが、外的世界の障害を顧慮して、自我が欲動を満足させるのを中断してしまう場合が生じうる。すなわち、その行動が自我にとっての深刻な危険を引き起こすであろうと自我が見抜く場合がそれにあたる。この満足放棄、外的世界による妨害に基づく欲動断念、われわれの表現によれば現実原理への服従となるが、これは決して快に満ちたものではない。欲動の強度そのものをエネルギー遷移によって減衰させることに成功しない限り、この欲動断念は結果として持続的な不快の緊張状態を招くだろう。しかし、正当な根拠をもって言えるが、欲動断念は別の内的な理由からも強制されうる。つまり、個人の発達過程において、外的世界によるもろもろの制止力の一部が内在化され、自我のなかに、観察し禁止するかたちで自我の残余の部分に対抗するひとつの審級が現れてくる。われわれは、この新しい審級を超自我と名づけよう。この審級が成立してしまうと、自我は、エスによって要求された欲動満足の行動に移る前に、外的世界の危険ばかりでなく超自我の異議申し立てをも顧慮しなければならなくなり、欲動満足をあきらめる契機はますます多くなってしまう。しかしながら、外的世界の理由に基づく欲動断念がただひたすら不快であるのに対して、内在的理由に基づく、超自我への服従に基づく欲動断念は、別の経済論的効果を示す。この欲動断念は、避け難い不快な結果のほかに、自我にひとつの快の獲得を、言うなれば代替満足をも招来する。自我は自分が高められたと感じ、まるで価値高い仕事を達成したかのように、欲動断念を誇るようになる。このような快の獲得の機制は理解されるだろう。超自我は、人生の初期に個人の行動を監視していた両親（および教育者）の後継者であり、代理人であって、両親（および教育者）の機能をほとんど変わることなく受け継いでいる。超自我は、自我を持続的に支配下に置き、自我に圧力を加え続ける。自我は、ちょうど幼年時代と同じように、この主権者の愛情を得るか失うかに気を遣い、主権者に認められれば、それを解放と感じ、満足感を味わう。主権者に非難されれば、良心の呵責を感じる。自我が超自我に欲動断念という犠牲を供えるときは、自我はその報酬として超自我にもっと深く愛されるのを期待しているわけだ。超自我の愛を受けるに値するとの意識を、自我は誇らしく感じる。権威がまだ超自我として内在化されていなかった時期までは、欲動要求出現と愛情喪失の切迫は直結していた。両親への愛ゆえに欲動断念がなされたとき、安心と満足の感情が起こったと言ってもよい。権威そのものが自我の一部と化したのち、このかなり快適な感情は、初めて独特にナルシシズム的な誇りという性質を帯びるようになった。

欲動断念による満足に関する以上の解明は、われわれが研究しようとしている出来事を理解するために、すなわち精神性における進歩に際しての自己意識の高揚を理解するために、どのような役に立つというのであろうか。一見したところ、ほとんど役に立たないと思われる。事情はまったく異なっているのだ。肝腎なのは、決して欲動断念なのではない。欲動断念という犠牲が供えられる第二人格あるいは第二審級など存在していないのである。このように言明されると、これを聴く人はすぐに動揺してしまうであろう。偉大なる男はまさしく権威そのものであり、この権威に奉仕するために人びとは仕事を成就するのであり、この偉大なる男は父と類似しているがゆえに影響力を発揮するわけであるから、集団心理学のなかでこの偉大なる男に超自我の役割が与えられても奇異ではないと言える。そうであれば、これと同じことがモーセという男とユダヤ民族との関係についても当てはまるだろう。しかしながら、これ以外の点においては、正当な類似は生じようがないのである。精神性における進歩の本質は、直接的感官知覚に反対して、いわゆる高度の知的過程、すなわち想起、熟慮、推論過程に重きを置く態度決定に存する。たとえば、父であることは母であることのように感覚の証言によっては明示されないにもかかわらず、父であることが母であることよりも重要だと決められている事実。だからこそ、子供は、父の名を名乗り、父のあとを継ぐことになっている。別の例を挙げるなら、われわれの神は、暴風や魂と同じように、目に見えないにもかかわらず、最も偉大で、最も力強い神なのである。これは、性的あるいは攻撃的な欲動要求が否定される場合と事情がまったく異なっていると思われる。また、精神性の多くの進歩、たとえば父権の勝利に際しても、より高きものと見なされてしかるべきものにとっての尺度を与えてくれる権威は、やはり明瞭には示されていない。この場合、父は尺度を与える権威ではありえない。なぜなら、父は精神性の進歩によって初めて権威へと高められるのだから。それゆえ、人類が発達するなかで感覚性が徐々に精神性によって圧倒されていく現象、人間がこのような進歩のたびに誇りを感じ、高められたと感じる現象がたしかに目の前に存在するだけになる。けれども、なぜそうであるのか、誰にも分からないのだ。そして、さらに後世になって、精神性そのものが信仰というまったく謎めいた情動性の現象によって圧倒されてしまう事態が生じてくる。これが有名な、《不合理ゆえにわれ信ず》[23]であって、ここまで達した者はこれを至高の仕事の成就と見なすわけである。ひょっとしたら、このような心理学的状況すべてに共通しているのは何かしら異なったものなのかもしれない。ひょっとしたら、人間というものは、単純に、より困難であることをより高きことと解するのかもしれず、人間の誇りとは、困難を克服したという意識によって亢進させられたナルシシズムに過ぎないのかもしれない。

以上の議論はたしかにあまり実り豊かなものではないし、この議論は、ユダヤ民族の特質を規定してきたものが何であるかという研究にはまったく関係がないと思われるかもしれない。もしもそうであるならば、われわれも楽になるだけの話だが、後段でさらに深く取り組むことになる事実を考慮するならば、われわれが抱えている問題へのある種の深い関係が、やはりここに現れているのである。神の姿を造形することの禁止でもって始まったこの宗教は、幾世紀もの経過のなかでだんだんと欲動断念の宗教へと発展していく。この宗教が性的な禁欲を要求しているわけではない。この宗教は、性的な自由にはっきりとした制限を加えるだけで十分だとしている。とはいえ、神は性からは完全に遠ざけられており、倫理的完璧さの理想へと高められている。倫理とは、しかし欲動の制限である。そして、預言者たちは、正しく節操のある生活態度、こんにちの道徳からしても悪徳と非難されるようないっさいの欲動満足に対する禁欲以外の何ものも神はユダヤ民族に望んではいないのだ、このことを思い出せ、と警告して倦むことがなかった。こうして見ると、神を信ずべしという要求ですら、この倫理的要求にこもる深刻さと比較すると影が薄くなるように思われてくる。それゆえ、欲動断念は、それが当初から際立っていたものではないにせよ、この宗教において飛び抜けて重要な役割を演じていると思われる。

しかし、ここでは、誤って理解する拙速を避けるために、ひとつの異論に触れておこう。つまり、欲動断念とそれに基礎づけられた倫理は宗教の本質的内容ではないと見なされうるかもしれないのだ。とは言っても、やはり発生的に見れば、欲動断念が倫理ときわめて密接に結びついていることに変わりはない。われわれが宗教の最初の形態と見なしているトーテミズムは、そのシステムの不可欠の存続要因として一連の掟と禁令を伴っているが、これらが欲動断念以外の何ものをも指示していないことは明瞭である。トーテムを傷つけたり殺害したりすることの禁止を含んだトーテム崇拝の掟、群族のなかの母たちや姉妹を所望するのを断念すべしという族外婚の掟、兄弟同盟のすべての構成員に平等の権利を認め、彼らのあいだにおける暴力的な競争への傾向を阻止する掟、これらはすべて欲動断念を意味しているだろう。これらの取り決めのなかに、われわれは倫理的、そして社会的秩序の始まりを目撃せざるをえない。と同時に、ここで二つの異なった動機が働いていることも見逃せない。はじめの二つの掟は殺害された父の意に沿ったものであり、この二つはいわば殺害された父の意志を継承している。三番目の掟、つまり兄弟同盟における権利平等という掟は、しかし父の意志とは別のものであって、これは、父を殺害したのちに成立した新たな秩序をがっしりと長期間にわたって維持するという必要性を考えることでのみ正当化される。そうしなければ、父殺害以前の状態への逆戻りは避けようがなかっただろう。それゆえ、ここでは社会的な掟が、それ以外の、すなわち宗教的関連から直接に由来すると言ってよい掟から分離される。

人間という個別存在の短縮された発達においても、この成り行きの本質的場面は反復される。ここでも、両親という権威が、実質的には力でもって罰をもたらすと脅迫する絶対的な父の権威が、子供に欲動断念を求めてくる。この権威が、子供にとって許されていることと禁じられていることとを決定する。子供の頃に「手のかからない、大人しい」とか「世話の焼ける」とか言われることが、両親の場にのちになって社会と超自我が現れてくると、「良い」とか「悪い」とか、きちんとしている、だらしない、と言われるようになるわけだが、これは実は同じことであって、父の代替として父の力を継続せしめる、権威の圧力による欲動断念の問題なのである。

神聖という奇妙な概念を研究するならば、以上の欲動断念に関する洞察はさらに深くなる。われわれが高く評価し、重要で意義深いと認める物事のなかで、際立ったかたちでほんとうに「神聖」と見なされるものはいったい何であろうか。(24) 一方において、神聖なものが宗教的なものと関連し合っているのは紛れもない事実であり、宗教的なものはすべて神聖である、宗教的なものこそ神聖さの核心にほかならない、とうるさいほど強調されている。他方において、宗教とはほとんど関係のない幾多の人物、制度、仕事などに神聖さの刻印を捺そうとする多くの試みによって、宗教的なものこそ神聖だとする判断は乱されてしまう。これらの試みは、明白な傾向に沿っている。そこでわれわれは、神聖なるものにたいへん強固に付着している、禁止されたもの、という特性を出発点にしたいと思う。神聖なるものとは、明らかに、触れられてはならぬものなのだ。神聖なる禁止はたいへん強く情動的に強調されるが、しかしもともと合理的根拠を欠いている。と言うのも、たとえばの話、娘や姉妹と近親相姦することが他のいかなる性交渉よりもとんでもなくひどい重大な犯罪とされるのは、なぜなのだろうか。[25] この根拠を問うと、必ず、われわれのあらゆる感情がそうすることに対して抗うからだ、との答えが返ってくる。しかし、この答えは、禁止されるのは当然だ、が、その根拠など分からぬ、と言っているに過ぎない。

この答えの無意味さは、いとも簡単に明示されるだろう。われわれのなかの最も神聖な感情とやらを害する当の事柄は、古代エジプトおよび他の古代諸民族の王族内では一般的な習わしであったし、言うなれば神聖なる慣習であった。ファラオがその姉妹のなかに彼の最初にして最も高貴な妻を見出したのは当然であったし、ファラオの後世の後継者であるギリシア人のプトレマイオス王朝の王たちも、ためらうことなくこの範例に従ったのだが、これもまた当然であった。このような次第であるから、近親相姦——ここでは兄と妹のあいだの——は通常の死すべき人間からは剝奪されたが、神々を代理する王たちには残されていた特権だったのであり、ギリシアやゲルマンの伝説世界ですら、このような近親相姦的関係に何らの不快感をも抱いていなかった、と考えざるをえなくなってくる。そして、こんにちの貴族階級が苦心して家柄を保っているのはこのような古代の特権の名残ゆえだと推測されてもよいであろうし、実際、最高級の社会層で幾多の世代を通じて続けられている近親婚の結果、こんにちのヨーロッパはわずかひとつか二つの家族成員によって支配されていることが確認される。

神々、王たち、神人たちが近親相姦を行っていたとはっきり指摘することは、近親相姦忌避を近親婚の有害性に関するおぼろげな噂のせいだと論証したうえで生物学的に説明せんとする傾向を片づける一助にもなる。実際のところ、近親相姦による有害性の危険が存在すると確認されたためしは一度もないし、いわんや未開人が有害性を知ってこれに反発したとは決して言えない。結婚に際しての許された親等、禁じられた親等規定に揺れがある事実は、近親相姦忌避の根本的な理由として「自然な感情」なるものを想定することにも無理がある事情を物語っている。

太古の時代を構築してみると、われわれの心には別の解釈が否応なく浮かんでくる。族外婚なる掟は、これを消極的に表現すれば近親相姦忌避となるわけだが、父の意志のなかにあったのであり、父殺害ののちも、この意志は持続的に力を発揮していた。このことから、この掟が強力な情動によって支配されるその苛烈さ、これを合理的に根拠づけることの不可能性、すなわち掟の神聖性が生じてくる。神聖な掟とされるもののその他のあらゆる事例を調査するならば、近親相姦の場合と同じ結論に至るであろうとわれわれは信じて疑わない。その結論とは、神聖なるものとは、根源において、原父の持続的な意志以外の何ものでもない、ということである。こう考えてくると、神聖という概念を表現している言葉の、これまで理解されなかった両価性《アンビヴァレンツ》にも光が当てられるようになろう。父への関わり方を総じて支配しているのは両価性なのだから。「《サケル〔sacer〕》」なる言葉は、ただ単に「神聖な」、「浄化された」という意味を持つだけでなく、「邪悪な」とか「呪わしい」などと訳さなければならないものである(「《黄金への呪わしき欲望〔auri sacra fames〕》」)。父の意志は、しかし、触れてはならず、高く掲げて敬意を払わねばならぬものであったのみならず、苦痛に満ちた欲動断念をも要求してくるがゆえに、恐怖すべきものでもあった。モーセは割礼という慣習を導入することによって彼の民族を「聖別した」と耳にするとき、いまとなると、この言明の深い意味が理解されよう。割礼は、かつて完璧な権力を有していた原父が息子たちすべてに課した去勢の象徴的な代替なのであり、この象徴を受け容れた者は、それによって、仮に原父がその者につらい犠牲を強いたとしても原父の意志に服従する覚悟ができているという態度を表明したのであった。

倫理の件に立ち帰るならば、われわれは最終的につぎのように言ってよかろう。倫理上の諸規定の一部分は、個人に対する共同体の権利を、社会に対する個人の権利を、個人に対する個人の権利を限定するための必要性から、合理的なかたちで正当化される。しかし、われわれにとって偉大であり、秘密めいており、神秘的なあり方で自明と思われる倫理は、その特質を、宗教との関わりから、父の意志に発する来歴から受け取っている。

(e) 宗教における真理の内実

われわれ信仰において貧しき者にとって、最高の本質の事実的存在を確信している探究者がいかに羨ましく思われることか！　このような大いなる精神にとって、世界は何らの問題もないのだ。なぜなら、この大いなる精神そのものが、自身で世界のありさまをすべて創造してしまったのだから。われわれが仕上げることのできる極限でもある、苦難に満ちた、惨めなほどにつまらない、断片的で試論的な説明に比較すると、信仰を持つ者が身につけている教義は、いかに包括的で徹底的かつ究極的であることか！　おのれ自身が倫理的な完璧さの理念にほかならないこの神性を帯びた精神は、人間にこの理念に関する叡智を植えつけると同時に、各人の本質存在をこの理念に同化させんとする衝迫をも植えつけた。人間は、気高く高貴なものと低劣で俗的なものとを直覚する。物事を感受する人間の生命のあり方は、この理念からそのつどれくらい距離をとっているかによって定められている。たとえて言うならば、太陽に最も近い近日点にいるかのようにこの理念に接近するとき、人間には高貴な満足がもたらされ、太陽から最も遠い遠日点にいるかのようにこの理念から離反してしまったとき、人間はひどい不快という罰を受ける。いっさいの事柄がたいへん単純に、そして揺るぎなく定められている。もしもなにがしかの人生経験と世界観が、このような至高の本質存在を前提とする可能性をわれわれから奪ってしまっているとするならば、われわれはただただ遺憾に思う。もしも仮に世界があまり謎を持っていないとするならば、今度は、われわれと異なり信仰を持つ者はどのようにして神的存在への信仰を獲得しえたのか、そしてこの者たちの信仰はどこから「理性と科学」を圧倒し去る力を得たのか[26]、これを理解しなければならぬという新たな課題がわれわれに突きつけられてくる。

それはともかく、ここでは、これまでわれわれが専念してきた少し控えめな問題に立ち帰ることにしよう。おそらく、こんにちに至るまでユダヤ民族の存続を可能にしてきたと思われるユダヤ民族の独特の性質はいったいどこからやってきたのか、われわれはこの問題を解明しようとした。そして、モーセという男がユダヤの民にひとつの宗教を与えることによってこの独特の性質を造型した、との結論に至った。この宗教は、ユダヤの民が自分たちは他のすべての民族よりも優れていると信じ込むまでに彼らの自負の念を高揚させた。ユダヤの民は、その後、他民族に対して距離をとることで自分たちの存在を守った。混血はその際大きな障害とはならなかった。なぜなら、ユダヤの民を相互に結びつけていたのは、特定の知的ならびに心情的財産の共有という理念的な要因だったからである。モーセ教がこの現実的影響力を持ちえたのは、モーセ教が、一、新たな神の観念の偉大さにユダヤ民族を参入せしめたからであり、二、ユダヤ民族はこの偉大なる神に選ばれ、神の特別な寵愛を確実に享受するよう神によって定められていると明瞭に語ったからであり、三、それ自体でも十分に重要な精神性における進歩を強力に促進し、加うるに知的な仕事を高く評価して、さらなる欲動断念に至る道を開示したからである。

以上が結論である。そして、この結論に関してわれわれは何ひとつ撤回する気がないのだけれども、しかしここに何かしら満足できないものがあるのを隠しておくわけにもいかない。言うなれば、原因と考えられることが、われわれが説明しようとしている事実、すなわち結果としっくり調和しておらず、われわれが結果を説明するために用いるすべてのものと桁違いであるように思われるのだ。われわれがこれまで進めてきたすべての研究が、出来事全体の動因を発見するに至っておらず、いわばただ表層を撫でたに過ぎず、その表層の背後にはまた別のたいへんに重要な動因が発見されるのを待って潜んでいる、などということがありうるのだろうか。生命と歴史に関して、ありとあらゆる原因が尋常でないほどに錯綜している場合、このような事態が生じることは承知されていて当然であったと言わねばなるまい。

この、より深い動因への接近は、この論文のどこかでなされているかもしれない。モーセの宗教は、直接無媒介的に現実的影響力を発揮したのではなく、奇妙に間接的なかたちで力を及ぼしてきた。この間接性というのは、しかし、モーセの宗教は即座に影響力を発揮しなかったとか、完全な影響力を展開するために長い期間を、幾世紀をも必要としたといったことを意味するわけではない。一民族の性格造型が問題となっているのだから、長い年月を要したことなど分かりきった話である。問題はそんな点にはない。影響力発揮にあたっての間接性というこの制約は、われわれがユダヤの宗教史から引きずり出してしまった事実、あるいは、こう言ってよければ、われわれがユダヤの宗教史に刻み込んでしまった事実に関わっている。すでに述べたように、ユダヤ民族はいったん受け容れたモーセ教をしばらくしてからふたたび投げ棄ててしまった——完璧に捨て去ってしまったのか、宗教の戒律書のうちいくつかは保存されたのか、これは推量すらできないけれども。カナン占領およびカナンに定住していた諸民族との闘争がなされた長い年月のうちに、ヤハウェ教はその地の諸民族のバアル崇拝と本質的には区別されなくなってしまったと考えられるが、このように考えるにあたって、われわれは、この恥ずべき事態を隠蔽偽装せんとする後年の動向に潜むあらゆる努力にもかかわらず、歴史的基盤の上に立っている。モーセ教は、しかし、痕跡も残さずに消滅してしまったわけではなく、モーセ教に関する一種の想い出は曖昧にぼかされ、歪曲されたかたちではあっても保たれ続けたのであり、おそらくは祭司階級の少数者のもとで古文書として保持されてきたのであろう。そして、偉大なる過去からのこの伝承は、いわば背景地から影響力を発揮し続け、次第に悪魔的精霊たちを圧倒する大きな力を獲得するに至り、ついにはヤハウェ神をモーセの神に変貌させてしまい、幾世紀も前に植え込まれて、それから見捨てられてしまったモーセの宗教にふたたび生命を与え、覚醒させるに至った。

われわれが伝承の持つこのような力を明瞭に把握すべきであるならば、どのように考えざるをえないか、この点については、この論文の前のほうですでに述べられている。

(f)　抑圧されたものの回帰

ところで、心の生活の分析的研究がわれわれに教えてくれたもののなかには、類似する出来事がたくさん存在する。この種の出来事の一部は病理学的と呼ばれ、他の出来事は正常なる多様性のなかに算入される。しかし、このような区別など取るに足らない。というのも、病理学的なものと正常なもののあいだに明瞭な境界線が引かれているわけではないし、双方における機制も広い視野のもとでは同じだからである。より肝腎なのは、問題となっている変化が自我そのものにふさわしく、親和的に起こるのか、それとも、自我に対して違和的で、自我と対決するかたちで起こり、症状と名づけられてしまうのか、という違いである。ここでは、まず膨大な量の素材のなかから性格発展の問題をはっきりと示してくれる事例を取り上げてみたいと思う。ある若い娘は、彼女の母との決定的な対立のなかで成長してきた。彼女は母が身につけ損なったあらゆる性格を育み、母を想い出させる事柄いっさいを忌み嫌ってきた。ここで急いで補足しておかねばならないことだが、この娘は幼い頃にはすべての女の子と同じように母との同一化を企ててきた。そして、そののちに母に対して全精力をあげて反抗するようになったのである。しかし、この娘が結婚し、自分が妻となり、母となるに至って、だんだんと、だが確実に、彼女が敵視していた母とそっくりになり始め、ついには克服されたはずの母との同一化が紛うかたなくふたたび出現してきたのを見ても、われわれは驚くべきではないだろう。同じことは、男の子の場合にも起こる。あの偉大なるゲーテですら、天才を発揮していた時代には、頑迷でつまらないことをくどくど言う父をかなり蔑視していたのに、老年になると、父の性格像に認められていたのと同じ諸特徴をはっきりと示し始めた。双方の人格の対立が先鋭化している場合には、このような結末はさらに奇怪なものになりうるだろう。下劣な父のもとで成長しなければならない運命を背負ったひとりの青年が、前半生はこの父に逆らうかたちで有能かつ誠実で高潔な人間へと成長していった。ところが、人生の絶頂期に彼の性格は急激に変化した。彼は、まるで自分の下劣な父を手本にしてしまったかのごとく振舞うようになってしまった。われわれが探究している主題との連関を見失わないために肝に銘じておかねばならないのは、このような人生の経過と結末のはじめに、常に幼児期における父との同一化があるという事実である。この同一化は、その後いったんは振り捨てられ、過剰に代償されることすらあるけれども、ついにはふたたび現れて、おのれの存在を主張する結果に至る。

以前から常識になっていることだが、生まれてから五年間の経験は人生に決定的な影響を与え、その後の経験はこれに抵抗することなどできない。人生の初期におけるこの諸印象が、成熟してからの人生期すべての影響に抗し、いかにしておのれの存在を主張し続けるか、その主張の仕方に関しては知っておいてもよい多くの事柄が挙げられるだろうけれども、ここはそれを述べる場ではない。ところで、あまり知られていないだろうと思われるのは、心的装置がまだ完全な受容能力をそなえていないと見なさざるをえない時期に子供を襲う印象を起因として生じる、著しく強烈で強迫性を帯びた影響力に関することである。この事実自体については疑いえないのだが、これはたいへんに奇異な事実であるゆえ、事態の理解を容易にするために写真撮影の場合を比喩として用いるとよいかもしれない。つまり、撮影されたものは、任意の期間をおいたのちに現像され、映像化させてよいわけである。それはともかく、空想力に恵まれた詩人が詩人にのみ許された奔放さでもって、われわれが四苦八苦してやっと発見したことを先取りしてしまっているのは、よく指摘される。E・T・A・ホフマンは、彼が詩作に際して自由に用いる風物の豊かさの源泉を、彼がまだ母の胸に抱かれていた乳児であった頃に体験した幾週間も続く郵便馬車の旅のあいだの形象と印象のめまぐるしい変化に求める、とよく語っていた。子供たちは、二歳の頃に体験して理解しなかった事柄を、夢のなか以外では決して想い出さない。精神分析的操作によって初めてその事柄は彼らに知られるようになるが、それは別として、この体験され、理解されなかった事柄は、後年になって何らかのときに強迫的衝動性を伴って彼らの人生に侵入し、彼らの行動を支配し、彼らに否も応もなく共感と反感を引き起こし、しばしば理性的には根拠づけられないかたちで彼らの愛情選択まで決定してしまう。これらの事実は二つの点でわれわれが探究している問題に接触してくるが、いかなる点においてであるか、これは誤認しようがあるまい。第一は、時間的隔たりが大きいという点[*68]においてであって、これは決定的要因として明白に認められる。第二は[(27)]、われわれがこのような幼児期体験に際して、「無意識的」と分類している想起の特別な状態という点においてである。時間とその隔たりは、われわれがこのような幼児期体験に際して「無意識的」と形容分類する想起の特別な状態を理解するにあたって、真に決定的な要因と見なされる。われわれは、想起のこの特別な状態において、先にわれわれが民族の心の生活における伝承と呼んでいた状態との類似を見出したいと期待している。もちろん、無意識という観念を集団心理学のなかへ運び込むのは容易でなかったけれども。

神経症を作り出す機制は、われわれが探究している現象を解明するのにいつでも役立ってくれる。神経症形成においても決定的な出来事は早期幼年時代に起こるが、しかしここで強調されるべき問題は、第一点として挙げた時間的隔たりということではなく、その出来事に直面したときに起こる事象のありさま、その出来事に対する反応のありさまである。図式的には、次のように言えよう。体験の結果として欲動要求が発生し、これは満足を得ようとする。自我はこの満足獲得を拒絶するが、これは、要求があまりにも大きいために自我が麻痺させられてしまうか、あるいは自我が要求のなかに危険を察知するか、このいずれかのゆえである。この二つの理由のうち、前者がより根源的であるが、双方ともに危険な状況の回避という帰結に至る点では同断である。(28) 自我は抑圧なるプロセスによって危険からおのれを守る。欲動興奮の蠢きは曲がりなりにも制止を受け、興奮の機縁となった出来事は付随する知覚や表象とともに忘却される。しかし、これでもってこのプロセスが終了するわけではない。欲動は、その強度を維持するか、ふたたび強度を取りまとめるか、新たな機縁によってふたたび目覚めるか、のいずれかのプロセスをとる。こうして、欲動は改めておのれの要求を突きつけてくるのだが、この欲動にとって通常のかたちで満足へと至る道は抑圧瘢痕とも言うべきものによって閉ざされたままであるゆえ、欲動はどこかしら脆弱な個所にいわゆる代替満足へと至る別の道を切り拓いて進むことになる。この代替満足が症状として姿を現すのだが、この症状としての代替満足の出現は、自我に承認されないだけでなく、理解すらされない。症状形成にまつわるすべての現象は、十分な正当性をもって「抑圧されたものの回帰」[29]と記述されうる。しかしながら、症状形成の際立った特徴は、それが大幅に歪曲されている点にある。この歪曲は、根源的なものが回帰してくる際に受けたものである。これら一群の事実を論じることによって、われわれは伝承との類似という論点からあまりにも遠く離れてしまったのではないか、と思われるかもしれない。しかし、この論によってわれわれが欲動断念の問題の近くまできたとするなら、後悔する必要もないだろう。

(g) 歴史的真理

本論を離れて記された以上のすべての心理学的余論は、モーセ教はそのユダヤ民族への影響力を伝承というかたちをとって初めて発揮し尽くしたとの事実を、われわれ自身にいっそう深く信じさせるためのものであった。ある程度は真実らしいこと以上のものは示しえなかったと考えるのが妥当であろう。もしも仮にわれわれが完璧な証明に至ったと考えてみても、しかしながら、やはりわれわれはただ単に要請された懸案の質的要因を満たしたに過ぎず、量的要因を満たすに至っていないとの印象は残るだろう。ある宗教の成立に関する事柄には、もちろんユダヤ教の成立に関しても同じなのだが、いっさいの出来事に何かしら偉大なるものがつきまとっているのであり、この

＊68　この点についても、ひとりの詩人の言葉が示されてよかろう。この繋がりを示すために、彼は言葉を紡ぎ出す。「遠く過ぎ去りし、いまは亡きとき、汝はわが妹、わが妻であった」[30](ゲーテ、ワイマール版全集、第四巻、九七頁)。

偉大なるものは、これまでのわれわれの説明では手に負えない。ここには何かしら別の要因がなお関与しているに相違あるまい。この要因と似たものはほとんどなく、同じものなどまったくない。この要因は何かしら比類なきものであり、この要因から生成してきたもの、すなわち宗教それ自体に等しい桁違いの何かなのである。

いま問われている事態に反対側から接近してみよう。未開人が、世界の創造主として、一族の主として、個人的な守護者として神を必要とすることを、われわれは了解する。この神は、伝承がなお何ほどかのことを語り伝えてくれる死んだ父祖たちの、さらに背後に立っている。のちの世の人間も、われわれの時代においても同様だが、同じような態度をとる。人間はいつも子供なのであり、成人になってもなお守護者を必要とするものなのだ。人間は彼の神という拠り所なしでは生きていけないと思っている。ここまでは議論の余地がないだろう。しかし、理解に苦しまざるをえなくなるのは、いったいなぜ唯一の神しかこの世に存在してはならないのか、いったいなぜ多くの神々を従えた主神教(31)から一神教への進歩がかくも圧倒的な意義を獲得するのか、との問いを発するときである。すでに詳しく述べてきたように、信者はたしかに彼の神の偉大さを分け持つのであり、神が偉大であればあるほど、神が与える庇護はますます信頼するに足るものとなる。しかし、ある神が持つ力は、その神が唯一の存在であることを必要条件としているわけではないだろう。多くの民族は、彼らの主神がこれに従属する神々を支配しているならば、彼らの主神を惜しみなく讃美したのであり、他の神々が主神の支配圏外に存在していても、主神の偉大さが減じたなどとは考えもしなかった。さらに、言い方を換えるならば、この神が普遍的存在になって、すべての国家、すべての民族に配慮するようになるならば、神への親密無比の繋がりを犠牲にすることにもなっただろう。神はいわば異邦人と一緒に分け持たれ、この共有に伴う親密さの喪失は、自分も神から優遇されているとの条件をつけることによって相殺されるしかなくなるだろう。唯一神の観念はとりもなおさず精神性における進歩を意味するとも言えようが、この点を特別に重大視することはできなくなるだろう。

一神教への進歩とともに得るものと失うものを考えると、この進歩の動機のなかには以上に述べられたような明白な矛盾が存在するのだが、敬虔な信者はこの裂隙を十分に埋め尽くすすべを知っている。彼らは言う、唯一神の理念はそれが永遠の真理の一片であるがゆえに、かくも圧倒的な力でもって人間たちに働きかけてくる、この永遠の真理こそが長いあいだ隠されていて、ついに現れ出たのであり、それゆえすべての人びとの心を奪わずにはいなかったのだ、と。このような論拠が究極においていま問われている事態の偉大さおよび帰結の偉大さにふさわしい、とわれわれは認めざるをえない。

われわれもまた、このような解決法を受け容れたいと思う。ところが、ここに危惧すべきことがある。つまり、この敬虔な論拠が楽天主義的・理想主義的前提に基づいているということである。通常の場合、人間の知性が真理に関して特別に鋭敏な嗅覚を持っており、人間の心の生活が真理を認知する特別な性向を示しているとの事実は、確認されたためしがない。経験が教えてくれたのは、むしろ逆の事実で、ありとあらゆる警告がないと知性は実にたやすく誤謬に走るのであり、真理など見向きもされず、欲望に基づいた錯覚と折り合いがつけられる事柄が容易に信じ込まれてしまう。それゆえ、われわれは、敬虔な信者たちに同意するにあたって、ひとつの制限を加えずにはいられない。われわれもまた敬虔な信者たちの解答が真理を内包していると信じるが、しかしそれは物質的真理ではなく歴史的真理なのである。しかも、われわれはこの歴史的真理が回帰してくるに際して被った一種の歪曲を訂正する権利を持っている。すなわち、われわれはこんにち唯一の偉大なる神が存在するとは信じないが、太古の昔にひとりの比類のない人物が存在し、この人物はその頃、巨大な存在と思われたに相違なく、そして神的存在にまで高められ、人びとの想い出のなかに回帰してきた、とは信じる。

モーセ教は、まずもって排除され、半ば忘却され、それから伝承のかたちをとってついに姿を現すに至ったとわれわれは考えた。いまでは、この出来事は当時において二度目に起きた反復と考えられる。モーセがユダヤ民族に唯一神の理念をもたらしたとき、この理念は実は決して新しいものではなかった。この理念は、人類家族の太古の昔に生じたひとつの体験、人類の意識された記憶からはずっと昔に消え去ってしまったひとつの体験の復活を指し示していた。意識された記憶から消え去りはしたけれども、しかし、この体験はあまりにも重大なものであり、人類の生活のなかにあまりにも深く刻み込まれた変化への道を切り拓いたため、伝承にも比肩すべき何らかの永続的な痕跡を人類の心に残した、と信じざるをえない。

個々人の精神分析から経験的に知られることだが、まだ話すこともほとんどできない子供の頃に受けたごく早期の印象は、意識的に想起されないままに、いつかあるときになって強迫的性格を帯びた影響力を発揮することになる。これとまったく同じことを全人類のごく早期の体験において想定してもよいだろう、とわれわれは考えている。このような影響力のひとつの実現こそ、唯一の偉大なる神という理念の登場であったろうと思われるのだが、この影響力の所産は、たしかに歪曲はされているものの、まったく正当な想起と見なされなければなるまい。この理念は強迫的性格を帯びているゆえ、否応なく信仰されざるをえない。歪曲されている点を重視するならば、この理念は妄想と記されてもよいだろうが、この理念が過ぎ去ったものの回帰を示す限りにおいて、この理念は真理と呼ばれなければなるまい。精神医学が妄想と名づける事態も一片の真理を内に含み持っているのであって、患者の確信

はこの一片の真理から拡散していって、妄想的なヴェールをまとうことになる。(32)

ここからの文章は、最後に至るまで、第一部で詳細に述べたことに若干の変更を加えた再論である。

一九一二年、私は『トーテムとタブー』において、右に述べたような影響力発現の場となった太古の状況を再構築しようとした。そのとき私は、Ch・ダーウィン、アトキンソン、そして特別に重要なものとしてW・ロバートソン・スミスのいくつかの理論的思索を用い、これらを精神分析に由来する発見および示唆と結びつけてみた。ダーウィンからは、人類が原初、小さな群族を作って生活していて、その群族のそれぞれが比較的年齢の高い男性原人の暴力的支配下にあり、彼はすべての女を独占し、若い男性原人たちを彼の息子たちも含めて鎮圧し、懲罰を加え、あるいは殺害して、排除してしまった、との仮説を借用した。アトキンソンからは、以上のような記述に続くかたちで、この父権制が、父に抗して団結し、父を圧倒し、これを殺害して皆で喰い尽くしてしまった息子たちの謀叛によって終焉に至った、との仮説を借用した。そして、さらに私は、ロバートソン・スミスのトーテム理論に従って、父殺害ののち、父のものであった群族がトーテミズム的兄弟同盟のものになったと考えた。勝ち誇った兄弟たちは、実のところ女たちが欲しくて父を打ち殺したのではあるが、互いに平和に生活するために女たちに手を出すのを断念し、族外婚の掟を自分たちに課した。父の権力は打ち砕かれ、家族は母権に沿って組織化された。しかし、父に対する息子たちの両価的《アンビヴァレント》な感情の構えは、その後のさらなる発展の全経過に力を及ぼし続けた。父の代わりに特定の動物がトーテムとして据え置かれた。この動物は父祖であり、守護霊であるとされ、傷つけたり殺したりしてはならぬものとされたが、しかし年に一度、男性原人たちの共同体構成員全員が饗宴を開くために集まり、ふだんは崇拝されていたトーテム動物は饗宴のなかでずたずたに引き裂かれ、彼ら全員によって喰い尽くされた。この饗宴への参加を拒むことは、誰であっても許されなかった。これは父殺害の厳粛な反復だったのであり、この反復とともに社会秩序も道徳律も宗教も生まれたのである。ロバートソン・スミスの言うトーテム饗宴とキリスト教における聖体拝領との符合に関しては、私より前に多くの研究者が注目してきた。

私は、こんにちでもなお、この構成を大切に保持している。近年の民族学者たちがロバートソン・スミスの立論を一致して排除し、これとはまったく相反する内容を含む理論を提示したのちになっても、私がこの本の新版において自分の考えを変えなかったことから、私は繰り返し激しく非難されてきた。私はこれらの進歩とやらをよく知っていると答えざるをえない。けれども、私は、これらの新説の正しさを信じるに至ったわけではないし、ロバートソン・スミスの誤りを信じるに至ったわけでもない。反論は決して反証ではないし、新説すなわち進歩というわけでもない。しかも、何よりも先に言うべきことだが、私は民族学者ではなく、精神分析家なのである。私は、民族学の文献のなかから分析的な仕事のために用いうるものを選び取る正当な権利を持っていた。独創的なロバートソン・スミスの仕事は、私に、分析における心理学的素材との価値ある接点を示してくれ、心理学的素材を利用するにあたっての関連の付け方を示してくれた。ロバートソン・スミスに反論する人たちに私は一度も共感できなかった。

(h) 歴史的な発展

私はここでこれ以上詳しく『トーテムとタブー』の内容を反復して論じるわけにはいかないが、これまで考察されてきた太古時代と歴史時代に入ってからの一神教の勝利とのあいだに存在する長い時間的間隔を充塡することだけは、やっておかなければなるまい。兄弟同盟、母権、族外婚、およびトーテミズムによるアンサンブルが整えられ、アレンジされたのち、ゆっくりとした「抑圧されたものの回帰」とも記すべき展開部が始まった。この場合、われわれは「抑圧されたもの」という術語を本来的でない意味で使用する。問題となっているのは民族生活のなかで過ぎ去ってしまったもの、忘却されたもの、克服されたものなのだが、われわれはこれを個々人の心の生活における抑圧されたものとあえて同列に置く。この過ぎ去ったものが、その暗黒時代のなかでいかなる心理学的形態をとって存在し続けていたのか、われわれはいまのところ言い表すすべを知らない。個人心理学の概念を集団心理学に転用することが容易になったわけではないし、「集合的」無意識なる概念を導入したとしても、何か得るところがあるとは思われない。実際のところ、無意識の内容は、そもそもが集合的なのであり、人類の普遍的な共有財産なのである。それゆえ、われわれは類推の論理を用いることで当座の間に合わせにする。ここで民族生活において研究対象としている出来事は、精神病理学によって知られるようになった事柄とたいへんよく似ているのだが、しかしまったく同じというわけではない。ここに至って、われわれは、太古の時代の心的沈殿物はそのつどの新しい世代においてただ覚醒させられるだけでよく、新たに獲得される必要がない遺伝的財産になった、との考えを採ることを断固として言明する。このように言明するに際して、「誕生と同時に一緒に生まれ出た」としか言いようがない象徴表現の例を念頭に置いている。この象徴表現は、言語発達の時期に現れてくるのであるが、すべての子供たちにとって教えられるまでもなく自明なこととして親しまれており、しかも、言語の違いにもかかわらず、あらゆる民族に共通している。なお確実性に欠ける事柄があるならば、われわれは精神分析的研究に基づく別の成果から確実な事柄を獲得する。われわれの子供たちがいくつかの重要な関係において、子供たちの体験にふさわしくは反応せず、動物と比較してもよいほどに、系統発生的に獲得されたものによってしか説明できないほどに本能的に反応する事実は、経験的に知られている。

抑圧されたものの回帰は、たしかに、自然発生的にではなく、人類の文化史を満たしている生活条件のあらゆる変化の影響を受けつつ、ゆっくりと起こる。私はここでこれらの相互関係に展望を与えることはできないし、この回帰の諸段階をくまなく列挙することもできない。父はふたたび家族の長となっているが、原始群族における父のような無制限の権力はずっと昔に失われてしまっている。トーテム動物は神に道を譲るが、その移り変わりの過程は、なおたいへん明瞭に見て取れる。はじめの頃の段階では、人間の体幹を持った神がまだ動物の頭部を持っているが、のちになると、神がこの特定の動物に変身することが多くなり、それから、この動物は神にとって聖なる存在となり、神の寵愛を受ける従者となるか、あるいは、神がこの動物を殺害し、そのあとでこの動物に因んだ異名を帯びるか、いずれかである。トーテム動物と神のあいだには半神が現れるが、これはたいていの場合、神格化の前段階を示す。至高の神性という理念は早期に現れると思われるが、さしあたってはまだ影のようにぼんやりしたものであって、人類の日常的関心のなかには入ってこない。種族および民族がより大きな単位へと統合されていくと、神々もまた家族を構成するようになり、位階を作り出してくる。神々のなかの一者が、しばしば神々と人間たちを超越した主へと高められる。それから、ひとつの神だけに敬意を払う段階への歩みがためらいがちになされ、ついには、唯一神に全能を委ね、いかなる他の神々も並び立つことを許されぬという断固たる決定が下される。事ここに至って初めて原始群族における父の栄光が復活したことになり、原父に対するにふさわしい激しい情動も反復されて現れうるようになった。

かくも久しく失われ、待ち望まれていたものとの出会いから発する最初の影響力はまさしく圧倒的であって、そのさまはシナイ山における立法にまつわる伝承が描いているとおりであったろう。驚嘆の念、畏怖の念、恩寵を目の当たりにしたことへの感謝の念——モーセ教は、父なる神に対するこの陽性の感情以外のいかなる感情とも無縁である。父なる神が抵抗し難い存在であるとの確信、父なる神の意志への服従、これらの念は、群族の父によって威圧され、寄る辺なくなった息子の気持ちそのままであったとは言えないかもしれない。もっと強烈なものだったろう。父なる神に対したときの気持ちは、未熟な乳幼児の環境を思い描くことによって初めて十分に理解されるようになるだろう。乳幼児の感情の動きは、成人の場合とはまったく別次元の強度と汲み尽くしえない深度を持つのであり、ただ宗教的エクスタシーのみが、ふたたびこの感情の動きをもたらしうる。それゆえ、偉大なる父の回帰に直面して真っ先に起こった反応は、神への服従から生じる陶酔なのだ。

この出会いとともに、この父の宗教が向かうべき方向は、あらゆる時代を通じて変化することがないかたちで確定されたのだが、しかしこれでもって父の宗教の発展が終了完結したわけではなかった。父への関与の仕方は、本質的に両価的《アンビヴァレント》なのである。感嘆と畏怖の的であった父の殺害へとかつて息子たちを駆り立てた敵愾心が時が経つにつれて動き出すのは、起こりうることであった。モーセ教の枠のなかでは、殺意のこもった父憎悪が直接的に顕在化する余地はなかった。表に現れたのは、この憎悪に対する強烈な反応だけであった。この敵愾心ゆえに生じる罪責意識、神に対して罪を犯してしまったのに罪を犯すのをやめることができない、という良心のやましさが表に現れた。この罪責意識は、預言者たちによって間断なく覚醒させられ続け、まもなくこの宗教体系を統合する内容のひとつになっていったが、また、そのほんとうの由来を巧みに偽装してくれるもうひとつ別の表面的な動機づけと結びつけられた。民族をめぐる状況は良くなかった。神の恩寵によるとされた希望が満たされる雰囲気は何もなかった。自分たちは神の選民であるという何よりも好ましい錯覚を抱き続けるのは容易でなかった。この幸福を断念する気がなかったとするならば、そのとき、自身の罪深さを認めることで生じるこの罪責感は、神による罪の免除という喜ばしい事態へと結びついていくしかなかった。神の掟を守らなかったために神から罰せられること、これが人びとの受けるべき最善の帰結となった。そして、飽くことを知らない、途方もなく深い源泉からやってくるこの罪責感を満足させる欲求から、この掟はますます厳しく、ますます苦しく、ますます小うるさいものになっていかざるをえなかった。道徳的禁欲がもたらす新たな陶酔のなかで、人びとは、新たな欲動断念をつぎつぎとおのれに課していき、結果として、少なくとも教義と掟においては、他の古代民族が近寄れないほどの倫理的高みにまで到達した。この倫理的高みへの発展のなかに、多くのユダヤ人は彼らの宗教における第二の大切な特性と偉大な業績を見出している。この第二の大切な特性と偉大な業績が唯一神の理念という第一の特性とどのように関連し合っているか、これはこの論考から浮かび上がってくるはずである。それはともかくとして、この倫理は、神に対する抑え込まれた敵愾心ゆえの罪責意識を根源としていることは否認できまい。この倫理は、強迫神経症的反動形成に特有の、完結したためしがない、そして完結しえない性質を帯びているからである。また、この倫理が罰を受けたいという秘められた意図に奉仕していることも察知されるだろう。

これから先の展開は、ユダヤ教固有のものを超えて進む。原父の悲劇から回帰してきたその他の事柄は、もはやいかなる仕方においてもモーセ教とだけ結びつくものではなくなっていた。この罪責意識は、すでに久しい昔から、もはやユダヤ民族にのみ限定されたものではなくなっていた。この罪責意識は、その理由が誰にも分からない重苦しい居心地の悪さとなり、破滅の予感となって、あらゆる地中海沿岸の民族の心を襲い、占領してしまった。こんにちの歴史叙述は古代文化の老化について語っているが、これは当時の諸民族を支配した不機嫌な気分の偶発的要因と補助的要因だけを把握しているに過ぎないと私は思う。この重苦しい暗い状況の由来の解明は、ユダヤ教固有のものに基づいていた。至るところでこの由来の解明への接近と心構えが示されたのだが、この事態への洞察が初めて顕現してきた精神の持ち主は、やはりひとりのユダヤ人の男であった。すなわち、タルソス出身のサウロ、ローマ市民としてパウロと名乗っていた男であった。われわれは父なる神を殺害してしまったがゆえにかくも不幸なのだ、という洞察。そして、パウロという男が、この真理の一片を、われわれのなかのひとりの男が罪を贖うべくその生命を犠牲として供したゆえ、われわれはあらゆる罪から救済された、と妄想めいた偽装をなされた福音というかたちでしか理解できなかったのは、たいへんよく分かる話だ。パウロの定言においては、もちろん神の殺害ということは触れられていなかったけれども、犠牲死によって贖わなければならなかった犯罪とは、殺人以外にはありえなかったであろう。そして、福音という妄想と歴史的真理との結びつきを確実にしたのが、犠牲になったのは神の息子であった、という言明であった。歴史的真理という源泉から妄想のなかに流れ込んできた力でもって、この新たな信仰はあらゆる妨害を圧倒してしまった。いまや、解放を約束する救済の信仰が、至福をもたらす選民意識に取って代わった。しかし、父殺害の事実は、人類の記憶のなかに回帰してくるにあたって、一神教の内実を決定づけたものとは別の、より大きなもろもろの抵抗を克服しなければならなかった。(33) この事実は、さらに強烈な歪曲を受けなければならなかった。この名づけえない犯罪は、もともとは影のように空虚なものであった原罪という名の受容によって代替されることになった。

原罪および犠牲死による救済は、パウロによって基礎づけられた新しい宗教の支柱となった。原父に対して謀叛を起こした兄弟たちのなかに実際に殺人行為の首謀者ないし扇動者がいたのかどうか、あるいは、この人物像は自分たちを英雄化するために詩人の空想《ファンタジー》によって後年になって創造され、伝承のなかに組み込まれたのかどうか、これは未決定のままにしておくしかない。ともかく、キリスト教がユダヤ教の枠を突破したのち、キリスト教は他の多くの源泉から材料を取り込み、純粋な一神教の多くの特徴を放棄し、多くの細部にわたって、残存していた地中海沿岸民族の儀式と折り合いをつけることになった。そのありさまは、あたかもエジプトが改めてイクナートンの後継者に復讐しているかのようであった。ここで注目しなければならないのは、この新しい宗教がどのようにして父への関わり方における太古以来の両価性《アンビヴァレンツ》と対決し、話をつけたのかという消息である。この新しい宗教の主たる内実は、たしかに、父なる神との和解、神に対して行われた犯罪への贖いではあったが、この感情の関わり方の別の面は、罪の償いをおのれの身に引き受けた息子が父と並んでみずから神となり、厳密に言えば父の場に立ってしまった事実に現れていた。父の宗教から発して、キリスト教は息子の宗教になってしまったのだ。父を除去しなければならぬという運命は免れようもなかったわけである。

この新しい教えを受け容れたのは、ユダヤ民族中ほんの一部の人びとだけである。受け容れを拒否した者は、こんにちなおユダヤ人と言われている。こんにちのユダヤ人たちは、この区別によって、以前にも増してますます明瞭に他の人びとから分離されている。こんにちのユダヤ人たちは、ユダヤ人のほかにエジプト人、ギリシア人、シリアア人、ローマ人、そして最終的にはゲルマン人をも受容するに至ったこの新しい宗教共同体から、おまえたちは神を殺してしまったのだ、という非難を聴かねばならなくなった。分かりやすく言えば、この非難はつぎのようになるだろう。おまえたちは、おまえたちが神を殺してしまったことを認めようとしないが、われわれはそれを認め、その罪を浄化されているのだ、と。この非難の背後にいかに多くの真理が潜んでいるか、これは容易に洞察されよう。神を殺したとの告白は、ありとあらゆる歪曲が加えられているにもせよ、進歩を秘めているのだが、この進歩をともにすることがユダヤ人にはどうして不可能であったのか、これは特殊な研究の対象になるだろう。この進歩をともにすることが不可能だったがゆえに、ユダヤ人はいわば悲劇的な罪業を背負う結果になった。このために、ユダヤ人はひどい罰を受けることになった。

われわれの研究は、ユダヤ人はどのようにして民族を特徴づけている属性を獲得するに至ったのか、という問いにいくらかの光を投げかけたかもしれない。どのようにして彼らがこんにちに至るまで個別的存在として存続しえたのか、という問題はあまり明らかにされなかった。しかしながら、このような謎に対する完璧な解答など、当然ながら求められるべきではないし、期待されるべきでもないだろう。冒頭で述べられた限定に即して判断されるべき学問上の一寄与こそ、私が提供できるすべてなのである。

精神分析概説

津田　均　訳

Abriß der Psychoanalyse

「精神分析概説」へのまえがき(1)

Vorwort zum Abriß der Psychoanalyse

この小論は、精神分析の学説を、きわめて簡潔、明瞭な形で、いわば教義のようにまとめることを意図している。信じることを要求したり、確信を呼び起こしたりすることは、もちろんこの目的とするところではない。精神分析の樹立は、見渡しえないほどの観察と経験に依っており、この観察を、自分と他人について繰り返し行う者だけが、自分自身の判断へ至ることができた。

GW-Nb 749

第一部　心的なものの本質

第一章　心的装置

精神分析はひとつの基本前提を置いている。それについての議論は哲学的思考のうちに置かれてはいるが、前提が正当であることの根拠は、そこから導かれる結果のうちにある。われわれが心的なもの（心の生活）と呼ぶもののうち、われわれに知られているのは、二種類である。ひとつは、それの身体器官と舞台、すなわち脳（神経系）であり、もうひとつは、われわれの意識作用である。後者は、直接的に与えられていて、どのような記述をしたところで、われわれとの距離がより縮まることはありえない。このふたつの間に位置するものはすべてわれわれには未知であり、われわれの知の両端の間の直接の関係は与えられていない。関係があったとしても、それはたかだか意識過程のより正確な局在を与えるものにすぎず、その理解には何の役にも立たないであろう。

われわれのふたつの仮定は、われわれのこの知の末端、あるいは発端から出発する。第一の仮定は局在に関するものである。われわれは、心の生活はひとつの装置の機能であると仮定し、この装置が空間的な広がりを持ち、さまざまな部分から合成されていると考える。つまりこれを、望遠鏡や顕微鏡などと同様のものと思い描く。このような考えを首尾一貫して作り上げることは、すでにそのような接近法がある程度あったとはいえ、科学的に新しい試みである。

この心的装置についての知識に、われわれは、人間存在の個体発達の研究を介して至った。この心的な区画、な

GW-XVII 67

いしは審級のうちでもっとも古いものをわれわれは、エスと名づける。エスの内容は、誕生の際に遺伝的にもたらされて、体質的に決定されているものすべてであり、したがって何よりも身体編成に由来する欲動であって、欲動は、この場所に、われわれにはその形態が知られていない最初の心的表現を見出すのである。*1

われわれを取り囲む現実の外界の影響下に、エスの一部分は特別な発達をする。もともとは刺激受容のための器官と刺激保護のための装備を備えた皮質層として、特別な編成が形成されたが、以後それは、エスと外界を仲介するようになる。われわれの心の生活のこのような領域に、われわれは自我の名を与える。

自我の主な性質。感覚知覚と筋肉活動との結びつきがあらかじめ形成されていることによって、自我は、随意運動を行うことができる。自我は、自己保存という任務を持ち、外界に対しては、刺激を知り、それについての経験を(記憶の中に)貯蔵し、強すぎる刺激を(逃避によって)避け、ほどよい刺激に(適応によって)応答し、ついには、外界を目的にかなった仕方で自分の利益になるように変えること(活動性)を学ぶことによって、この課題を果たす。内界に対しては、自我はエスに向かって、欲動要求への支配を獲得し、欲動要求に満足が許されるべきか、満足は外界において、適切な時機、状況が来るまでずらされるべきか、あるいはその興奮はそもそも抑え込まれるべきかを決断することによって、自己保存の任務を果たす。自我はその活動において、自我のうちにもとからある刺激緊張、または自我のうちにもたらされる刺激緊張に注意を払うことで誘導されていく。刺激緊張の増大は一般に不快として、減少は快として感じ取られる。しかし、快、不快として感じられるのは、おそらく刺激緊張の絶対的強さではなく、その変化のリズムのうちにある何かであろう。自我は快を追求し、不快を避けようとする。不快の増大が予期ないし予想されると、不安信号がこれに応答するが、その増大を引き起こす契機は、外界から迫ろうが内界から迫ろうが、危険を意味する。ときおり自我は外界との結びつきを弱め、睡眠状態の中に撤退し、そこで自我はその編成を大幅に変化させる。睡眠状態からは、この編成が、心のエネルギーの特別な分配のもとに成立していると推論される。

成長中の人間が両親に依存して生きている長い幼年期の沈殿物として、その人の自我には特別の審級が形成され、そこでは両親からの影響が持続する。この審級は超自我の名を得た。超自我は、自我から分離され、それに対置されるという点で、自我が考慮に入れなければならない第三の力である。

自我の振舞いが正しいと言えるのは、それがエス、超自我、現実の要請を満たすとき、すなわちそれらからの要求を互いに和解させるすべを知っているときである。自我と超自我の関係の個々の面は、おしなべてそれを子どもの両親への関係に戻して考えると理解できる。両親の影響においては、もちろん、両親の個人的な性質が作用するだけではなく、両親によって伝えられた、家族、人種、国民性の伝統、また両親によって代表されるその時々の社会環境からの要請も作用する。同様に超自我は、個人の発達の過程で、両親の継承者、代替人物からも影響を受け取る。教育者、公の手本、社会の中で尊ばれている理想などがその役割を担う。エスと超自我には、あらゆる根本的な相違にもかかわらず、一致点があることがわかる。それは、それらが過去からの影響を表しているという点であり、エスの場合は遺伝からの影響、超自我の場合は本質的に他人から受け継がれた影響である。これに対して自

＊1　心的装置のこの最古の部分は、全人生にわたってもっとも重要なものであり続ける。精神分析研究もまた、そこから始まった。

我は、主に自分によって経験されたもの、したがって、偶有的、現在的なものによって決定されている。

心的装置の一般的図式は、心のあり方という点で人間に似た高等動物にも適用可能である。人間のような長期にわたる子ども時代の依存性があるところにはどこでも、超自我の存在が仮定されうる。自我とエスとの区別を仮定することも不可避である。

動物心理学は、ここに現れている興味深い課題にまだ着手していない。

第二章　欲動学説

エスの力は、個体の本来の生命意図を表現している。それは、個体によって持ち込まれた欲求を満足させようとする。自分の生命を維持し、不安によって危険から身を守ろうとする意図は、エスに帰することはできない。これは自我の課題であり、自我は、外界を考慮しつつ、もっとも適切で危険の少ない満足の得方を見出さなければならない。超自我が新たな欲求を発現させることもあるかもしれないが、超自我の働きはその場合でも、満足を制限することにある。

エスの欲求の緊張の背後にわれわれが想定する力を、われわれは欲動と呼ぶ。これは、心の生活への身体の要求を表している。欲動は、あらゆる活動の最終原因であるが、保守的な性質を持っている。ある個体が到達した状態からは必ず、個体がその状態を離れるやいなや、それを再建しようとする企てが生じてくる。したがって人は、不特定の数の欲動を区別することができ、通常の場合でもそうしている。われわれにとって意義があるのは、この多くの種類の欲動を、少ない数の基本欲動に還元することができるかどうかということである。われわれが知ったところによれば、ある欲動のエネルギーが別の欲動のエネルギーに移行することによって、欲動はその目標を(遷移を通じて)変えること、さらには互いに代替し合うことができる。この後者の過程の方は、まだよく理解されてはいない。長期にわたるためらいと心の揺れの後に、われわれは、エロースと破壊欲動というたったふたつの基本欲動を仮定することを決断した(自己保存欲動と種保存欲動の対があり、また自己愛と対象愛の対があるが、これらはなおエロースの内部にある)。第一の欲動の目標は、より大きな統一体を作り上げてそれを保持すること、すなわち結合であり、もうひとつの欲動の目標は、逆に、結合を解体し、それにより、ものを破壊することである。破壊欲動についてわれわれが念頭に置いてよいのは、その最終目標が、生きているものを非有機的状態にまで導くことであるように見えるということである。それゆえこの欲動をわれわれは、死の欲動とも呼ぶ。生きているものは生きていないものの後にやってきて、生きていないものから成立してくるということを受け入れるならば、死の欲動は、欲動は以前の状態に戻ることを目指すというすでに述べた定式に従っていると言える。エロース(ないしは愛の欲動)には、われわれはこのような定式の適用を徹底することはできない。そうしようとすると、生きているものはかつて統一体だったが、その後引き裂かれ、今や再び結びつくことを目指しているということを前提とすることになる。[*2]

生物学的機能においては、このふたつの基本欲動は対立的に働くか互いに結びついている。食べる行為では、も

＊2　作家たちはこれと同じようなことを空想したが、生きているものの歴史の中でこれに対応するものはわれわれに知られていない。[(1)]

の破壊が体内に吸収するという最終目標と結びついており、性行為では、攻撃性がもっとも親密な合体という意図と結びついている。この、ふたつの基本欲動が共同して、あるいは対抗して働くということが、生命現象のあらゆる多彩さを生み出している。生きているものの領域を超えて、われわれのふたつの基本欲動のアナロジーは、非有機的なものを支配している引力と斥力という対立対《つい》にまで至る。[*3]

ふたつの欲動の混合の割合の変化は、非常に明瞭な帰結を持つ。愛を抱く人は、性的攻撃性が強く付加されれば快楽殺人者になり、攻撃的因子が甚だしく低下すると、臆病ないしは不能になる。

ふたつの基本欲動のいずれについても、それが心のひとつの区画に限定されているとはとうてい考えられない。いずれも至るところに存在しているに違いない。われわれは、始原的状態では、われわれが今後リビードと呼ぶ利用可能なエロースのエネルギーの全体は、まだ分離されていない自我－エスの中に存在し、同時に存在している破壊傾向を中和していると考えている(破壊欲動のエネルギーに対しては、われわれはリビードに対応する用語を欠いている)。後には、リビードの運命を追うことは比較的容易となるが、これに対して、破壊欲動に関しては、それはより難しい。

この欲動は、死の欲動として内部で働いているかぎり沈黙したままであり、破壊欲動として外に向けられてはじめて、われわれに姿を現す。このようになっているのは、個体が維持されるためには不可欠と思われる。筋肉系がこの転導の役割を担っている。超自我が組み込まれると、攻撃欲動のかなりの部分が自我の内部に固定され、そこで自己破壊的に働くようになる。これは、人が文化の発展への道において自らに引き受ける、健康衛生上の危険である。攻撃性を抑えておくことはそもそも不健康であり、(その人を傷つけて)病気を作り出す性質を持つ。抑えられた攻撃性がその人自身の方へ向きを変えることにより自己破壊に移行することは、憤怒発作にある人がしばしば示すところである。彼らは自分の髪を引き抜き拳で顔を叩くが、明らかに彼らは、その行動をむしろ他の人に向けようと望んでいたのである。自己破壊性の一部は、どのような状況下でも内部に留まって、ついには個体に死をもたらすことに成功する。これは、リビードが使い尽くされるか、不利益な形で固定されるときになってはじめて起こることかもしれない。それゆえ、個体はその内部の葛藤によって死に、いっぽう種は、種によって獲得された適応力がもはや不十分であるような具合に外界が変化したときに、外界に対する成果のない戦いによって滅びる、と一般的に推測できる。

エス、あるいは超自我におけるリビードの振舞いについて述べることは困難である。それについてわれわれが知っていることはすべて自我に関係し、はじめはそこに、リビードの利用可能な分量の全体が貯蔵されている。われわれはこの状態を、絶対的一次ナルシシズムと呼ぶ。この状態は、自我が対象表象をリビードで備給し、ナルシス的リビードを対象リビードに置き換え始めるまで続く。人生全体を通じて自我は大きな貯蔵槽であり続け、原形質体が偽足でそうするように、[2] リビード備給は、そこから対象に送り込まれては再びそこに戻される。完全な恋着《れんちゃく》状態においてのみ、リビードの主要な分量が対象に移され、その対象はある程度まで自我に取って代わる。人生の重要な性質はリビードの可動性であり、それが容易にひとつの対象から他の対象へと移行することである。これに対

＊3　このような基本的な力、あるいは欲動の描出の仕方に対しては、精神分析家たちが依然としてさまざまに反論しているが、それはすでに、哲学者アクラガスのエンペドクレスが精通していたところのものである。[3]

立するのが特定の対象へのリビードの固着で、これはしばしば一生にわたって持続する。

リビードに身体的源泉があることは疑いえず、それは、さまざまな器官、身体部分から発して自我に流れ込む。このことは、その欲動目標にそくして性的興奮と呼ばれるリビード部分については、特に明らかである。リビードがそこから流れ出るという点で際立っているこの身体部分を性源域と呼ぶが、実のところ、身体全体がこのような意味での性源域である。われわれがエロースについて、またそれを代表しているリビードについて知っているもののうち最良のものは、性的機能の研究から得られた。性的機能は、われわれの研究においては必ずしもそうではないのであるが、世間一般の見解ではエロースと等置されている。われわれは、われわれの生活に決定的な影響を与えるべく定められている性志向が、特定の性源域を代表するいろいろな部分欲動が継時的に寄与することにより、どのようにして徐々に発達してくるかについて、ひとつの像を作り上げることができた。

第三章　性的機能の発達

世間一般の見解に従えば、人間の性生活は、本質的には、自分の性器をもう一方の性の人の性器と接触させる試みによって成り立っている。その際、他者の身体にくちづけをし、それを視て、それに触れることが、付随現象、導入の行為として現れる。このような試みは思春期に、したがって性的成熟の年齢に現れて、生殖に奉仕するとされてきた。しかしながらこのような狭い範囲の理解にはそぐわない、いくつかの事実もつねに知られていた。一、同性の個人とその性器のみに関心を持つ個人が存在することが注目される。二、その情欲は徹頭徹尾性的なものでありながら、性器、あるいはその正常な使用からはまったく関心のずれている人がいることも注目される。このような人々は、倒錯者と呼ばれる。三、最後に、そのことゆえに変質的とされる少なからぬ子どもが、非常に早期から自分の性器への関心を示したり、性器の興奮の徴候を示したりすることが注意をひく。

精神分析が、部分的には、この三つのあまり重んじられてこなかった事実を引き合いに出して、性についてのあらゆる一般的な見解とは相容れないことを述べたとき、それがセンセーションと異議申し立てを引き起こしたのは、理解できるところである。精神分析の主な成果は以下のようである。

a　性生活は思春期になってはじめて始まるのではなく、生まれてまもなく始まり、もろもろの明瞭な現れを示す。

b　性的〔sexuell〕という概念と性器の〔genital〕という概念を厳密に区別することが不可欠である。前者の方が広い概念で、性器的なものとは何ら関係がないような多くの活動を含む。

c　性生活は身体の領域からの快の獲得という機能を包括しており、それが事後的に生殖に役立てられる。このふたつの機能は完全には一致しないことがしばしばである。

主な関心は、当然のことながら、三つのうちでもっとも予想外の最初の主張に向かう。明らかになったのは、幼少の子どもの齢ですでに、古い先入見のみが性的という名称を拒むことができたような身体活動の徴候があり、それは、後にわれわれが大人の愛情生活の中に見出すような心的現象、すなわち特定の対象への固着とか、嫉妬とかいったものと結びついているということである。しかしそれのみならず、これらの早期の幼年期に現れる現象には法則的な発展があること、つまり徐々に規則的に高まっていき、五歳の終わりごろ頂点に達し、そのあとには静穏な休止期が続くことも明らかとなる。休止期には前進は止まり、多くのことが忘れ去られ、再び消退する。このいわゆる潜伏期が過ぎ去ったあと、思春期とともに性生活は続行し、言うなれば、それは再び開花する。ここでわれわれは、性生活の二節性の開始という事実に出会っているわけであり、このようなことは人間以外には知られておらず、人間になるということにおいて、明らかにきわめて重要な事柄である。[*4] このような早期の性の出来事が、残らず幼児期健忘の犠牲になるということは、けっして些末なことではない。神経症の病因論についてのわれわれの見方と精神分析的治療におけるわれわれの技法は、この理解に結びついている。早期発達過程を追うことは、また、われわれのその他の主張への証拠も提供した。

性源域として現れ、心にリビード要求を課す最初の器官は、誕生以来、口である。あらゆる心的活動は、まずは、この域の欲求に満足をもたらすように調整される。この域はもちろん第一に栄養補給によって自己保存に奉仕するが、しかしわれわれは生理学を心理学と取り違えてはならない。執拗に続けられる子どもの指しゃぶりには、早期に存在する、ある満足への欲求が示されており、それは食餌の摂取に由来しそれに刺激を受けたものではあるが、栄養補給とは独立に快の獲得に向かっていて、それゆえ性的と呼んでよいし、そう呼ばなければならないものである。

この口唇期にすでに、歯が生えてくると、サディスティックな衝動が孤立して現れる。第二期になるとそれははるかに広範囲に現れるが、この第二期をわれわれは、満足が攻撃と排泄の機能の中に求められているので、サディズム肛門期と呼ぶ。われわれは、攻撃的な追求をリビードの名のもとに持ち出すことを正当と考えるが、その根拠となるのは、サディズムは純粋にリビード的な追求と破壊的な追求の混合であるという理解である。この混合はその後止むことがない。[*5]

第三期はいわゆるファルス期であり、これは、言うなれば先駆けであって、性生活の最終形態にすでにかなり類似している。注目すべきは、両方の性の性器ではなく、男の性器(ファルス)のみがここで役割を演じていることである。女性性器は長いこと知られぬままであり、子どもは、性的過程をわかろうとする試みにおいて、発生論的に見て根拠があり敬意を払うに値する排泄孔理論に従う。*6

早期幼児期の性は、ファルス期とともに頂点に達し、このファルス期に下降に近づいていく。男の子と女の子はこのとき以来、別々の運命を歩む。両者はともに、知的活動によって性の探求を始め、両者ともが、ペニスが両性に存在するという前提から出発する。しかしここで、性別によって道が分かれる。男の子はエディプス期にはいり、ペニスに対する手淫の活動を、同時期に生じた母親へと向かう何らかの性的活動の空想《ファンタジー》とともに開始し、それは、去勢の脅しと女性にペニスがないのを目撃するというふたつのことの相乗効果によって人生最大の外傷を経験する

---

*4　人間は五歳で性的に成熟していた哺乳類を起源にしているという推測を参照せよ。そうとするならば、その種に対する何らかの大きな外的影響が、性の直線的な発達を妨げたのであろう。それと関連しているかもしれないのが、動物との比較において見られる人間の性生活のそのほかの変化であり、それには、リビードの周期性がなくなっていること、性的関係に月経の役割を利用することなどが挙げられる。

*5　純粋に破壊的な欲動の蠢《うごめ》きの満足は快として感じられうるのか、純粋な破壊がリビードの付加なしに生じるのかという問いが立てられよう。マゾヒズムはサディズムとまったく同様の混合を示しているものの、自我に留まっている死の欲動の満足は、快の感覚をもたらさないように見える。

*6　早期の膣の興奮はたびたび主張されてきたが、おそらく問題となっているのは、クリトリス、つまりペニスに相当する器官の興奮であり、このことは、この期をファルス期と呼ぶことの正当性に抵触しない。

まで続く。この外傷が、潜伏期を、それに伴うあらゆる帰結とともに導き入れる。女の子は、男の子と同じになろうという無益な努力の後に、自分にペニスがないこと、より適切に言えば自分のクリトリスが劣等であることを知る体験をするが、そのことは性格形成に持続的な帰結をもたらす。このライヴァル関係での最初の落胆によって、しばしば性生活そのものに背が向けられる。

この三期が互いになめらかに交代すると考えるならば、それは誤りである。ひとつの期が別の期に付け加わり、互いに重なり合い、併存する。早期には、それぞれの部分欲動は互いに独立に快の獲得を目指すが、ファルス期になると、他の追求を性器優位のもとに置くような欲動の編成が始まる。これは、一般的な快追求が性的機能に組み込まれ始めたことを意味する。完全な編成は思春期になってはじめて第四の性器期に達成される。そのときに形づくられた状態では、一、少なからぬ早期のリビード備給がそのままになっており、二、その他のものは、準備行為、補助行為として性的機能の中に吸収され、その満足はいわゆる予快をもたらすようになり、三、さらにその他の追求は編成から締め出され、そもそも抑え込まれる(抑圧される)か、あるいは、自我の中で別の用いられ方を見出して、性格傾向を形成したり、目標の遷移によって昇華を受けたりする。

このプロセスがつねに問題なく行われるわけではない。この発達の制止が、性生活のさまざまな障害として知られている。その場合リビードのより早期の状態への固着が存在し、この固着に基づく、正常な性的目標からは独立した追求が、倒錯と呼ばれる。このような発達制止が顕在化した場合が、たとえば、同性愛である。精神分析は、あらゆる症例で同性愛的な対象拘束が過去に存在し、しかもほとんどの場合潜在的には存続しているということを明らかにしている。事態を複雑にするのは、正常な発達結果を形づくるために要求される過程が、遂行されない、あるいは出現しないというのではなくて、部分的には遂行されるのが通例であるということであり、その結果最終形態は、この量的な関係に依存したままになる。この場合にも、性器的編成は確かに達成されはするが、それは、編成に参与せず性器期前の対象と目標に固着したままになったリビードの分量だけ弱められている。この弱体化は、性器的満足が得られなかったり現実的な困難が生じた場合に、リビードがより早期の性器期前の備給に戻ろうとする傾向(退行)の中に現れている。

性的機能の研究の際に、われわれは、最初の暫定的な確信、より正確に述べるならば、ふたつの洞察の予感に到達したが、それはのちに、この領域全体において重要なものであることが示される。第一は、われわれの観察する正常な現象と異常な現象、すなわち現象学は、力動論の観点と経済論の観点(われわれの例では、リビードの量的な分配の観点)からの記述を必要とするということであり、第二は、われわれの研究する障害の病因論は、発達史の中に、すなわち個体の発達早期の中に見出されるべきであるということである。

第四章　心的なものの質

われわれは、心的装置の構成と、そこで活動しているエネルギーないし力について記述し、どのようにこのエネルギー、とりわけリビードが、種の保存に奉仕するような生理学的機能へと編成されていくかを、代表的な実例にそくして追った。しかしそこでは、この装置とエネルギーがわれわれが心の生活と呼ぶ機能の基礎となっているという経験的事実は述べたが、心的なものにまったく特有の特徴を表すものは登場していなかった。われわれは、この心的なものに唯一特徴的なもの、それどころか、非常に広く行き渡った考えによれば、この心的なもののみに一致し、その他のものを除外するようなものへと向かおう。

この研究に出発点を提供するのは、ほかに比較しうるもののない、あらゆる説明と記述に抵抗する、意識という事実である。意識について語るとき、人はそれでもやはり、自分のもっとも固有の経験から直接、それが何を意味しているかを知っている。[*7] 学問の内部にいる人も外部にいる人も多くは、意識のみが心的なものだと見なして満足しているが、そうすると、心理学には、心的現象学の内部において、知覚、感情、思考過程、意志行為などを区別することしか残らない。しかしこのような意識的過程は、衆目の一致するところによれば、けっして裂け目のないそれ自身のうちで閉じた系列ではない。すると、心的なものの物的ないし身体的付随過程を仮定するしかない。その際、その付随過程の方に、心的系列よりも大きな完全性を認めざるを得ない。なぜならば、そのうちのいくつかは意識される並行過程を持ち、その他は持たないからである。そこからは当然、心理学において、この身体的過程の方に力点を置き、そこに本来の心的なものを認め、意識的過程にはそれとは別の評価を探し求めるという考えが導かれる。しかしこれに反対して、現在多くの哲学者も他の人々も、意識されない心的なものというのは矛盾であると説いている。

このことこそが、精神分析が行わなければならないことであり、それは精神分析の第二の基本仮定である。精神分析は、身体的付随過程と言われてきた過程の方を本来の心的なものと考えるが、その際さしあたり、意識という質は度外視する。精神分析のみがこう考えたわけではない。Th・リップス(4)のような少なからぬ思想家が、同様の言葉で同じことを主張してきたし、従来の心的なものの理解には総じて満足できないということから、無意識の概念を心理学の思考に取り入れることがますます差し迫って要求されてきてもいた。もっともそれは、あまりに不確かで理解困難なやり方でなされたので、無意識の概念がこの学問に影響を与えることはできなかった。

ここで、精神分析と哲学との間のこの違いにおいて問題になっているのは、心的なものという名称をある系列に与えるか、もう一方の系列に与えるかという、どうでもよい定義の問題にすぎないように見える。しかし実際には、この一歩はきわめて意味の大きいものとなった。意識心理学においては、人は、裂け目があって明らかにどこか別のところに依存している系列を越え出ていくことができなかったが、別の理解、心的なものはそれ自体では無意識的であるという理解は、心理学を他の自然科学と同じようなひとつの自然科学に形づくることを可能にした。心理学がかかわる過程は、他の科学がかかわる化学的、物理的過程と同じように、それ自体としては認識できないが、それが従う法則を確定し、その相互関係と依存性を長い行程にわたって隙間なく追求すること、すなわち、自然現象の当該の領域の理解とされていることを行うことは可能である。そのときに、新たな仮定と新たな概念の創出なくして出発することはできないが、そうした新たな仮定と概念は、われわれが困惑した状況にあることを示す証拠として軽蔑されるべきものではなく、学問を豊かにするものとして評価されるべきである。それらは、他の自然科学の、対応する知的な補助構成概念と同じく、近似値としての資格を要求できるものであり、積み重ねられ、選りすぐられた経験によって、修正、調整、より細かい定義がなされていくことが期待される。さらに、これもわれわれが完全に予想できることだが、新たな科学の基本概念、その原理(欲動、神経エネルギーなど)は、より古い科学

＊7　アメリカで生まれた行動主義のような極端な流派は、この根本事実を度外視した心理学を打ち立てることができると信じている！

の基本概念、原理（力、質量、引力）がそうであったのと同じく、長い間はっきりとは決定されないままであるだろう。

あらゆる科学は観察と経験に基づいているが、それらは、われわれの心的装置が仲介するものである。しかし、われわれの科学は、この装置自体を対象としているので、他の科学とのアナロジーはここで終わる。われわれは、心的装置を対象としたわれわれの観察を、同じ心的知覚装置を用いて、まさに心的なものの裂け目の助けを借りて、省かれているものをもっともな推論によって補い、それを意識的な素材に移すことによって、行う。われわれは、いわば、無意識的な心的なものに対して、ひとつの意識的な相補系列を作るのである。われわれの心的科学の相対的な確実性は、このような推論の拘束力に依っている。この仕事に深く携わった者は、われわれの技法があらゆる批判に耐えることを見出すであろう。

この仕事に際して、われわれは、われわれが心的なものの質と呼ぶものの区別を行うように強いられる。われわれが意識的と呼んでいるものについては、われわれは特徴を述べる必要がない。それは、哲学や一般的見解の意識と同じである。そのほかのあらゆる心的なものはわれわれにとって、無意識である。すぐにわれわれは、この無意識の中に、ひとつの重要な区別を仮定するように導かれる。多くの過程は容易に意識的になり、次にはもはや意識されていないかもしれないが、それでも、苦労なく意識的になりうる。つまり、再現されたり想起されたりしうる。そのときにわれわれは、意識はきわめて束の間の状態にすぎないことを思い知らされる。意識的であるものは、ある間そうであるにすぎない。われわれの知覚がこのことを確証しないとしても、それは、単に見かけ上の齟齬である。この齟齬は、知覚へ向かう刺激が比較的長い間留まることができ、そうすると知覚はその刺激のもとで反復されうるということによる。このような事情の全体は、われわれが思考過程を意識的に知覚する際にはっきりする。思考過程は、留まることができるにしても、瞬間のうちに流れ去ることもある。われわれは、無意識のうち、こうした振舞いをするもの、つまり無意識状態を意識的状態とこのように容易に取り替えることのできるものすべてを、その点を考慮して、むしろ意識可能な、あるいは前意識的と呼ぶ。経験がわれわれに教えたところによれば、われわれが自分を外に向けて表現するとき、心的過程は原則として意識の方へと進み出ていくが、そうだとは言っても、そのおりにときどき前意識に留まることもできないほど複雑な性質の心的過程というものは、めったにないものである。

ほかの心的過程、内容は、意識に対してそれほど容易な通路を持たず、ここに述べるやり方で解明、察知されて、意識的な表現に翻訳されなければならない。このようなものに対してわれわれは、本当の無意識という名前をとっておくことにしたい。結局われわれは、心的過程に対して三つの質を付与したことになる。つまり心的過程は、意識的であるか、前意識的であるか、無意識的であるかのいずれかである。以上の質を持つ三つの内容のクラス間の区別は、絶対的なものでもなければ、不変のものでもない。前意識的であるものは、われわれが見たように、われわれの関与がなくとも意識的となる。無意識はわれわれの努力によって意識的となるが、その際にわれわれが、しばしば非常に強い抵抗を克服したという感覚を持つのは、ゆえなきことではない。われわれがこの試みを他人に対して行う場合、忘れてはならないのは、彼の知覚の裂け目を意識的に埋めること、そのような構築をわれわれが彼に与えることは、いまだ、その人の無意識的内容を彼の中で意識されるものにしたことを意味しているわけではないということである。そうではなくて、当の内容は当初、彼のうちで二様に固定して存在しており、そのひとつは、彼が聞き知った意識的な再構築としてであり、もうひとつは、もともとの無意識的な状態としてである。われわれがさらに努力を続けると、たいていの場合、この無意識が彼自身に意識されるものとなるという成果が得られ、それによりその二様に固定されていたものは一致する。われわれは、そうした努力の程度を目安にして、意識化に対する抵抗の強さをはかるが、その努力の程度は個々の場合によりさまざまである。分析的治療の場面でわれわれの努力の成果として生じることは、自然発生的にも起こることがあり、ふだんは無意識的な内容が前意識に変わり、次いで意識的になりうる。実際それは精神病状態では大規模に生じている。われわれはこのことから、ある程度の内的な抵抗が維持されているということは正常性の条件であると推論する。このような抵抗が減弱しそれに引き続いて無意識的内容が現れるということは、睡眠状態において定期的に生じていて、夢形成の条件となっている。逆に、抵抗によって閉ざされると、前意識的内容もしばらくの間接近不可能となるが、これは、一時的な健忘(度忘れ)のときに生じている。あるいはまた、前意識的思考が一時的に無意識状態に戻されることさえあるが、これは、機知の条件となっているように思われる。われわれは、このように前意識的な内容(あるいは過程)が無意識状態に戻され変形されるということが、神経症性障害の原因として非常に重要な役割を果たしていることを見るであろう。

このように一般的な形で単純化して提示されると、心的なものの三つの質という学説は、解明に寄与するものというよりは、見通しがたい混乱のもとであるかのように見えるかもしれない。しかし忘れてはならないのは、これは実際のところ理論ではなく、われわれの観察事実の報告だということ、この学説はできうるかぎり事実の近くに留まろうとしているのであって、それを説明しようとしているわけではないということである。この学説が明るみに出す込み入った事態からは、われわれの研究がどのような特別な困難と戦っていかなければならないかが理解されるであろう。しかしおそらくは一方でまた、この心的なものの質と、われわれによって仮定された心的装置の区画ないし審級との間にある関係を追究するとき、この学説はわれわれに、よりなじまれてくるであろう。もっとも、この関係もまた、けっして単純というわけではない。

意識されるということは、何よりも、われわれの感覚器官が外界から獲得する知覚に結びついている。したがってそれは、局所論的観点から言えば、自我の皮質層の最外層で生じる現象である。もっとも、われわれは感情という、身体の内部から来る、意識される知らせをも受け取っており、それはわれわれの心の生活に、外界の知覚以上に支配的影響を与えさえする。特定の状況では、感覚器官もまた、その器官の特殊知覚以外に、感情や痛みの感覚をもたらす。しかしこれらの感覚は、意識的知覚とは区別して感覚と呼ばれるとはいっても、同様に終末器官に由来するものであり、われわれはこれらのすべてを皮質層の延長、分岐と理解するゆえ、先の主張を維持することができる。違いがあるとすればそれは単に、感覚、感情の終末器官に対しては、身体自身が外界に取って代わっているということであろう。

意識的過程は自我の外縁にあり、自我の内部のその他のものすべては無意識であるというのが、われわれが仮定すべきもっとも単純な事態であろう。実際に動物においてはそのようになっているかもしれないが、人間の場合には、それにある複雑さが加わり、そのために、自我の内的過程もまた、意識という質を獲得しえている。これは言語機能の成し遂げるところであり、言語機能は自我の内容を、視覚、しかしさらには特に聴覚の想起残渣と固く結びつける。それからは、知覚を行う皮質層の外縁は、はるかに大きな規模で、内部からも刺激を受けることができるようになり、表象の流れ、思考過程などの内的な過程が意識されうるようになるので、刺激が内部由来なのか外部由来なのかというふたつの可能性の間を区別する特別の装備、すなわち現実吟味が必要になる。知覚すなわち現実(外界)であるというわけには、もはやいかない。今や錯誤は、容易に、夢の中では定期的に生じるが、これは幻覚と呼ばれる。

自我の内部は、何よりも思考過程を包括しているが、これは、前意識という質を持っている。この質は、自我に特徴的であり、自我のみに当てはまる。しかし、言語的想起残渣との結びつきを前意識状態の条件とするのは、正しくないであろう。言語という条件は、ある過程が前意識的性質を持つと確実に推論することを許すものではあるが、それでも前意識状態は言語残渣との結びつきとはむしろ独立していると考えるべきである。前意識状態は、一方ではその意識への接近によって、もう一方では言語残渣との結びつきによって際立っているが、何か特別のものであって、その本質はこのふたつの特徴だけでは汲み尽くされない。自我の大きな部分、なかんずく前意識の特徴を持っていることが否定できない超自我の大きな部分が、たいていは、現象学的意味での無意識に留まっているということがその証拠である。なぜそうでなければならないのかは、われわれにはわからない。前意識の本当の性質は何なのかという問題には、われわれは後に着手しようと思う。

無意識は、エスにおいて唯一の支配的な質である。エスと無意識は、自我と前意識がそうであるのと同様、緊密に結びついているが、その関係はここではもっと排他的である。人の発達史と心的装置を振り返ることによって、われわれは、エスの重要な区別を確認する。もともとはすべてがエスであったのであり、自我は、外界からの継続的な影響を通じてエスから発展してきたものである。このゆっくりとした発展の間に、エスのある内容は前意識状態に変わり、そうして自我の中に受け入れられた。他のものはエスの中で変わることなく、エスの近づきがたい核として留まった。しかしこの発展の間に、若くて力のない自我は、すでに受け入れた内容を再び無意識状態に戻し、それらを置き去り、自我が受け入れることができたかもしれない多くの印象に対しても同様の振舞いをしたために、それらは拒絶されて、エスの中にのみ痕跡を残すことができた。エスのこの部分を、われわれはその成り立ちを考慮して、抑圧されたものと呼ぶ。われわれがエスのふたつの範疇を必ずしも厳密に区別できるわけではないということは、大きな問題ではない。それらはおおよそ、生来持ち込まれたものと自我の発展の間に獲得されたものとの区別に重なる。

われわれは、心的装置を局所論的に自我とエスに分け、前意識と無意識の質の区別がそれと並行していると考える決断をし、この質は、違いの徴《しるし》にすぎず、違いの本質ではないとしたのであるが、とするならばしかし、エスにおいては無意識という質で、自我においては前意識という質で現れている状態の本来の性質はいったい何であり、このふたつの違いはどこに存するのであろうか。

われわれはこの点については何も知らず、この深い闇の背景から、われわれの乏しい洞察が貧弱に浮き上がってくるだけである。われわれはここにおいて、心的なもののいまだ明かされていない本来の秘密に近づいている。われわれは、他の自然科学を通じて慣れ親しんでいるように、心の生活においても、ある種のエネルギーが働いていると仮定するが、他のエネルギー形態とのアナロジーからこのエネルギーについて知ろうにも手がかりがまったくない。われわれにわかっていると思われるのは、神経のエネルギーあるいは心的なエネルギーにはふたつの形態が存在していて、ひとつは容易に動くもので、もうひとつはむしろ拘束されているものだということである。われわれは、内容の備給と過剰備給という言葉を用い、過剰備給はさまざまな過程の一種の総合を作り出し、その下で自由エネルギーが拘束されたエネルギーに変換されるのではないか、という推測までをもあえてしてみる。それ以上にはわれわれは到達していない。それでもわれわれは、無意識状態と前意識状態の区別もまたこのような力動論的な関係のうちにあり、一方がもう一方へ、自然発生的に、あるいはわれわれの共同作業によって移されうるということも、その関係から導かれるのではないか、という見解を保持しておく。

しかしこれらの不確かな事柄すべての背後に、その発見を精神分析研究に負っている新たな事実がある。われわれは、無意識あるいはエスの過程が、前意識的な自我の過程とは異なった法則に従っていることを知った。われわれはこの法則の全体を、自我、前意識における経過を支配している二次過程と対比して、一次過程と呼ぶ。したがって、心的なものの質の研究は、結局のところ、実りがなかったというわけではなさそうである。

第五章　夢解釈の事例にそくした解説

自我のエスに対する境界が抵抗(対抗備給)によって守られ、動かず留まっているような正常で安定した状態、超自我と自我が協調して働くために超自我が自我から区別されないような状態は、研究してもわれわれの問題の解明に資するところは少ないであろう。われわれを手助けすることができるのは、無意識的なエスの内容が自我と意識にはいりこもうとし、自我が改めてこの侵入に対して防衛しようとするような、葛藤と混乱の状態だけである。このような条件のもとでのみ、われわれは、この両者についてわれわれの述べたことを確かめ、あるいはまた修正することができる。ところでこのような状態としては、夜の睡眠があり、それゆえ、われわれが夢として知覚する睡眠中の心的活動も、われわれに好都合な研究対象である。そこではわれわれは、われわれが病的所見から正常な心の生活を構築しているというしばしば聞かれる非難を、回避することができる。なぜならば夢は、その特徴はわれわれの覚醒時の生活の産物から区別されるにせよ、正常な人間の生活に規則的に生じる出来事だからである。夢は、一般に知られているように、混乱し、理解しがたく、ほとんど意味をなさないことがあり、その語ることは現実についてのわれわれの知とまったく矛盾しているかもしれないが、われわれは夢を見ている間、その内容を客観的現実だと思っていて、その点であたかも精神病患者のように振舞っている。

われわれは、夢の理解（「解釈」）に向かって歩むにあたり、覚醒してから想い出す夢は、実際の夢過程ではなく、その背後に実際の夢過程が隠れているファサードにすぎないと仮定する。これは、顕在的夢内容と潜在的夢思考を、われわれが区別するということである。後者から前者を出現させる過程を、われわれは、夢工作と呼ぶ。夢工作の研究は、すばらしい実例をとおして、われわれに、根源的で抑圧されていたエスに由来する無意識的素材がどのように自我に押し入り、前意識的になり、自我の反抗によって変化を蒙るかを教えてくれる。この変化はわれわれが、夢の歪曲として知るものである。この方法によらずして明らかにされるような夢の特徴はない。

夢の形成には二様の契機が存在することを確認するところから始めるのがよいであろう。睡眠の間に、通常は抑え込まれている欲動の蠢き（無意識的欲望）が自我の中で自分を主張するだけの強さを見出したか、あるいは、覚醒時の生活のやり残した追求、前意識的思考過程が、それに付随するあらゆる葛藤の蠢きとともに、睡眠中に無意識的要素による強化を見出したか、である。すなわち夢は、エスに由来する夢か、自我に由来する夢かのいずれかである。夢の形成の機制は両者の場合で同じであり、力動論的条件も同じである。自我が後になってエスから成立したことの証拠が、自我がときおりその機能を中止し早期の状態へ回帰することを自らに許しているという点に示されている。この回帰は、自我が外界とのかかわりを中断し、感覚器官から備給を引き上げることによって、適切に行われる。誕生とともに、放棄された子宮内生活へ戻ろうとする欲動、すなわち睡眠欲動が生じたと主張することは正当であろう。睡眠は、このような母親の胎内への回帰である。運動機能は覚醒時の自我に支配されているから、この機能は睡眠状態では麻痺し、それとともに、無意識的なエスに課されていた制止のかなりの部分が不必要となる。この「対抗備給」の撤収あるいは減弱の下で、今やエスに、その時点では無害な、一定量の自由が許容される。無意識的なエスが夢形成に関与している証拠は豊富にあり、説得力のある性質のものである。(a)夢記憶は覚醒時の記憶よりもはるかに広範である。夢は、夢を見ている人が忘れていて覚醒時には近づくことができなかったことを想い出させる。(b)夢は、夢を見ている人がその意味をたいてい知らないような言語的象徴を制限なく用いる。しかしわれわれはその意味を、われわれの経験によって確かめることができる。それはおそらく、言語発達の早期の段階に由来している。(c)夢記憶は、夢を見ている人の早期幼年期の印象をきわめて頻繁に再現する。しかもそれらは、ただ忘却されていたのでなく、抑圧によって無意識的になっていたのだとわれわれがはっきり言えるような印象である。神経症の分析的治療においてわれわれが患者の幼年時代を再構築しようとする際、患者の夢がたいていの場合に手がかりとして不可欠であることは、この理由による。(d)それを超えて夢は、成人の生活に由来していることも、また忘却された幼年期に由来していることもありえない内容を出現せしめる。われわれはこれを、子どもが先祖の体験に影響されて、いっさいの自分自身の体験の手前で生来的に持ち込んだ、太古的な遺伝部分と見なさざるを得ない。このような系統発生的素材と対をなすものを、われわれは、人類のきわめて古い伝説と今日まで続く風習の中に見出す。夢はそれゆえ、人間の先史の情報源として軽んじることができない。

しかし、われわれの洞察にとってそのように夢が計り知れない価値を持つのは、無意識的素材が自我に侵入するとき、その工作のやり方を自らとともに引き連れてくるという事情のためである。すなわち、無意識的素材がそのうちに自らの表現を見出した前意識的思考は、夢工作の行程において、あたかもエスの無意識のある部分であるかのように扱われ、夢形成のもう一方の場合には、無意識的な欲動の蠢きによって強化を受けた前意識的思考は、無意識状態にまで沈められる。このような道を通ってはじめて、われわれは、無意識過程の法則とはどのようなものであるか、それは何によって、われわれに知られた覚醒時の思考の法則とは区別されるのかを知る。夢工作はしたがって、本質的には、前意識的思考過程の無意識的加工のひとつの例である。歴史のたとえを引き合いに出そう。侵入してきた征服者は、征服した土地を、そこにもともとあった法に従って処理するのではなく、自分自身の法に従って処理する。しかし、夢工作の結果が妥協の産物であることも明らかである。無意識的な材料に押しつけられた歪曲と、自我がなお受け入れることのできるような形態を全体に対して与えようとする、きわめて不十分なことの多い試み(二次加工)のうちに、まだ麻痺していない自我編成の影響を見てとることができる。比喩的に言えば、これは、征服されたものの持続的な抵抗の表現である。

このようにして現れる無意識過程の法則は、十分変わったものであって、夢についてわれわれが奇妙に感じることの大部分を説明するに十分である。そこには何よりもまず、縮合への目立った傾向、つまり覚醒時の思考においてはわれわれが明らかに離れ離れに保持していたはずの要素から、新たなまとまりを作り出す傾向がある。その結果、顕在夢のたったひとつの要素が、一連の潜在的夢思考全体を、あたかもそれらのすべてに共通な仄めかしででもあるかのように代表することがしばしばあり、概して顕在夢のかさは、それのもととなっている豊かな材料に比べれば、きわめて圧縮されている。これとまったく独立しているわけではない夢工作のもうひとつの独特な点は、心的強度(備給)が容易にひとつの要素から別の要素に遷移するということであって、その結果しばしば、夢思考の中では副次的だった要素が顕在夢の中ではもっとも鮮明なもの、したがってまたもっとも重要なもののように現象し、逆に夢思考の本質的要素は、顕在夢ではかすかな仄めかしで表されることになる。さらに、夢工作にとっては、たいていの場合まったく目立たないような共通性であっても、引き続くあらゆる操作のために、ある要素を別の要素で代替させるのに十分である。夢解釈、および顕在夢と潜在的夢思考との関係の発見が、これら縮合と遷移の機制によって、どれほど困難なものとなることがあるかは、容易に理解されよう。われわれの理論は、縮合と遷移へのこれらふたつの傾向の存在という証拠から、無意識的なエスにおいてエネルギーは自由な可動性の状態で存在していて、エスにとっては、他のすべてのことよりも興奮量の放散の可能性の方が重要であるという結論を導く。[*8] そしてわれわれの理論は、これらふたつの独特なものを用いて、エスに帰せられる一次過程の特徴を明らかにしようとするのである。

夢工作の研究をとおして、われわれはさらに多くの、独特でもありまた重要でもある無意識過程の特徴を知ったが、ここではそのうちのいくつかについてのみ言及しておきたい。論理という決定的規則は無意識の領域では効力を持たず、無意識は無論理の世界だと言うことができる。対立する目標を持った追求も、無意識においては並列して存在し、その均衡をとるような欲求は呼び起こされない。それらはそもそも互いに影響し合わないか、影響し合う場合も、そこから生じるのはいずれか一方への決定ではなく妥協である。しかもその妥協は、相矛盾する個々の細目を含むので、意味のわからないものとなる。これに類似するのが、対立物が互いに離れて置かれるのではなくひとつのものとして取り扱われる現象で、それゆえ顕在夢では、それぞれの要素がその反対物をも意味しうるのである。何人かの言語学者がつきとめたところによれば、非常に古い言語においてもやはりそうなっており、強い－弱い、明るい－暗い、高い－深いといった対がもともとは同じ語根で表され、その後もとの語にふたつの異なった変化形が生じ、両者の意味が区別されるようになった。もともとの二重の意味のなごりは、ラテン語のような高度に発達した言語においても、*altus*(「高い」と「深い」の意味がある)、*sacer*(「神聖な」と「非道な」の意味がある)などの用い方に残っている。

顕在夢とその背後に横たわる潜在内容との間の関係の、複雑さと多義性を目の当たりにすれば、そもそもどのようにして一方からもう一方を導くことができるのか、またその際、たまたまうまくいく推量――たとえば、顕在夢の中に現れる象徴の翻訳をよりどころとしたそれ――に頼るしかないのか、と人が問うのはもっともである。これに対しては、この問題はたいていの場合、満足のいく具合に解決できる、ただしそれは、夢を見る人自身が顕在的夢内容の諸要素に与える連想の助けを借りることによってのみである、と答えてよい。それ以外のあらゆる手続きは、恣意的で、確実ではない。夢を見る人の連想は、われわれがこのふたつの間の隙間に差し入れるべき中間項を明るみに出し、その助けを借りてわれわれは、夢の潜在内容を再構成する、すなわち夢を「解釈」することができる。夢工作に対置される〔夢工作を逆に遡る作業である〕この解釈の作業が、ときには完全な確実さに到達しないとし

＊8　アナロジーを述べるならば、今しがた上官の叱責を黙って拝聴していた下士官が、怒りの捌け口を、近くの罪のない兵卒に見出すようなものである。

ても、それは不思議ではない。

われわれにはさらに、そもそもなぜ睡眠中の自我が夢工作という仕事を引き受けるのかということについて、力動論的な解明を行うことが残されている。この解明は、幸運にも容易に見出される。形づくられつつある夢はいずれも、自我に対してある要求を立てる。エスに由来する夢の場合、それは欲動の満足への要求であり、覚醒時の生活の前意識的活動の残渣に由来する夢の場合は、葛藤の解決、疑いの除去、意向の成就への要求である。しかし眠っている自我は睡眠を保持しようとする欲望に向かっていて、この要求を障害と感じ、それを取り除こうとする。このことに自我は、一見すると譲歩のような行為によって成功する。つまり、この状況においては害のない欲望成就を件《くだん》の要求に対置し、そのことでこの要求を解消するのである。このように夢の要求を欲望成就で代替することは、これはこれで夢工作の本質的な働きである。このことを、空腹夢、安逸夢、性的欲求によって引き起こされた夢という三つの簡単な例にそくして解説しておくことは、余計なことではなかろう。睡眠中の人に食物への欲求が頭をもたげてきて、彼はすばらしい食事の夢を見、さらに眠り続ける。彼はもちろん、食べるために覚醒するか、睡眠を続けるかという選択をしなければならなかった。彼は後者を選び、空腹を夢で満足させた。少なくとも当座は。しかし空腹は続くので、彼はそのうち起きなければならないであろう。別の例——ある眠っている人が、定刻に病院へ行くために起きなければならない。彼はしかし眠り続け、ベッドを離れる必要のない患者として病院にいる夢を見ている。あるいは夜間、友人の妻という、禁じられた性的対象を享受することへの渇望が呼び起こされる。彼は性交の夢を見る。相手は当の女性ではなく、別の女性なのだが同じ名前を持っている。この別の女性自身は、彼にとってどうでもよい存在なのだが。あるいは彼の抵抗は、夢の中の愛人がそもそも匿名のままであるということの中に示される。

もちろん、すべての場合がこのように単純というわけではない。特に、片付かなかった日中残渣に由来し、睡眠中には単に無意識的な強化のみを蒙る夢の場合、無意識的な欲動の力を発見しその欲望成就を証明するのは容易でないことが多い。しかし、それはつねに存在するのだと仮定してよい。きわめてしばしば見られる、特定の感情の色調を持たない夢のことは措くとしても、多くの夢が端的に苦痛に満ちた内容を持つこと、あるいは不安のもとで人を目覚めさせることさえあることを想い出すとき、夢は欲望成就であるという命題は容易に懐疑にぶつかる。しかしこの不安夢に基づく反論は、精神分析に対しては通用しない。夢はあらゆる場合において葛藤の所産であり、ある種の妥協形成であるということを忘れてはならない。無意識的なエスにとっては満足であるようなことが、まさにそれゆえに自我にとっては不安でありうるのである。

夢工作が行われていくとき、あるときは無意識の方が自らの要求をより押し通し、あるときは自我の方がより活発に自らを防衛する。不安夢は、たいていの場合、その内容がもっとも歪曲を蒙っていないような夢である。無意識の要求があまりに強大になって、睡眠中の自我が手持ちの手段ではそれから自らを防衛できなくなると、自我は睡眠欲望を放棄して覚醒生活へ戻る。夢はつねに睡眠の妨げになるものを欲望成就によって脇にやろうとする試みである、つまり、それは睡眠の番人であると言うとき、あらゆる経験が考慮されている。この試みは、程度の差こそあれ、ほぼ完全に成功することもあれば、失敗することもあり、失敗した場合、眠っている人は、まさにその夢によって起こされたかのようにして目覚める。街の眠りを守るどんなに有能な夜警でも、状況によっては、警鐘を鳴らして眠っている市民を起こすほかはない。

この論考を締めくくるにあたり、われわれが夢解釈の問題に長く留まったことを正当化してくれる報告を述べておこう。われわれが夢工作の研究によって知ることとなり、われわれに夢の形成について説明してくれた無意識的機制が、神経症と精神病に対するわれわれの関心の焦点である謎めいた症状形成を理解するうえでも、われわれを助けてくれることが明らかになった。このような合致は、われわれに大きな希望をもたらさずにはいない。

第二部　実践的課題

第六章　精神分析技法

それゆえ夢は精神病であり、精神病のあらゆるつじつまの合わなさ、妄想形成、感覚錯誤を伴っている。それは確かに、持続が短く、無害で、役に立つ機能を委ねられてさえいる精神病であり、人の同意により開始され、その人の意志的行為によって終結させられる精神病である。しかしそれにしても精神病であり、われわれはそこにおいて、このように深部にまで至る心の生活の変容でさえ、もとに戻りうるものであること、正常な機能を妨げてしまうものではないことを知る。そうであるならば、恐れられている自然発生的な心の生活の病気をも、われわれの働きかけに従わせ、治癒に導くことができるに違いないと考えるのは、あつかましいことであろうか。

われわれはすでに、この企ての準備となることを少なからず知っている。われわれの仮定によれば、自我は、それが依存している、現実とエスと超自我の三つの要求を満足させ、自らの編成を保ち、自立性を維持するという課題を持つ。ここで問題となっている病的状態をもたらす条件としては、自我が相対的または絶対的に弱まっていて、この課題を果たすのが不可能になっているということしか考えられない。自我にとってもっとも困難な課題は、おそらくエスの欲動要求を抑制することであり、そのために自我は、対抗備給への大きな出費を維持しなければならない。しかしまた、超自我の要求が非常に強く容赦のないものとなって、そのために自我がその他の課題に対しては麻痺したようになってしまうということもありうる。ここで生じている経済論的葛藤の中では、それ自身の正常状態を維持するためにあくまで現実から離れまいとする圧迫された自我に対して、エスと超自我はしばしば共通のことを行う、とわれわれは推測する。このふたつがあまりに強くなれば、それらは、自我の編成をばらばらにして変えることに成功し、その結果、現実への正しい結びつきは阻まれ、あるいは取り消されさえする。われわれはこのことが夢において生じているのを見てきた。外界の現実から切り離されたときには、自我は内界の影響下に置かれ、精神病に陥る。

われわれの治療計画はこの洞察に基づいている。自我は内的な葛藤によって弱体化しているので、われわれはそれを助けるべく赴かなければならない。この状況は、同盟者の助力によって外部から決断が下されなければならない内戦下に置かれているようなものである。分析医と患者の弱体化した自我は、現実の外界に依拠しながら、エスの欲動要求と超自我の良心要求という敵に対して同盟を形成しなければならない。われわれは互いに契約を結ぶ。患者の自我はわれわれに対して、最高度の誠実さを約束する。すなわち、彼の自己観察が彼に与えてくれるあらゆる材料をわれわれの利用に供することを約束する。われわれは患者に対して秘密の厳守を請け合い、無意識の影響を受けた素材の解釈に関するわれわれの経験を彼のために役立てる。われわれは自分たちの知で彼の知らないことを補い、彼の自我に、心の生活の失われた領域への支配力を回復させなければならない。分析状況はこうした契約によって成り立つ。

この一歩をふみだしたところですでに、最初の失望と、われわれに控え目であるよう促す最初の警告とが、待ち受けている。患者の自我がわれわれの共同作業の意味ある同盟者であるためには、それは、敵の力にどれほど攻め立てられているにしても、ある程度のまとまり、ある程度の現実の要請への洞察を保持していなければならない。

しかしこのことは、精神病患者の自我には期待できない。それは、このような契約を守ることができず、契約を引き受けることも、そもそもなかなかできない。精神病患者の自我は、われわれという人間とわれわれがこの自我に差し出す援助を、すぐにも、もはやこの自我にとって何の意味も持たない外界の一部分に投げ出してしまうであろう。こうしてわれわれは、われわれの治療計画を精神病患者において試みるのは断念しなければならないことを知る。永久に断念しなければならないのかもしれないし、もっと精神病患者の役に立つ別の方法をわれわれが見出すまで断念しなければならないだけかもしれない。

しかし心的に病んでいる者には、明らかに精神病患者のごく近くに位置しているそれとは別の種類の患者もいる。膨大な数の、重篤に苦しむ神経症患者である。病気の条件ならびに病因的機制は、彼らの場合も同じであるか、少なくとも非常に似かよったものであるに違いない。しかし彼らにおいては、自我は、抵抗力をより示し、解体の程度がより軽微だった。彼らの多くは、あらゆる苦痛とそれに由来する不全状態にもかかわらず、現実生活を維持することができた。このような神経症患者は、われわれの援助を受け入れる用意があることを示すであろう。われわれは、われわれの関心を彼らに限定し、どこまで、またどのようなやり方で彼らを「治癒させる」ことができるかを試みたい。

したがって、われわれは、神経症患者との間に、一方に完全な誠実さ、一方に秘密の厳守という契約を結ぶ。これは、われわれが単に世俗世界で聴罪司祭の役を果たそうとしているだけだという印象をもたらすかもしれない。しかし、それとの違いは大きい。われわれは彼から、彼が知っていて他人には秘密にしていることを聞き出そうとするのみではなく、彼は、彼が知らないでいることをもわれわれに伝えなければならない。こうした意図のもとにわれわれは、誠実さということでわれわれが考えている事柄の規定をもっと詳しく彼に説明する。そしてわれわれに対する彼のその後の振舞いを律することになる、分析の根本規則を課す。彼は、意図してすすんで言おうとすること、告解の場でのように安堵をもたらすことのみをわれわれに伝えるのではなく、彼にとって言うことが不快であったとしても、また彼には重要でなく、それどころか無意味に見えたとしても、そのほかの、彼の自己観察がもたらすもの、彼の意識にのぼってくるものすべてを、われわれに伝えなければならない。この指示に従って彼が自己批判を締め出すことに成功したならば、彼は、十分な素材、すでに無意識の影響下にあり、しばしばその直接の蘖《ひこばえ》であるような思考、思いつき、想い出を、われわれに提供することになる。これによってわれわれは、彼の抑圧された無意識について察知し、それを伝えることによって、彼の自我が持つ自分の無意識についての知を拡大させることができる立場につく。

しかし、彼の自我の役割は、受動的従順さのもとに要求された素材をわれわれに提供し、それに対するわれわれの解釈を信頼して受け入れることのみをもっぱら行うのからは、ほど遠い。そのほかの事柄が少なからず生じるのであり、そのうちの一部はわれわれにも予想できたことだが、それ以外のことはわれわれを驚かせずにはいない。なかでももっとも注目すべきことは、患者が分析家のことを、現実の光のもとに、援助者、助言者、つまり、どのみちその努力に対価を支払わなければならないような人、たとえば難しい山岳ツアーのガイドといった役割に甘んじている人と見るにとどまらず、分析家の中に、子ども時代の、過去の重要な人物の再現——再来——を認め、その原型となる人物に向けられていたに違いない感情や反応を、分析家に転移することである。この転移という事実は、予想もしなかった意義を持つ契機であることがただちに明らかになる。すなわちそれは、一方でかけがえのない価値を持つ補助手段であり、他方では深刻な危険の源泉である。この転移は両価的《アンビヴァレント》であり、父あるいは母どちらかの親の位置に通例置かれる分析家に対する、陽性で思いやりのある態度と、陰性で敵対的な態度を含む。転移が陽性であるかぎり、それは非常にわれわれの役に立つ。それは分析状況の全体を変え、健康で苦痛のない状態になろうとする合理的な意図を脇に押しやる。その代わりに、分析家に好かれたい、彼の賞讃と愛を得たいという意図が現れる。これが、患者の共同作業の本当のところの原動力となり、弱い自我は強くなり、転移の影響のもとに、患者は、それがなかったら不可能だったであろう仕事を成し遂げ、もっぱら分析家の愛を得るためだけに、症状を消し去り、一見健康となる。分析家は、自分がいかに特別な権力手段を手中にしているかに気づかないまま、たいへんな企てに着手してしまったと、不明を恥じるかもしれない。

　転移という関係は、さらにふたつの別の利点を持っている。患者が分析家を彼の父(あるいは母)の位置に置くと、両親はまさしく超自我の源泉であったので、彼は、自分の超自我が自我に行使している力を分析家の中にも認めるようになる。この新たな超自我は、今や神経症患者へのあとからの教育の機会を手にし、両親が教育の際にその責を負っているとされうるような失敗を、訂正することができる。ただしここで、この新たな影響力を乱用しないようにという警告が発せられる。他人に対して教師、模範、理想となりたい、人を自分の手本に従って作り上げたいという誘惑がどれほど分析家をそそのかそうとも、そのようなことは分析という関係における自分の任務ではないこと、そのような傾向に身を委ねてしまえばむしろ自分の責務に対する背信になることを、分析家は忘れてはならない。そのような誘惑に屈してしまった場合、分析家は、子どもの独立性を自分の影響力のもとに押しつぶした両親の失敗をただ反復し、以前の依存性を新たな依存性で置き換えるだけである。分析家は、患者を回復に導き教育するあらゆる努力に際して、患者の独自性を尊重しなければならない。分析家が正当なやり方でどこまでの影響力をあえて行使するかは、彼が患者の中に見出す成長制止の程度によって決まるであろう。神経症患者の中には、非常に未熟なところに留まっているために、分析の過程でも子どもに対するようにしか扱うことができない者が少なくない。

転移のもうひとつの利点は、転移のもとで患者が、具体的明瞭さで、彼の生活史の重要な部分をわれわれに実演して見せるということであり、これがなければ、そのことについて患者はおそらく、不十分な情報しか提供しなかったであろう。彼は、われわれに報告する代わりに、われわれの前で、いわば身をもって演ずるのである。

次に、この転移という関係の別の側面に目を向けよう。転移が両親との関係を再現する以上、それはまたその関係の両価性《アンビヴァレンツ》をも引き継ぐ。分析家への陽性の態度が、ある日、陰性の、敵対的な態度にひっくり返ることはほとんど避けられない。そしてこのこともまた、通常、過去の反復である。父に対して従順であること（父の側が問題となる場合）、父に気に入られようとすることは、父その人に向けられた性愛的な欲望に根ざしていた。この要求がいつかは転移の中にも現れ出てきて、満足を得ようとする。しかしこの要求は分析状況では、拒絶にぶつかるほかはない。患者と分析家の実際の性関係はあってはならず、分析家から好意を持たれるとか親密にされるといった仕方での、より繊細な満足も、ほんのわずかな量しか容認されない。このようにして拒絶されることが態度の変化のきっかけとなるが、同様のことはおそらく、患者の幼年期にも生じていたのである。

陽性転移が支配的になることによって生じる治癒は、暗示的な性格のものなのではないかという疑いが生じる。陰性転移が優勢になると、それは風の中のわらくずのように吹きとばされてしまう。それまでの努力、仕事がまったく無益だったと気づいて驚愕させられることになる。それどころか、それまでは患者が知的に獲得して持続的に保持していると見なしてよかったもの、すなわち、彼の精神分析への理解、精神分析の有効性への信頼までもが、突然消えてしまう。患者は、あたかも、自分の判断を持たず、自分が愛情をささげている人の言うことは盲目的に信じ、他人の言うことはまったく信じない子どものように振舞う。このような転移状態の危険性は、明らかに、患者が転移の本質を誤って理解し、それを、過去の反映ではなく、新たな現実の体験ととらえることにある。彼(あるいは彼女)が、陽性転移の陰に隠れているところの強い性愛的欲求を覚えるとき、彼は、情熱的に恋着したと信じる。しかし転移が反転すると、彼は、自分が侮辱されている、ないがしろにされていると受け取り、分析家を自分の敵として憎み、分析を放棄しようとし始める。この両極端のいずれの場合にも、患者は、治療の開始時に受け入れた契約を忘れており、共同作業を続行できない状態になっている。分析家には、危険性のある錯覚から患者をそのたびごとに引き離し、患者が新たな現実の体験だと思っていることは過去の反映なのだということをたえず示していく任務がある。そして、われわれがどのように説明してももはや耳を貸さないような状態に患者が陥らないように、恋着も敵意もともに、極端な強さにまでは至らないよう配慮しなければならない。治療者は、早期からこうした可能性に対して準備をし、その最初の兆候を見過ごさないようにすることによって、以上のことを実行する。このように綿密に転移を取り扱うことは、通例、報いられるところが大きい。患者に転移現象の本質について教えることに成功するならば、そしてそれは実際、たいていはうまくいくのだが、われわれは、患者の抵抗から強力な武装を解除し、危険を利得に変えたのである。なぜならば、患者が転移の形で体験したことは再び忘れ去られることがなく、他のどのような手段で獲得されることよりも強い説得力を患者に対して持つからである。

患者が転移の外部で、想起するのではなく身をもって演ずるというのは、われわれにとってきわめて望ましくない。彼が、治療の外部ではできうるかぎり正常に振舞い、異常な反応は転移の内部でのみ示すならば、それが、われわれの目的にとっては理想的な振舞いである。

弱体化した自我を強化するというわれわれの道程は、患者の自己認識を広げることから始まる。われわれは、それがすべてではないことを知っているが、しかし、それは最初の一歩である。この認識を失うことは、自我にとって、その力と影響を失うことであり、自我がエスと超自我の要求によって圧迫され妨害を受けていることを示す、最初の明白な兆候である。それゆえわれわれの治療作業の最初の部分は、われわれの側の知的な作業であり、患者にそれへの共同作業を要請することである。われわれは、この最初の作業が必ずや、もうひとつの、より困難な課題へとわれわれを導いていくことを知っている。われわれは、その第二の課題の力動論的側面を、治療の導入のときからすでに、視野からはずさないようにするであろう。われわれの作業のための材料を、われわれは、さまざまな情報源、すなわち、患者の報告と自由連想が暗示するもの、彼が転移のもとでわれわれに示すもの、われわれが彼の夢の解釈から得るもの、彼が失錯行為を通じて洩らすものから得る。このような素材はすべて、過去に彼に起こったこと、彼が忘れたこと、そして今彼に、自分では理解しないままに生じていることをわれわれが構築するうえで助けになる。われわれは、しかしそのとき、われわれの知と彼の知とを厳密に区別することをけっして怠らない。われわれは、われわれがしばしばきわめて早くから推量したものをただちに彼に告げること、あるいは、われわれが推量できたと信じるものすべてを彼に伝えることは、避ける。われわれは、彼がいつ、われわれの構築したものの共同理解者となるべきかということを慎重に配慮し、適切と思われる時期が到来するのを待つのであるが、その時期を決定するのは、必ずしも容易ではない。原則としては、われわれは、われわれの構築を伝え、説明するのを、彼がそのことに自分自身で近づいてきて、残っているのは最後の一歩、それも決定的な統合のみであるというときまで待つ。そうではないやり方をして、患者の準備ができる以前に患者をわれわれの解釈で攻め立ててしまうならば、われわれが伝えたことは、効果なく終わるか、あるいは、激しい抵抗の噴出を引き起こして、分析作業の継続が困難となり、さらにはそれが脅かされさえすることになるであろう。しかし、われわれがすべてを正しく準備したならば、患者はわれわれの構築を直接的に確証し、忘れられていた内的あるいは外的出来事を自分で想い出す、という成果が達成されることが多い。われわれの構築が、忘却されていた個々の点で正確に一致すればするほど、患者の賛同を得ることは容易となる。この一致する部分でわれわれの知はまた、患者の知ともなったのである。

抵抗に言及することによって、われわれは、われわれの課題の第二のより重要な部分に至ったことになる。われわれはすでに、自我が、無意識的で抑圧されているエスに発する望ましくない要素の侵入から、それ自身を対抗備給によって守っており、この対抗備給が損なわれていないことが自我の正常な機能の条件であることを知っている。自我は、攻め立てられていると感じていればいるほど、あたかも脅えたように、さらなる侵入から残存部分を守るために懸命に対抗備給を固持する。しかしながら、このような防衛的傾向は、われわれの治療のもくろみとはまったく一致しない。われわれは逆に、自我が、われわれの援助に守られることによって、失われたものを再び征服するための戦いをあえて行う大胆さを持つようになることを望む。ここにおいてわれわれは、この対抗備給の強さを、われわれの作業への抵抗として感じる。自我は、このような、一見危険で、不快さを押しつけてくる企てに対し、驚愕してあとずさりするので、自我がわれわれのことを拒絶してしまうことのないように、たえず鼓舞されたり宥められたりしなければならない。治療の間存続し、新たな作業段階ごとに更新されるこの抵抗のことを、われわれは、完全に正確な用語ではないかもしれないが、抑圧抵抗と呼ぶ。われわれの前に立ちはだかるものはこれのみではないということは、後に述べる。この状況では、同盟形成がある程度反対になっていることは興味深い。自我の方はわれわれの励ましに逆らうが、通常はわれわれの敵である無意識の方は、ひたすら自らに課せられた境界を越えて自我の中へ、意識へとはいりこもうとする「揚力」を本性上持つために、われわれの助けとなるからである。われわれが意図を達成して、自我を抵抗の克服へと動かすことができるときに始まる戦いは、われわれの作業のもとで、われわれの援助を受けて行われる。自我が、それまで退けていた欲動要求を、新たな吟味の後受け入れることになるか、あるいはこれを再び、今度は最終的に棄却することになるか、この戦いがいずれの結果に終わるのかは、どちらでもよい。いずれの場合でも、持続する危険は取り除かれ、自我の範囲は拡大され、高い出費は不要となったのである。

抵抗の克服は、われわれの作業の一部分として、もっとも多くの時間ともっとも多くの労力を要求する。しかしそれは、転移の成果とは独立に存続し、実生活の中で確証される、益のある自我変容をもたらすので、行う価値のあるものである。同時にわれわれは、無意識の影響下に形成された自我変容を取り除く作業も行った。そうした無意識の蘖《ひこばえ》の存在が自我の中に証明されたときにはいつでも、われわれはその正統ではない起源を示し、自我がそれを棄却するように鼓舞する。無意識的な要素の侵入によるこのような自我変容が、ある程度以上にはなっていないということが、われわれが契約に基づいて援助を行ううえでの前提条件のひとつであったことを、われわれは想起する。

われわれの作業がより進行し、神経症患者の心の生活についてより深い洞察が形成されてくればくるほど、ふたつの新しい要素についての知識がより明らかとなってくるが、それは、抵抗の源泉として大きな注意を払うことを要求するものである。このふたつともが、患者にはまったく知られておらず、われわれが契約を結ぶときに考慮もできなかった。またそれらは、患者の自我に由来するものでもない。これらは、疾病欲求あるいは苦悩欲求という共通の名称のもとにまとめることができるが、それぞれは類似の性質を持っているにしても、由来は異なっている。このふたつの要素のうち第一のものは、患者がそれについて感じてもいなければ知ってもいないという事情を度外視して名づけるならば、罪責感、あるいは罪責意識である。これは明らかに、厳格かつ冷酷になった超自我がその抵抗の形成に寄与しているものである。その人は健康になってはならない、病気のままでいるべきである、それが当然だからだ、というわけである。この抵抗はわれわれの知的作業を必ずしも妨げはしないが、それを効果のないものにしてしまう。実際、この抵抗のもとでもしばしば、われわれは神経症のある種の苦しみを解消できるが、ただちに、抵抗がそれを、別の形態の苦しみ、場合によっては身体的疾患に置き換えるべく待ち受けている。この罪責意識はまた、実際の不幸な出来事によって重篤な神経症が治癒したり改善したりするという、ときおり観察される出来事を説明する。すなわち、どんなふうにであれ惨めであるということのみが重要なのである。このような人がしばしば、自分のつらい運命に対して苦情を言わずに忍従するということは、きわめて注目に値するが、そのことはやはり、われわれに何かを示しているのである。われわれは、このような抵抗による防衛に際しては、その抵抗自体を意識化すること、そして、敵対的な超自我を徐々に解体するよう試みることに、われわれの努力を限定しなければならない。

もうひとつの抵抗の存在について明らかにするのは、より容易ではなく、われわれは、この抵抗との戦いにおいてとりわけ不十分であることを認めなければならない。神経症患者の中には、彼らの反応から判断するに、自己保存への欲動がまさに反転してしまっているような人たちがいる。彼らは、自傷、自己破壊のみを目指しているように見える。最終的には実際に自殺してしまう人たちも、このグループに属しているのかもしれない。われわれは、彼らにおいては欲動の分離が広範に生じていて、その結果、内部に向けられた破壊欲動が過剰な量で解放されていると仮定している。このような患者は、われわれの治療による治癒に耐えることができないと感じて、あらゆる手段をもってそれに逆らう。ともあれわれわれは、このような例がわれわれにとって、いまだ完全には説明できていないものだということを認めざるを得ない。

ここでもう一度、われわれが神経症患者の自我に対して援助をするという試みに赴いた状況を、振り返ってみよう。このような自我は、人間社会を含む外界が自我にもたらしている課題を、もはややり遂げることができないのだった。それはまた経験のすべてを利用することができず、想起内容という財産の多くの部分がそこから失われてしまっている。その活動は、超自我の苛酷な禁止によって制止され、そのエネルギーは、エスの要求に対する無益な防衛の試みの中で消耗している。それに加えて、自我は、エスが継続してその編成へ侵入することによって損傷を受け、その中で分裂し、秩序立った統合を実現することがもはやできず、互いに相反する追求、片付かない葛藤、解決されない疑惑によって引き裂かれている。われわれは、患者のこの弱体化した自我を、まずは、純粋に知的な解釈作業に参加させる。それは、彼の心が所有するものの裂け目を一時的に埋め合わせるための作業である。そして彼の超自我の権威をわれわれに転移させ、エスの個々の要求それぞれへの戦いを引き受けてそこに生じる抵抗を取り除くように鼓舞する。同時にわれわれは、無意識から侵入してきた内容と追求を見つけ出し、それをその起源にまで連れ戻して批判に曝すことにより、自我の秩序を再建する。患者に対してわれわれは、権威、両親の代替者、教師、教育者といったさまざまな機能をすることになるが、われわれが分析家として、自我の心的過程を正常な水準にまで高め、無意識的になり抑圧されていたものを前意識のものに変え、再び自我のもとに委ねたならば、われわれは最良の仕事を患者に対してしたことになる。患者の側では、苦しみという動機に基づく回復への欲求、われわれが精神分析について教え、明らかにすることによって彼に引き起こすことができた知的な関心のような、いくつかの合理的な要因がわれわれの利益となるように働くが、しかしより強い力として働くのは、患者がわれわれと対面する際の陽性転移である。他方で、陰性転移、および抑圧抵抗、すなわち課された困難な仕事に自分を曝すことの不快さ、さらに超自我との関係に由来する罪責感、欲動の経済の深部に及ぶ変化に由来する疾病欲求が、われわれに抗して働く。最後のふたつの要因がどの程度関与しているかに、その症例を容易な症例と呼ぶことになるか困難な症例と呼ぶことになるかが、かかっている。好都合か不都合かという点で問題となるいくつかのほかの要素も、これらとは独立に知られている。心的な不活発さ、固着を捨て去ることができないようなリビードの動きの悪さは、われわれに歓迎されるものではない。その人の、欲動を昇華する能力、また、粗野な欲動生活を超え出る能力、知的機能の相対的な強さは、大きな役割を果たす。

われわれの開始したこの戦いの最終結果が、量的な関係に依存する、すなわち、患者においてわれわれに好都合な方へ動員できるエネルギーの量と、われわれに抵抗して働く力のエネルギーの量との比較関係に依存する、という結論に至ったとしても、われわれは落胆せず、しごくもっともなことだと考える。ここでもまた、神はより強い軍の方に付いているのであり、われわれは確かにいつも勝利できるわけではないが、しかし少なくともほとんどの場合、なぜ勝利できなかったのかを見きわめることができる。われわれの論述をもっぱら治療的な関心からたどってきた人は、この告白を聞いて、軽蔑してこれに背を向けるかもしれない。しかしわれわれは、心理学的な手段によって行うかぎりでの治療に関心を持っているのであり、今のところほかの手段があるわけではない。将来になれば、われわれは、特別な化学物質が、心の装置におけるエネルギーの量とその分配に直接に影響するということを知るかもしれない。まだ予測のつかないほかの治療可能性が現れるかもしれない。しかし目下のところわれわれには、精神分析技法のほかに、よりよい活用可能な技法があるわけではなく、それゆえ、限界があるとはいえこれを軽んじるべきではないのである。

第七章　精神分析的作業の実例

われわれは、心的装置を構成している部分、器官、審級についての知識、そこで働いている力についての知識、その部分に委ねられている機能についての知識など、心的装置についての一般的知識を手に入れた。神経症と精神病は、この装置の機能障害が現れている状態である。われわれは、研究対象として神経症を選んだ。それのみが、われわれの介入である心理学的方法の手の届くところにあるように思われるからである。神経症に対して影響を与えようと試みるなかで、われわれは、その起源と成立の様式についてひとつの像を与えてくれる観察を積み重ねている。

そうしたわれわれの主要な成果のひとつを、論述のはじめに述べておきたい。神経症には、たとえば感染症のように、特別の疾病原因があるわけではない。そこに病原体を探そうとしても無駄であろう。神経症は、流動的な移行段階を経ていわゆる正常状態とつながっており、また一方で、正常と認められる状態で神経症的傾向の徴候が証明できないようなものはほとんどない。神経症患者も、ほかの人たちとほぼ同じ素質を持って生まれ、同じことを体験し、処理すべき課題にも違いはない。それならば、なぜ彼らは、はるかに拙い、困難な生き方をしていて、より多くの不快な感覚、不安、苦痛に苦しむのであろうか。

この問いに対してわれわれは返答に窮する必要はない。神経症患者の不全状態と苦しみに責任を負っているのは、量的な不調和である。実際、人間の心の生活のあらゆる形態の原因は、持って生まれた素因と偶有的な体験との相互作用の中に求められる。一方で、特定の欲動が、素質的にあまりに強かったり、あまりに弱かったりすると、特定の能力の成長が止まったり、生活の中で十分に形成されなかったりすることもある。他方、外界の印象と体験は、さまざまな強さの要請を個々の人に課すが、ある人の素質が制覇できたことでも、他の人にはあまりにも困難な課題となりうる。このような量的な違いは、多様な結果を生じる条件となるであろう。

しかしわれわれはただちに、このような説明は満足のゆくものではないと再考する。それはあまりに一般的で、多くのことを説明しすぎている。今述べた病因論は、心の悲嘆、苦境、麻痺のあらゆる場合について成り立つが、そうした状態がすべて神経症的と呼べるわけではない。神経症は、特有の性格を持つ、特別な種類の苦境である。そうするとわれわれは、神経症にはやはり特有の原因が見つけられるはずだと期待しなければならない。あるいは、心の生活が制覇しなければならない課題の中に、特に容易に暗礁に乗り上げるものがあって、しばしば非常に目立つ神経症性現象の特徴はそこに由来すると考えてみることもでき、それならばわれわれは前言を撤回する必要がない。神経症は本質的には正常からかけ離れていないという先の確認が依然として正しいとすれば、その研究は、この正常についての知識に対しても価値ある貢献をすることを約束する。われわれはその際に、正常な編成の「弱点」を発見するかもしれない。

われわれの上記の推測は確証される。分析経験はわれわれに、実際その制覇がもっとも容易に挫折してしまうかあるいは不十分にしか成功しないような欲動要求があること、そして、神経症の成立に、もっぱら、あるいは主に問題となってくるような人生の時期があることを教える。このふたつの要素、欲動の性質と人生の時期は、互いに関係してはいるが、別々に考察しなければならない。

人生の時期の役割については、われわれはかなりの確かさでこれを述べることができる。神経症は、たとえその症状がはるか後になって現れてくるにしても、最初期の幼年期(六歳まで)に獲得されるように思われる。子どもの神経症は、短期間だけ顕在化するか、あるいは見過ごされることもある。後の神経症への罹患は、あらゆる場合において、幼年期の序奏と結びついている。いわゆる外傷性神経症(鉄道の衝突や土砂崩れによる生き埋めの場合のような、極度に強い驚愕、重篤な身体的衝撃によるもの)は、おそらくこの例外かもしれない。それらと幼児期の条件との結びつきは、これまで研究を逃れてきている。最初期の幼年期が病因論的に特に重要であることの根拠は、容易に述べることができる。神経症は、われわれが知っているように自我の病であり、自我は、それが弱体であるときには未熟で抵抗力がなく、後ならばやすやすと片付けたであろう課題を克服するのに挫折するとしても不思議はない(内部からの欲動要求と外部からの刺激は、そのときいずれも「外傷」として作用するが、特定の素質がこれを受け取る場合はとりわけそうである)。無力な自我は逃避の試み(抑圧)によってこれから身を守るが、このことは後に、目的にかなったものではないことが明らかとなり、さらなる発展を持続的に制限するようになる。最初の体験による自我の損傷は、われわれには不釣合いに大きなものに見えるが、このことについては、アナロジーとして、すなわちルーの実験のように[1]、分割途中の胚細胞の塊に針を刺した場合と、そこから後に発生してきた完成した動物に針を刺した場合との影響の違いを考えてみさえすればよい。このような外傷的な体験を免れる個人はなく、それによって引き起こされる抑圧を免れる人もいない。このきわめて重大な自我の反応は、おそらく、人生の同じ時期に課されている他の目標を達成するために、不可欠なのかもしれない。小さな原始人は、短い年月の間に文明化された人間の子どもになっていなければならず、人間の文化発展のきわめて長い行程を、おそろしく短縮して実行し終えていなければならない。これは、遺伝的素質によって可能となっているが、教育や両親の影響などの、後からの援助なしではけっして実現されない。それは、超自我の先駆体として、自我の活動を禁止と懲罰によって制限し、抑圧が行われるに好都合な状況を作り出し、あるいはそれを強いるものである。それゆえわれわれは、文化の影響をも神経症の発生条件の中に入れることを忘れてはならない。未開人は健康でいることが容易であるが、文明人にはそれが困難な課題であるということを、われわれは知っている。制止されていない、強い自我への憧れがあるということを、われわれはもっともなことと考える。現代という時代がわれわれに教えているように、この憧れは、もっとも深い意味において文化敵対的である。そして、文化の要請は家族内での教育に代表されるのであるから、われわれはまた、子ども時代の依存期間が長く引き延ばされているという、人間という種の生物学的特徴を、神経症の病因のうちに考慮しなければならない。

もう一方の点である、特別な衝動要素に関して言えば、われわれはここに、理論と経験の興味深い不一致を発見する。理論的には、あらゆる任意の欲動要求が同じように抑圧とその帰結の契機となりうるという仮定に、反対する余地はない。しかしわれわれの観察からはいつも、われわれがそれを評価することができるかぎり、病因的役割にまで至る興奮は、性生活の部分欲動に由来するということが明らかになる。神経症の症状は徹頭徹尾、言うなれば、ある性的追求の代替満足であるか、さもなければ、その代替満足を阻止する方策であるが、通例はその両者の妥協産物であって、それは、無意識において通用する法則に従って両者の対立の間で成立するのである。われわれの理論の欠落を現在のところ埋め合わせることはできない。性生活の追求のほとんどが、純粋にエロース的な性質のものではなく、エロース的欲動と破壊欲動の一部分との混合物から現れてくるということによって、結論を出すことはさらに困難となる。しかし、生理学的に性的なものとして現れる欲動が、神経症の原因として抜きんでており、予期していなかった大きな役割を果たしていることは、ただそれのみが原因であるのかどうかは未決定のままにしておくとしても、疑いえない。ここでわれわれは、文化の発展の過程において、まさにこの性的な機能ほどに激しくまた広範に退けられてきた機能はないということも、考慮に入れる必要がある。理論としては、ひとつのより深い連関を明るみに出すようないくつかの示唆を挙げることで、満足しなければならないであろう。それらは、最初期の幼年期は自我がエスから分化し始める時期であるが、潜伏期の開始がそれに終止符を打つまでの性の早期開花の時期でもあること、この重要な最早期が後に幼児期健忘に陥るのは、けっして偶然ではないこと、さらには、性機能の二節性の開始、性興奮の周期的性格の喪失、女性の月経の男性の興奮性に対する関係性の変化といった性生活の生物学的変化、性に関するこうした革新が、動物から人間への発展において非常に重要であったに違いないこと、である。現在まだばらばらのデータを新たな展望のもとに結びつけることは、将来の科学に残されている。

ここで欠落があるのは、心理学ではなくて生物学の方である。自我の編成の弱点は、性的機能に対するその振舞い方にあり、それはあたかも、自己保存と種の保存との間の生物学的対立が、ここに心理学的表現を作り出したかのようであると言っても、われわれはおそらく誤ってはいない。

子どもは心理学的には大人の父であって、子どもの最初の何年かの体験はその後の人生全体にとってこのうえなく重要な意味を持つ、というしばしば聞かれる主張がまったく正しいものであることを、分析経験がわれわれに確信させた以上、この幼年期の中心的な体験と見なしてよいものがあれば、それはわれわれにとって特別に興味深いものであろう。われわれの注意はまずは、頻繁に生じるにせよ、すべての子どもに該当するわけではない、ある影響の作用に向けられる。それは、大人による子どもの性的虐待であり、また、やや年長の他の子ども(同胞)から受ける性的誘惑であり、さらに意外にも、大人どうし(両親)の性行為の場に居合わせてこれを聞いたり目撃したりし、衝撃を受けることである。この目撃はたいてい、大人が、子どもにはこのようなことに対する興味も理解もなく、後にそれを想い出す能力もないと思っている時期に生じている。このような体験を介して、どの程度まで子どもの性的な感受性が呼び覚まされ、その性的追求が特定の軌道へ駆り立てられ、そこから再び離れることがないかは、容易に確認される。これらの印象はただちに抑圧されるか、さもなくば想起として回帰しようとするやいなや抑圧されるため、神経症的強迫の条件を形づくる。それは、自我が後に性的機能を支配することを不可能とし、おそらくはそれに永続的に背を向けるきっかけとなる強迫である。この直前に述べた反応は神経症という結果をもたらし、そうはならない場合でも、多様な倒錯が現れるか、あるいは、生殖のみならずあらゆる生活形成にとって計り知れないほど重要な意味を持つ機能の統御困難が生じる。

このような例がどれほど教えるところの多いものであるにせよ、われわれの関心は、子どもの養育の期間および両親との同居の期間が延びているという契機に必然的に由来し、あらゆる子どもが通過しなければならないような、ある状況の影響へと、より多く向けられるべきである。私がここで言おうとしているのはエ、デ、ィ、プ、ス、コ、ン、プ、レ、ク、スのことであり、これは、偉大な劇作家によって作品化されたものが幸いにもわれわれに遺されている、ギリシアのエディプス王伝説のうちにその主要内容が反復されているために、そう呼ばれる。ギリシアの英雄が自分の父を殺し、母を妻に娶る。彼がこの両者を両親と知らないためにそれと気づかず行っているところは、分析の実情からはずれているが、このずれをわれわれは容易に理解でき、それどころか必然的なことと認めるであろう。

われわれはここで、男の子と女の子——男性と女性——の成長を別々に記述しなければならない。なぜならばここで、性の差異がはじめて心理学的表現を獲得するからである。性がふたつあるという生物学的事実は、大きな謎の中でわれわれの前に立ち現れてくる。それはわれわれの知識にとって究極的なものであり、何かほかのことに帰することに抵抗する。精神分析はこの問題を明らかにすることに貢献はしなかった。この問題はまぎれもなく、まったく生物学に属しているようだ。心の生活の中ではわれわれは、この大きな対立の反映を見出すにすぎない。この反映の解釈は、どのような個体も一方の性の反応様式には限定されていないという、はるか以前から気づかれていた事情によって、さらに困難となる。反対の反応様式にもつねに余地が残されており、それはまさに、個々の個体の身体が、十分に形成された一方の性の器官の傍らに、役に立たなくなっていることがしばしばであるもう一方の性の残遺物を引き連れているのと同様である。われわれは、明らかに不十分な経験的、慣習的な等置を、心の生活において男性的なものを女性的なものから区別するために役立てている。われわれは、強く能動的なものはすなわち男性的、弱く受動的なものはすなわち女性的というように等置する。心理学的両性性という事実がまた、われわれの探索に負担をかけ、記述を困難にする。

子どもの最初のエロース的対象は哺乳する母の乳房であり、愛情は栄養欲求が満たされることに基づいて成立する。乳房は、はじめのうちは、自己身体から区別されてはいないはずである。乳房のないことに子どもがしばしば困ることによって、乳房は自分の身体から切り離されて「外界」に置かれなければならなくなるが、そのときに、乳房は「対象」として、もともとのナルシス的なリビード備給を一部獲得する。この最初の対象は、後になって、子どもに哺乳するだけではなく、その面倒を見、そうすることで他の多くの、好ましい、あるいは不愉快な身体感覚を子どもに引き起こす、母親という人物全体にまで完成する。身体の面倒を見るなかで、母親は、子どもの最初の誘惑者となる。このふたつの関係の中に、母親の意義が、最初の、もっとも強い愛情対象として、またその後のあらゆる愛情関係のひな型として——両方の性の子どもにおいて——根づくが、その意義は唯一無比のもので、その後の人生全体において変わることなく固定する。ここでは、系統発生的基礎の方が個人の偶有的な体験に比べてはるかに支配的に働くため、子どもが実際に乳房を吸ったか、それとも哺乳瓶で育てられていて母親の養育の愛撫を享受することができなかったかは、違いをもたらさない。子どもの発育は、両方の場合で同じ道筋をたどるが、後者の場合、後に生じる憧憬はその分だけ強いかもしれない。そして、子どもが母の乳房で育てられた場合でも、離乳の後には、哺乳はあまりにも短く少量だったという信念が必ず生じる。

以上の導入はけっして余計なものではなく、エディプスコンプレクスの強さについてのわれわれの理解を鮮明にしてくれるものである。男の子は(二、三歳の頃から)リビード発達のファルス期にはいり、自分の性器から快感を覚えるようになり、またそれを、手の刺激で意のままに引き起こすことを知るようになると、彼は、母を恋する人となる。彼は、性生活を目撃したり、あるいはそのことを推測したりすることから察知したやり方で、母を肉体的に所有しようと欲し、その所持を誇らしく思っている男性器を見せびらかすことによって、母を誘惑しようとする。彼は父の中に身体的な強さを認め、父が権威を身に纏っていることを見ているので、父はどのみち彼に妬まれる手本であったのだが、彼の早期に目覚めた男性性が、ひとことで言えば母に対して父に取って代わろうとする。今や父は、彼の邪魔をしていて、彼が片付けたいと思っているライヴァルである。父が不在のときは母のベッドにはいることを許されていたのに、父が帰ると再びそこから追放されるとき、彼は、父が見えなくなると満足を得、父が再び現れると失望するようになるが、このことは彼にとって深刻な体験である。これがエディプスコンプレクスの内容であり、ギリシアの伝説はそれを、子どもの空想《ファンタジー》の世界から現実とされる世界に移行させている。われわれの文化状況では、それにはつねに恐ろしい結末が待ち受けている。

母はすでに、子どもの性的興奮が自分に向けられていることをよく理解している。いつからか母は、これをそのままにしておくのは正しくないと意識するようになる。母は、子どもが自分の性器を手で弄ぶのを禁止するのが正しいと思う。この禁止はあまり功を奏せず、せいぜいのところ、子どもが自分を満足させるやり方が変わる程度のことしかもたらさない。ついに母はもっとも容赦ない手段に訴え出て、彼が反抗に用いている当のものを切断してしまうと脅す。通常母は、この脅しがより恐ろしく本当らしいものとなるように、脅しの実行を父に委ねる。母は父に言いつけ、父は男性器を切り取るだろう、というわけである。不思議なことに、この脅しは、この前後に他の条件もさらに加わったときにのみ、有効に働く。それだけでは、男の子には、そのようなことが起こるなどまったく想像もできないように感じられる。しかし、彼がこの脅しの際に女性器を見たことを想い出すか、あるいは脅しのすぐ後にそれを目にするならば、そこには、何よりも大切にしているものが実際欠けているので、彼は自分が聞かされていることが本気なのだと信じるようになる。彼は、去勢コンプレクスの影響下にはいることにより、年少期における最大の外傷を体験する。*9

去勢の威嚇の作用は多様で、一望できないほどであり、それは、父と母に対する男の子のあらゆる関係、後には、男性、女性への関係自体にかかわってくる。たいていの場合、子どもの男性性はこの最初の衝撃を持ちこたえることができない。自分の性器を無事に保つために、彼は多少なりとも、ともかく完全に母を所有しようとすることは諦める。彼の性生活は、しばしば永続的に禁止を負い続ける。もし、強い女性的要素とでも言うべきものが彼に存在していたならば、男性性を脅かされることによってそれはさらに強められる。彼は、彼が母親の役割であるとしている父に対する受身的な態度に、自ら陥る。彼は、脅しの結果、マスターベーションを諦めはするが、それに伴

---

*9　去勢は、エディプス伝説でも欠けてはいない。自分の罪が暴かれた後に、エディプスは目をつぶすことによって自らを罰するが、これは夢が例証するところによれば、去勢の象徴的代替物である。去勢の脅しが恐ろしい効果をもたらすことに、先史時代の家族という太古の系統発生的な想起痕跡が一役かっている可能性は、排除できない。それは当時、妻をめぐるライヴァルとして息子が煩わしくなると、嫉妬した父が実際に息子から性器を奪ったというものである。割礼という大昔からの風習は、また別の去勢の代替物であるが、父の意志への屈従の表現としてのみ理解されうる(原始人の思春期の儀式も参照せよ)。幼児期のマスターベーションを抑え込まない民族と文化において、ここに記述した経過がどのような形をとるかは、まだ研究されていない。

う空想《ファンタジー》活動を放棄するわけではない。それは今や彼にとって唯一残された性的満足の形態なので、むしろ以前よりも活発に彼のふける活動となり、その空想の中で彼は、依然として父と同一化するものの、同時に、そして場合によってはそれ以上に、母と同一化する。この早期オナニー空想の派生体と変成物は、彼の後の自我へ侵入し、性格形成に寄与する。このように彼の女性性が促されることとはまた独立に、父への恐れと憎しみが非常に増大してくる。男の子の男性性は、いわば父への反抗的態度の中へと撤退し、それが、人間社会の中での彼の後の行動を強制的に支配することになる。母へのエロース的固着の残渣としては、しばしば母への過度の依存が形成され、これは後には、女性の言いなりになる傾向として存続する。(2) 彼は、もはやあえて母を愛そうとはしない。しかし、父に言いつけられ去勢に委ねられる危険があるために、母から愛されなくなるという危険を冒すこともできない。この体験の全体とそのあらゆる前提条件、帰結について、われわれはここにその一部を示しえたのみであるが、この体験はもっとも激しい抑圧を受け、そのとき活性化された互いに矛盾する感情の蠢きと反応は、無意識的なエスの法則が許すのに従って、すべて無意識の中にそのまま保持されて留まり、思春期以後の自我の発展を妨げるべく待ち構えることになる。性的成熟という身体的過程が、古い、一見克服されたかに見えたリビード固着を新たに活性化するとき、性生活が制止されて、互いに矛盾する追求の中でばらばらになっていることが明らかになるだろう。

もちろん、男の子の萌芽的な性生活へ去勢の脅しが介入することが、つねに、このような危惧される結果となるわけではない。ここでもそれは、損傷がどの程度引き起こされ、どの程度防がれるかという量的な関係に依存することになろう。子ども時代の中心的体験がそこに認められると言ってもよいような出来事の全体、人生早期の最大の問題、不全状態のもっとも重大な原因が、このように根本的に忘却されてしまうために、分析的作業によるその再構築は、成人からの決定的不信に出会う。それどころか彼らの目の背け方は、禁じられた主題へのいかなる言及も沈黙の中に押しとどめようとし、奇妙な、知性の目がくらんだ状態の中で、この主題についてのもっともな指摘を見誤るにまで至る。このようにして、エディプス王の伝説は、本当は分析の構築とは何ら関係がなく、エディプスは、自分が殺したのが父であることを知らず、自分が娶ったのが母であることを知らなかったのだから、それはまったく別の話だ、という反論が聞かれることとなった。ここで人が見過ごしているのは、材料の文学的造型が試みられるときにはこのような改案は必須であって、別の事柄が持ち込まれているわけではなく、この主題の中で与えられた契機が巧みに活用されているだけなのだということである。エディプスの無知は、成人にとって経験の全体がそこに沈められているところの無意識についての合法的な表現であり、この英雄を無罪とする、あるいは無罪としたはずの神託の強制的な力は、すべての息子にエディプスコンプレクスを通過することを課している運命が避けられないものであることを認知したものである。別の機会に分析の陣営は、もう一人の文学上の英雄、シェイクスピアによって描かれた逡巡者ハムレットの謎が、エディプスコンプレクスを参照することによって容易に解決されうることに注意を促した。この王子は、他人を処罰するという課題のところで挫折しているが、これは、自分のエディプスコンプレクスの内容と一致する課題なのである。〔このような指摘への〕文学界の全般的な無理解は、どれほど多くの人間が幼児期の抑圧に固く結びつけられているかを示すものだった。[*10]

しかるに、精神分析が現れる百年以上前に、フランス人ディドロは、原始時代と文化の違いを一文で表現して、エディプスコンプレクスの意味を証言していた。《もし原始人の子どもが一人でほっておかれ、彼のあらゆる愚劣さがそのまま保たれ、揺りかごの中の子どものわずかばかりの理性に三十男の激情が結びついたならば、彼は父を絞殺し母と寝るだろう》[3]。私があえて言おうとしているのは、精神分析には、仮に抑圧されたエディプスコンプレクスの発見という仕事以外に誇りうるものが何もなかったとしても、これだけをもって、人間の価値ある新たな収穫物の列に並べられるべく主張できるであろうということである。

去勢コンプレクスの影響は、女の子の場合、より一様であるが、同じく深く作用する。女の子は、もちろんペニスを失うのではないかと恐れる必要はないが、それを自分が持てなかったということに反応せざるを得ない。はじめから女の子は、男の子がそれを所有していることを羨む。女の子の発達全体は、ペニス羨望という標識のもとで生じると言ってもよい。女の子は、はじめは、男の子と同じになろうという無益な試みをするが、後には、自分の欠陥を補おうと、より成果の上がる努力をし、これは最終的に、正常な女性的態度にまで至ることができる。女の子が、ファルス期に、男の子のように自分の性器を手で刺激することによって快感を得ようとした場合、それはしばしば十分な快感をもたらさず、劣等であるという判断は、自分の萎縮したペニスからその人間全体にまで広がる。通例、男兄弟や男の遊び友達の優越性を知らしめられたくはないので、マスターベーションはすぐに止み、女の子は性そのものに背を向ける。

女の子が、「男の子」になりたいという当初の欲望に固執するとき、彼女は、極端な場合には顕在的な同性愛者になるが、そうでない場合でも、後の生き方において、男性的職業を選ぶことなどが生じる。もうひとつの道は、愛している母からの離反という道をたどるものであり、娘は、ペニス羨望の影響下で、このような欠陥とともに自分を世の中に生み出した母を許すことができない。このことへの恨みから、彼女は母を捨て、それを、他の人物すなわち父を愛情対象とすることによって埋め合わせる。人が愛情対象を失ったとき自然に起こる反応は、その対象に同一化することであり、それはいわば、同一化によって内側からそれを埋め合わせることである。[4] この機制がここで、小さな女の子の手助けとなる。このとき、母との同一化は、母への拘束を切り離すことができる。娘は、遊びの中でいつもそうしていたように母の位置に自分を置き、父との関係において母に取って代わろうとし、それまで愛していた母を、嫉妬と、ペニスを持たせてくれなかったことによって傷つけられたという二重の動機から憎む。彼女の父に対する新たな関係は、まずは、父のペニスを意のままにしたいという欲望をその内容に持つかもしれないが、それは、父から子どもを贈り物としてもらいたいという別の欲望にまで高まる。子どもを欲しいという欲望は、このように、ペニスへの欲望に取って代わったか、あるいは少なくとも、そこから分かれてきたものである。

エディプスコンプレクスと去勢コンプレクスの関係が、女性と男性ではこのようにまったく異なること、それどころか正反対に形づくられていることは、興味深い。男性では、去勢の脅しがエディプスコンプレクスに終わりをもたらすことをわれわれは知ったが、女性では、その反対に、ペニスの欠如によってエディプスコンプレクスへと駆り立てられているということを知った。女性の場合、女性のエディプス的態度(それには「エレクトラコンプレクス」の名称が提唱された[5])に留まっても、わずかな損傷しか生じない。その場合、彼女は父親らしさを基準にして夫を選び、すすんでその権威を認める。実際には止むところのない彼女のペニス所有への憧れは、かつて母の乳

＊10　ウィリアム・シェイクスピアという名前は、無名の偉人が身を隠すために用いた偽名である可能性が非常に高い。シェイクスピアの戯曲の実際の作者と思われる人物、オクスフォード伯爵エドワード・ド・ヴィアーは、まだ子どもだったときに、愛し尊敬していた父を喪い、夫の死後すぐに新しい結婚生活にはいった母親との関係を完全に断った。[6]

房が母という人物にまで進展し、全体化したのと同様に、器官への愛がその器官を所有する者への愛へと完成していったならば、満足を得ることができる。

もし分析家にその経験を尋ね、患者のどのような心的形態がもっとも影響を受けにくいものであったかと問うならば、答えは、女性においてはペニス欲望であり、男性においては、ペニス喪失をその前提としている自分と同じ性への女性的態度であるということになろう。(7)

第三部　理論的進歩

第八章　心的装置と外界 125

われわれがはじめの章で論じたあらゆる一般的な洞察と仮定は、もちろん、苦労が多く忍耐を要するひとつひと
つの仕事によって得られたものであり、その中の一例を、われわれは前章で示した。ここでわれわれは、われわれ
がどのような知の豊かさをこの仕事によって獲得できたか、どのようなさらなる発展の道を切り開いたかを、概観
したいという誘惑にかられる。その際、われわれがきわめてしばしば、心理学の限界をあえて越えることを余儀な
くされたということが、注目される。われわれが取り扱った現象は、心理学に属しているのみではなく、器質的、
生物学的側面をも持っており、そのことに対応してわれわれはまた、精神分析を樹立する努力の中で、重要な生物
学的発見も行ったのであり、新たな生物学的仮定を置くことも避けられなかったのである。

しかしまずは、心理学に留まることにする。われわれは、科学的に、心的な正常状態を異常から完全に区別する
ことはできず、この区別は、実践上重要であるにもかかわらず、慣習的な価値しか持たないということを知った。
そのことによってわれわれは、正常な心の生活をその障害の側から理解しようとすることを正当化したが、これは、
神経症、精神病という病気の状態が、特異的な、異物の作用のような原因を持っていたとするならば、許されなか 126
ったであろう。

一時的なもので害がなく、むしろ役に立つ作用を果たしている睡眠の間の心の攪乱〔夢のこと〕についての研究は、

永続的で人生に損害を与える心の病気を理解する鍵を与えてくれた。そしてさらに、われわれは、意識心理学は、夢の機能に対して理解をもたらさないのと同様に、心の正常機能に対してもあまり理解をもたらすことができなかった、とあえて主張しようとしている。意識された自己知覚データのみがその心理学の利用できるものであるが、それは、心の過程の豊かさと混乱を見通し、その関係を明らかにし、その障害の条件を知るためには、そもそも不十分であることが明らかになった。

心的装置が、空間的に広がり、目的に沿って組み立てられ、生の欲求に従って発展し、特定の場所、特定の条件下でのみ意識という現象を成立させているというわれわれの仮定は、われわれを、物理学などの他の自然科学と同じような基礎の上に心理学を打ち立てるという立場に置いた。そのような自然科学も、心理学も、われわれの知覚に直接与えられる研究対象の特徴(質)の背後に、われわれの感覚器官の特別な受容能力に依るところがより少ない、推定される現実の実態により近づいたものを発見することを課題とする。この実態それ自体に到達することをわれわれは望むことはできない。なぜならば、われわれは、新たに解明したものを再びわれわれの知覚の言語に翻訳しなければならず、その言語からどうしても自由にはなりえないことがわかるからである。しかしこれはまさに、われわれの科学の本性であり限界なのである。それは、物理学において、もしわれわれがきわめて微細に見ることができたならば、単なる固体と見えたものが、ある形態、ある大きさを持ち、互いに層をなしてつまっている粒子からできていることを見出すであろう、と言うようなものである。われわれはその間にも、われわれの感覚器官の性能を、人工的な補助手段によって、最高度にまで引き上げようと試みる。しかし、このような努力をいくらしたところで、最終結果には何の変化もないと考えてよい。現実はつねに「知ることのできない」まま留まる。われわれの一次的感覚知覚についての科学的研究が明るみに出したのは、ある連関、依存関係についての洞察である。その連関、依存関係は、外界に存在し、われわれの思考の内界で、何らかの信頼のおける仕方で再現、反映される。その知識によってわれわれは、外界の何かを「理解」し、予測し、ときには変化させることができる。まったく同じようなことをわれわれは、精神分析でも行っている。われわれは、意識現象の裂け目を埋める技術的手段を発見した。物理学者が実験を用いるように、われわれもそれを用いる。この方法でわれわれは、それ自体としては「知ることのできない」多くの過程を明らかにし、それらをわれわれに意識された過程へ挿入する。われわれがたとえば、ここに無意識的な想起が介入していると言うとき、その意味しているところは、そこに何かわれわれにとってまったく理解できないものが起こっているが、もしそれが意識にまでやってきたならば、かくかくしかじかと記載されるようなものだ、ということなのである。

どのような正当性とどのような程度の確かさをもってわれわれはこのような推論、挿間法を実施するのかということとなると、それはもちろん個々の例について批判を受けなければならず、分析家間の一致の欠如という形で現れ出てくるような決定の困難さがしばしばあることは否定できない。それは、これが新しい課題であるためであり、教育の不足が責任を負うべきものであるが、しかし、この科学の主題に付随している特別な要素のためでもある。つまり、心理学においては、必ずしも、物理学の場合のように冷静な科学的関心を呼び起こすだけの事柄が問題となっているわけではないからである。それゆえ、自分のペニス羨望の強さを十分に納得していなかった女性分析家が、この同じ契機を自分の女性患者の中に十分に評価しないとしても不思議はない。しかし、このような個人的な同等関係に由来する誤りの要因は、結局のところそれほど大きな意味を持ってはいない。顕微鏡の古い説明書を読んでみれば、当時まだそれは新しい技術で、どれほど大きな要求が観察者個人に課されていたかということを知って驚くが、しかし今日このようなことはもはや問題にならない。

　われわれは、ここで、心的装置とその作業の完全な輪郭を描くという課題に取り組むことはできない。精神分析はまだ、あらゆる機能を等しく研究するだけの時間を持っていないという事情がわれわれを妨げるであろう。われわれはそれゆえ、導入部分において述べたことを詳細に繰り返すことで満足することにする。われわれの存在の核を作っているのは暗いエスであり、それは、直接には外界と交流しておらず、われわれの知識からは、別の審級を介してのみ近づくことができる。このエスにおいては、器官の欲動が作用しているが、その欲動は、ふたつの根源的な力（エロースと破壊）がその割合を変化させつつ混合して合成されたもので、それらは、諸器官あるいは諸器官系への関係によって互いに区別される。この欲動が唯一追求するものは、外界の対象の助けを借りて器官に特定の変化が起こることで生じると期待された満足である。しかし、エスが求めるとおりに、たちどころに、何ものも顧慮せず欲動を満足させれば、しばしば外界との危険な葛藤を招来し、破滅に通じるであろう。エスは、存続を確実にしようとする配慮をせず、不安を持たない——あるいはこう言った方が正確かもしれない——エスは不安という感覚要素を発生させることはできるものの、それを役立てることができない。エスの内部に推定される心的要素において、およびその要素の間で生じうる過程（一次過程）は、われわれの知的生活、感情生活の内部で、意識的知覚を介して知られる過程とは大きく区別され、前者に対しては、その過程の一部分を許されないものとして棄却し取り消そうとする論理の批判的制限の力は、通用しない。

　エスは、外界から切り離されているが、それ自身の知覚世界を持っている。エスは、非常な敏感さで、自分の内界の変化、特に、一連の快‐不快の感覚として意識される欲動要求の緊張の変動を感じ取る。もちろん、どのようにして、またどのような感覚終末器官によってこの知覚が成立しているのかは、述べることが難しい。しかし、自己知覚――一般的な〔漠然として全身的な〕感覚と快‐不快の感覚――が、エスの過程を専制的な力で支配していることは確かである。エスは、有無を言わせぬ快原理に従う。しかし、それに従うのはエスのみではない。他の心的審級の活動もまた、快原理を修正することができるだけであり、それを破棄することはできない。いつ、どのようにして、そもそも快原理の克服が成功するのかということは、依然として、理論的に非常に重要な問題、現在まだ答えることのできない問題である。快原理は、欲求緊張の低下、あるいは基本的にはもしかするとその消去(すなわち涅槃《ニルヴァーナ》)を要求しているのではないかという考えは、ふたつの根源的な力であるエロースと死の欲動に対する快原理の関係にかかわってくるが、この関係はまだ十分評価されてはいない。

われわれがもっともよく知っていると思っており、また、そこにおいてわれわれ自身をもっとも容易に知るような、もうひとつの心的審級は自我と呼ばれるが、これは、刺激受容と刺激防御のための機構を介して外界(現実)との直接的接触に置かれている、エスの皮質層から発展する。自我は、意識的知覚から出発して、次第にエスのより大きな領域とより深い層を影響下に置くようになったが、その強固に維持される外界への依拠の中に、自らの起源を示す消去できない刻印が示されている(《ドイツ製》[1]と書いてあるようなものである)。その心理学的機能は、エスの過程を、より高い力動論的水準に持ち上げることにある(おおよそ自由に動くエネルギーを、前意識状態に対応するよう拘束エネルギーに変換することと考えられる)。その構築的機能は、欲動要求と満足行動の間に思考活動を挿入することにあり、ここで言う思考活動とは、現在の自分の位置確認をし、以前の経験を利用した後、試験的行動を通じて、意図する企ての結果を推測しようと試みる活動のことである。自我はこのようにして、満足を得ようとする試みが実行されるべきか、ずらされるべきか、欲動要求がそもそも危険なものとして抑え込まれなければならないのかを決定する（現実原理）。エスがもっぱら快の獲得を目指すように、自我は、安全への顧慮に支配されている。自我は、エスが省みることのないように見える自己保存を、その任務とする。自我は、不安の感情を、無傷な自我に脅威をもたらす危険を指し示す信号として用いる。想起痕跡は、特に言語の残渣との連合によって、知覚と同じように意識されうるので、ここに現実誤認に通じかねない取り違えの可能性が生じる。自我はこれに対して、現実吟味を装備することによって防衛するが、夢においては、睡眠状態という条件のもとに、その消失が許されている。外界の強大な機械的力の中で自らを維持しようとする自我を脅かす危険は、まずは外界の現実から生じるが、しかし、そこから生じるのみではない。自身のエスも、同様の危険の源泉であり、しかもふたつの異なった理由によりそうなっている。第一に、欲動の過大な強さが、外界の過大な「刺激」と同じ仕方で、自我に損傷を及ぼす可能性がある。これは自我を消滅させてしまうわけではないが、自我に固有の力動論的編成を破壊し、自我を再びエスの一部に変えてしまう。第二に、それ自体は耐えられないというほどのものではない欲動要求の満足であっても、それが外界の危険を持ち込むことになるために、このような種類の欲動要求はそれ自体危険だということを経験が自我に教える可能性がある。要するに、自我はふたつの前線で戦い、自らを消滅させようと脅かす外界に対しても、あまりに過大な要求をする内界に対しても、自らの存続を守らなければならない。それは、両者に対する防御において同じ方法を用いるが、内なる敵への防衛は特に不十分である。内なる危険から逃れるのに成功することの方が、自我とエスがもともとは同一のものであり、後にも密接に共存しているものであるがために、難しい。

内なる危険は、ときおりは抑えられうるにせよ、脅威であり続ける。

弱く、未熟な自我は、最初期の幼年期に特有の危険から身を守らなければならず、そのためにこの時期に持続的に課される緊張によって損害を受けるということを、われわれは知った。外界からもたらされる危険に対しては、子どもは両親に面倒を見てもらうことによって保護されているが、この安全を得る代わりに、外界の危険に無力なまま曝されることになりかねない愛の喪失に対しては、不安を持つことになる。この契機は、子どもがエディプスコンプレクスの状況にはいるときに、葛藤の結末に対して決定的な影響を与える。その状況では、太古の力によって強められた、去勢という彼のナルシシズムに対する脅威が、彼を襲う。現在の現実的危険と、系統発生に基礎づけられて想起された危険とのふたつの影響の共同作用に強いられて、子どもは、彼の防衛企図——抑圧——を遂行する。それは、その瞬間には目的にかなっているが、しかし後に性生活が再び活性化し、かつて退けられた欲動要求が強められると、心理学的に不十分であったことが明らかになる。そのとき、生物学的立場からは、自我はそれを行うだけの準備ができていないために、性的最早期の興奮を制覇するという課題でつまずく、という説明がなされるに違いない。この、自我の発達がリビードの発達に対して遅れているということの中に、われわれは、神経症の本質的発生条件を認める。したがって、多くの原始人の間でそうであるように、子どもの自我がこの課題を省くことができ、幼児の性生活が放任されるならば神経症は回避されうるであろうという仮説は、捨て去ることができない。もしかしたら、神経症の病因は、ここに述べたものよりもいっそう錯綜しているかもしれないが、われわれは少なくとも、もつれた病因の本質的な部分をつかみ出したのである。われわれはまた、系統発生的影響のことも忘れてはならない。それは、われわれにとってまだ把握されていない形で、何らかのやり方でエスの中で働いていて、明らかに、後の時期よりもこの早い時期においてより強く自我に作用するであろう。その一方で、子どもの性の禁止によってもたらされるような、早期の性欲動の閉じ込めと、若い自我の、内界に対置する外界の側への決定的加担が、後の個人の文化準備性に影響を及ぼさずにはいないということが洞察される。欲動要求は、直接的な満足からそらされて、代替満足へ至る新たな道をたどることを余儀なくされ、この迂回路の途上で、性的性質が失われ、原初の欲動目標との結びつきを緩めることができる。したがって、われわれの主張を先取りして言えば、高く評価されるわれわれの文化財産の多くは、性の犠牲の上に、つまり性の欲動の力を制限することによって獲得されているのである。

われわれはこれまで、自我は、その成立、およびそれが獲得した特徴のうちのもっとも重要なものを現実の外界との関係に負っているということを、再三再四強調しなければならなかった。このときわれわれには、自我が再度エスにもっとも近づく自我の病的状態の基礎には、この外界との関係の取り消し、あるいは緩みがあると仮定する準備ができたことになる。このことは、臨床的経験がわれわれに教えるところときわめてよく一致する。それによれば、精神病の発症の契機は、現実が耐え難いほど苦痛なものとなったか、欲動が非常な高まりに至ったかであるが、このふたつは、エスと外界が自我に対し競合しながら要求を行うなかで、同じ作用を及ぼすに違いない。精神病問題は、自我の現実からの離反が完全に生じうるならば、単純でわかりやすいものであったろう。しかし、それはまれにしか生じないようであり、ひょっとすると一度とて起こっていないのかもしれない。幻覚性錯乱状態（アメンチア）のような、外界の現実から遠く隔たった状態についてさえ、われわれは、そこから回復した患者の報告を介して、彼らの言うところによるならば、そのときにも心の片隅には正常な人間が隠れていて、その人間が病気の混乱を、あたかもそれにかかわらない単なる観察者のようにしてやり過ごしているということを知る。私は、これが一般的なことであると考えてよいのかどうかはわからないが、より激烈でない経過をたどる別の精神病について、同様のことを報告することはできる。私に思い浮かぶのは慢性的パラノイアの一例で、そこでは、嫉妬妄想期の後で毎回ひとつの夢が報告され、その中で、病気のきっかけについて正確でまったく妄想に支配されていない臨床像が、分析家に知らされたのだった(2)。そこには興味深い対立があった。われわれは普通、神経症患者の夢から、彼の覚醒時の生活には異質な嫉妬を読み取るのであるが、この精神病患者では、日中の間ずっと支配的であった妄想が、夢によって訂正を受けたのである。われわれはおそらく、このような症例で生じていることは心的な分裂であると一般的に推測してよかろう。ここでは、ひとつではなくてふたつの心的態度が形成されていて、ひとつは、現実を考慮に入れる正常なものであり、もうひとつは、欲動の影響下に、自我を現実から切り離すものである。このふたつは、互いに併存している。病態の結末は、この両者の相対的な強さに依存している。後者が強ければ、あるいは強くなれば、それによって精神病の条件が与えられる。バランスが逆転すると、妄想疾患の表面上の治癒が生じる。実際には、それは無意識へと撤退したのみである。数多くの観察からも、妄想は、顕在化して噴出する以前に長期にわたって完成されてすでに存在していたのだ、と推論しなければならない。

あらゆる精神病において自我分裂を仮定するというこの視点は、もしそれが、神経症に類似するほかの状態、ひいては神経症自体に当てはまることが証明されるのでなかったら、それほど注目に価するものとは言えないであろう。私は、実際それが当てはまることを、まずはフェティシズムの症例群で確信することができた。この異常は、倒錯に数え入れられてよいものであるが、周知のごとく、ほとんどつねに患者は男性で、その基礎は、彼らが、女性にペニスがないという、自分の去勢の可能性の証拠となる、自分にとって甚だ望ましくない事柄を認めないというところにある。彼はこのため、女性器にペニスがないことを自分に指し示した感覚知覚を否認し、その反対の確信を固持する。しかし彼は、実際にペニスを見たと主張する勇気はないので、この否認された知覚は、他にまったく影響を及ぼさないというわけにはいかない。彼は、そう主張するのではなく、何かほかの身体の部位や対象を取り上げ、それらに、彼がその不在を認めたがらないペニスの役割を貸し与える。それは多くの場合、女性器を目撃した際に実際目に入ったものであり、あるいは、ペニスの象徴的な代替物としてふさわしいものである。このように見ると、このフェティッシュの形成の過程を自我分裂と呼ぶのは正しくないかもしれない。それは、われわれが夢から知ることとなった、遷移の助けを借りた妥協形成である。しかし、われわれの観察はそれ以上のことを示している。フェティッシュの創造は、去勢の可能性の証拠を破壊すれば去勢不安を免れることができるというもくろみの結果である。もし女性が男性と同じようにペニスを所有するならば、自らのペニスを持ち続けることに恐れおののく必要はない。ここでわれわれは、フェティシストではない人と同様に去勢不安を発展させ、同じようにそれに反応しているフェティシストに出会っている。つまり彼らの振舞いには、ふたつの相反する前提が同時に表現されている。一方で彼らは、女性の性器にペニスがないのを見たという知覚の事実を否認しているが、他方では、女性のペニスの欠如を認めて、そこから正しい結論を導き出している。このふたつの態度は人生の全体を貫いて併存し、一方が他方に影響を与えることがない。これは、自我分裂と呼んでよい事態である。この事情はまたわれわれに、フェティシズムがきわめてしばしば部分的にのみ形成されるということを理解させてくれる。フェティシズムは、対象選択を決定的に支配してしまうわけではなく、多かれ少なかれ、ある程度の正常な性行動の余地を残し、それは、控え目な役割のみを果たすかあるいは単に仄めかされるという程度に留まることもある。つまり、外界の現実からの自我の離反にフェティシストは完全に成功しているわけではない。

フェティシズムは自我分裂に関する例外事例であると考えるべきではなく、それについて研究する際の対象として特別に好都合なものであるにすぎない。われわれは、子どもの自我は現実世界の支配下で好ましくない欲動要求をいわゆる抑圧によって処理する、と述べたことに立ち帰る。われわれは今や、このことにさらに、自我は、人生の同じ時期にかなりしばしば、現実の要請についての知を与える知覚を否認することによって、苦痛に感じられる外界の要求から身を守るに至る、という確認を付け加える。このような否認はきわめて頻繁に生じていて、フェティシストにのみ生じているわけではない。われわれがこの否認を研究しようとするときにはいつでも、それは、現実から離反しようとする中途半端な方策、不完全な試みであることが示される。この拒否にはいつも、ある承認が付随し、自我分裂の構成要件をなすところの、互いに独立でかつ対立するふたつの態度がつねに形成されてくる。その結果はここでも、両者のうちのどちらがより大きな強さを引き寄せうるかにかかっている。

自我分裂というわれわれがここに述べた事実は、はじめにそう見えるほど新しいものでも奇異なものでもない。特定の行動に関してふたつの異なった態度が一人の心の生活の中に存在し、それらが互いに対立しかつ独立しているということは、神経症の一般的な性質であり、ただそこでは、その一方は自我に属し、それに対立するものは、抑圧されたものとして、エスに属している。フェティシズムと神経症の違いは、本質的には局所論的、構造的なものであり、個々の症例において、ふたつのうちのどちらの可能性とかかわっているかを決定するのは、つねに容易とはかぎらない。しかし両者の重要な共通点は、以下の点にある。自我がその防衛の努力において実行することは、現実の外界の一部を否認しようとすることであれ、内界の欲動要求を退けようとすることであれ、完全に残余なく行われるということはなく、つねにそこからはふたつの対立する態度が出てきて、そのうちの、優勢ではない、より弱い態度の方からでさえ、心的に厄介な問題が生じてくるのである。結びにあたりさらに一点、こうした過程すべてのうち、意識される知覚によってわれわれに知られるものがいかに少ないかということだけは指摘しておく必要がある。

第九章　内　界

われわれは、横並びに存在している複雑な知識を述べるために、順序立った記述をもってするほかなく、それゆえ、われわれの記述はすべて、まずもって一面的な単純化という問題を抱えている。われわれは、それが補われ、付け加えられ、修正されることを期待する。

自我は、エスと外界との間を仲介し、エスの側の欲動要求についてはこれを引き受けて満足に導こうとし、一方で外界の側については知覚を行い、それを想い出として活用する。それはまた、自己保存を考慮して両者の側の過度の要求からは身を守ろうとし、その際あらゆる決定において、修正された快原理の指示に導かれる。しかしこのような自我の概念が当てはまるのは、実は、最初期の幼年期の終わり(五歳頃)までである。この時期に、重要なひとつの変化が起こったのである。外界の一部が、対象としては少なくとも部分的に放棄され、その代わりに(同一化を介して)自我に取り入れられ、内界の一構成要素となる。この新しい心的審級は、外界のその人たちが行使していた機能を引き継ぎ、自我がその立場を取り入れた両親とまったく同様に、自我を観察し、自我に命令し、それを裁き、罰で脅す。われわれはこの審級を、超自我と呼ぶが、われわれはそれを、われわれの良心と感じる。注目すべき点は、超自我がしばしば、実際の両親が示してはいなかったほどの厳格さを示すという点、そして、超自我が、自我に対して行為の釈明を求めるだけではなく、思考や実行されていない意図についても、それらは超自我に知られるところのものとなっているようであり、その釈明を求めるという点である。ここでわれわれは、〔すべてはそれに衝き動かされて生じたことなのだから、〕神託の強制的な力は、われわれの判断という点でも、エディプス自身の判断という点でも、彼を無罪とするはずのものであったにもかかわらず、エディプス伝説の英雄は、自分の行為ゆえに罪を感じ、自己処罰へ身を投げているということを思い起こすよう促される。実際には、超自我は、エディプスコンプレクスの相続人であり、それが処理された後にはじめて組み込まれる。超自我の過剰な厳格さは、それゆえ実際の手本に対応しているわけではなく、エディプスコンプレクスの誘惑に抗するために用いられた防衛の強さに対応している。哲学者と信仰者もおそらくはこのことをおぼろげに感じ取っているからこそ、倫理感覚は人間が教育によって身につけたものでも、社会生活の中で獲得したものでもなく、より高位の場所から植え付けられたものであると主張するのであろう。

　自我が超自我と完全に協調して働いているかぎりにおいて、この両者の主張を区別することは容易ではないが、しかし両者の間の緊張と乖離は、明瞭に気づかれるものとなる。良心の呵責による苦痛は、愛情を失うことへの子どもの不安に正確に対応しており、この不安は、子どもにとって倫理的審級の代わりをしていたものである。他方、超自我にとって不快なことをするという誘惑に抵抗することに成功すると、自我は、価値のある獲得を成し遂げたかのように、自尊心が高まり、誇りが強められるのを感じる。このようにして超自我はすでに内界の一部になっているにもかかわらず、外界の役割を自我に対してとり続ける。残りの人生全体にわたって、それは、個人の子ども時代の影響、すなわち、親による子どもの世話、教育、両親への依存などの影響を表し続けるが、この子ども時代は人間の場合、家族との共同生活によって非常に長く引き延ばされている。そして、そこでは両親の個人的特徴が効力を現すだけではなく、両親に対して決定的に働きかけているものすべて、すなわち、両親の生きた社会状況の趨勢や社会状況からの要求、両親の出自である人種の素質や伝統もまた効力を現す。一般的に確定され、明瞭に区別された言い方を好むならば、個々人が両親と離れてから曝されることになる外界は現在の力を表し、遺伝された傾向性とともにあるエスは生命体の過去を表し、後にやってくる超自我は、とりわけ、子どもがその短い幼少期にいわば追体験しなければならない文化的過去を表していると言えるかもしれない。しかしこのような一般化は、全面的に正しいというわけにはいかないだろう。文化的伝承の一部は、明らかにエスの中に沈殿物を残しており、超自我がもたらすものの多くは、エスの中に反響を引き起こすであろう。そして子どもが新たに体験することのうち少なからぬものは、それが太古の系統発生的な体験の反復であるために、よりその作用が強められるであろう（「汝の父から継承するものは、それを所有するために継承せよ」[3]）。このように、超自我は、エスと外界の間の一種中間の位置を占め、現在の影響と過去の影響をそれ自身のうちに統合している。超自我が組み入れられるなかで、人はいわば、どのように現在が過去に転化されるかということの実例を体験する。

論　稿（一九三八年）

精神分析初歩教程
Some Elementary Lessons in Psycho-Analysis

学問の――あるいは控えめに言えば研究の――いずれかの分野を、一般向けに呈示しようとする場合、二つの方法、あるいは工夫の、どちらかを選択する必要に迫られるものだ。その一つは、誰もが知っている、ないしは知っていると思っていて、自明のことと受け取られているようなことがらを取り上げて、特にそれに異を挟むことなく、そこから論を出発させることである。そうすれば、やがて、人々が確かに知っていたかもしれないがなおざりにしていたり、十分に評価してこなかったりした事実に、目を向けてもらえる機会がめぐってくることになろう。そしてそれに続いて、人々がそれまで知らなかった事実を知らせたり、従来の判断から一歩踏み出して、新たな視点を探り、解明のための新しい仮説に耳を傾けるよう、促したりできるようになるだろう。このような道を採れば、当該の事象に関わる新理論の構築に人々を引き入れてしまえることになるから、新理論への予想される反論も、こうした共同作業をしているうちに、あらかじめ宥めておくことができよう。

　こうした呈示の仕方は、発生的、と呼ぶにふさわしい。研究者自身がかつて辿った道を、読者とともにもう一度、辿り直すことになるからである。だがこうしたあらゆる長所にもかかわらず、そこには欠点が付随している。それは、学ぶ人に十分な印象を与えられないということである。物事が始まり、困難のもとでゆっくりと成長していくのをずっと目にしていると、外側からは理解が及ばないような仕方ではじめから完璧に仕上がった物事がいきなり

GW-XVII 141

目の前に姿を現すのに較べて、感動の度合いが薄くなってしまうのは致し方ない。

まさにこの完璧な演出のほうを行ってみせるのが、もう一つの、独断的な呈示の仕方である。結果を開陳し、前提に対して敬意を払い信じることを人々に要求し、根拠についてはほとんど何の情報も与えないでおく。しかし、そうなれば、批判的な聞き手が首を横に振り、まったくこれは特別なしろものだ、だがいったいどこからそれが判ったんだ、と言うだろうことは覚悟しておかなければならない。

では私自身の呈示の仕方はというと、そのどちらでもない。もっぱらどちらかの方法を採ろうというのではなく、むしろ、片方で進めるときもあれば、他方に戻るときもあるというふうにしたいと思う。このようにして自分をごまかして、自分の背負い込んだ課題の難しさを切り抜けようとしているわけではない。精神分析には、愛されようとか、人気を博そうとかいうもくろみはない。精神分析の内容の少なからぬ部分が、たくさんの人々の感情を逆撫でしてきたわけだが、精神分析という学問の含む仮説のいくつかが——これらの仮説は、研究の前提[1]として捉えるべきなのかそれとも研究結果として受け取るべきかということが、人々には判りにくいだろうが——、公衆に馴染まれた考えからは奇妙に映り、大方の見方に反することにならざるを得ないということもまた、同様に不利な条件として働く。それはしかし、やむをえない。この短い研究は、この種の疑念に満ちた仮説の二つを取り上げて詳論することから始めるしかない。

心的なものの本質

精神分析は、心理学による、心についての知のうちの一つである。人はそれを「深層心理学」とも呼ぶ。その理由はのちに解ってくるだろう。もし、心的なものとはいったい何か、と問う人があるとするなら、心的なものの内容を指し示すことでそれに答えるのは易しい。われわれの知覚、表象、想起、感情、そして意志的行為、こういったものすべてが、心的なものに属しているというわけである。しかし、さらに進んで、これらすべての諸過程に、心的なものの本質、あるいはよく言われるように、その本性なるものが何であるかを捉えさせてくれるような、何らかの共通の性格があるのかどうかと問われれば、それに答えを出すのは難しくなってくる。

同様の問いをもし物理学者に向け、たとえば電気の本性は何であるかと問うたならば、彼の答えは、つい最近まで、次のようなものであっただろう。ある特定の諸現象を説明するために、われわれは、事物に内在し事物から流出する電気の力を仮定する。われわれはこれらの現象を研究し、その法則を発見し、そしてそれをそのまま実際的な応用に振り向けるのである、と。さしあたっては、われわれにはこのような答えで十分である。電気の本性を知ることができたわけではないが、それはのちに作業の進展の中で、知られるようになってくるかもしれない。われわれの場合も、確かに、事象全体のうちで最も興味をそそられる肝心要の部分が知られないままになっていると言ってよいのであるが、だからといってそのことがすぐさま妨げになるわけではない。この辺りは、自然科学の場合と、とりたてて変わるところはないのである。

心理学もまた、自然科学の一つである。もしそうでないとしたら、いったいそれは何だというのか。しかし、心理学の場合には他とは違った事情もある。物理学上のことがらの判断については、必ずしも誰もが自信をもって何か言えるというわけのものではない。だが、心理学上の問いとなると、哲学者から市井の人まで、誰もが一家言を持ち、控えめに言ってもアマチュア心理学者であるかのように振舞う。そしてにわかに、心的なものには現実に一つの共通性格があり、そこには心的なものの本性が表出されているはずだということに、皆が――いや、ほとんど皆が、と言うべきか――同意しているという事実が明らかになって、驚かされる。これこそ、唯一的で、記述不可能で、しかも記述をそもそも必要としないという、あの意識性[2]という性格である。すべて意識的なものは心的であり、逆に、すべて心的なものは意識的であり、このことは自明で、異論は無意味である、というわけである。さてここで、このような断定によって、心的なものの本性に多くの光が投げかけられたかというと、とうていそのようには主張できまい。というのは、意識性はわれわれの生の基本事実の一つであるので、その前に立たされたとなると、研究の行く手に突如として壁が立ちはだかったようなものだからである。研究を続けようにも、八方ふさがりとなる。また、心のことがらと意識的なことがらを同列に置くことによって、好ましからぬ帰結が生じた。それは、心的過程が、この世界で起こっていることがらから切り離され、他の如何なるものにとっても余所者となってしまったということである。これではやはり、やっていけなかった。というのも、心的現象が高度に身体的影響に依存していること、また、自分のほうからも身体的過程に強い作用を及ぼしていることを、無視できるはずもなかったからである。およそ人間の思考が袋小路に陥ったときには、そこにこの問題があった。出口を見つけるために、哲学者たちは辛うじて次のような仮定を置かざるを得なくなった。いわく、意識的で心的な過程には、器質的な並行過程があり、それはまだ説明困難な仕方で心的過程によく適合しており、「身体と心」の間の相互作用を媒介し、心的なものを再び生の構造連関の中に導き入れてくれている、というのである。しかし、この解決は大した満足を与えてくれないままにとどまることとなった。

　精神分析はこうした困難には関わり合わない。というのも、それは心的なものと意識的なものを同列に置くやり方には決して与しないからである。そう、意識性は心的なものの本性ではありえない。意識性は単に心的なものの一つの質であり、しかも現前していることより見失われていることのほうが多い非恒常的な一つの質である。心的なものそれ自体は、その本質が何であれ、無意識的であり、おそらくは、われわれがすでに幾分かの知識を獲得してきている自然の中の他のあらゆる諸過程と同じような意味で、無意識的である。

このような申し立ての根拠として精神分析が提出できる事実は少なくないが、その中から次にいくつかを挙げてみたい。まず第一に、意識の中に突如完成された姿で現れ、どのような道筋を辿って形成されたのかは判らず、しかもその道筋のほうもやはり心的な行為であったに違いないと言わざるを得ないような思考を、われわれは思いつきと呼び、その存在を認めている。ひとしきり考えあぐねていた難しい知的問題の解決が、このような仕方で手に入るということは、確かに起こりうることである。そこに至るまでには、選択、棄却、決定といった複雑な過程が満ち満ちていたに違いないが、それらはすべて、意識からは遠ざけられてしまっていたことになる。だからわれわれは、これらの過程が無意識のうちに進み、しかもおそらくは無意識のままに留まったと言っても、特に新しい理論を作り出したと言うには当たらないのである。

第二に挙げるのは、およそ全体像が摑めないぐらいに広汎な現象群であるが、次のような例は、そうした現象を代表している例と言いうるものであろう。ある集会(オーストリア国会である)の議長が、議会の開会にあたって次のように言った。「私は、これこれの人数の議員諸氏の出席を確認し、もって議会の閉会を宣言します」[*1]。これはむ

*1　『日常生活の精神病理学にむけて』一九〇四年。[(3)]

ろん言い違いであり、むろん議長は「開会を」と言おうとしたに違いない。彼はなぜ反対のことを言ってしまったのだろう。ここで人は、それこそ偶然の間違いであり、いろいろなことが災いして、言おうとしたのと違うことが口に出てしまうのは取り立てて珍しいことではない、と答えたくなる。それはまったく何でもないことで、そもそも、ちょうど反対のものの間では混同が起こりやすいものだ、というわけである。しかし、そうした言い違いが起こってくる状況をよく勘案してみると、むしろ別の捉え方をしたほうがよいのではないかと思えてくる。ことほどさように多くの議会が、むやみに紛糾を重ねるばかりで徒労に終わった、ならば、開会に当たって議長がこんなふうに考えていたとしても不思議ではない、つまり、「これから開くことになっているこんな議会、もう終わっていて欲しいものだ。開会じゃなく閉会にしてやろう」と。この欲望は、話者が話し始めたときには、話者自身にとっては現前していなかった、つまり意識的ではなかったが、確かに存在していたものであり、話者の意に逆らい、見かけ上は話者の間違いという形をとって、はっきりとその姿を現したのである。われわれはこうして二通りの考え方を見てきたわけだが、両者はかけ離れており、そのどちらを採るべきかについては、単に一つの例を挙げただけでは到底はっきりした説明にならないと思われるかもしれない。しかしながら、他のあらゆる言い違いの例が、そしてまた、書き違い、読み違い、聞き違い、取りそこないなど近縁の間違いが、同じ仕方で説明されたとしたらどうだろう。すなわち、これらの例のすべてに——例外なく——、件《くだん》の間違いを説明するような心的行為、つまり思考や欲望や企みのようなものがあり、その心的行為はいったんは意識的であったことがあるかもしれないが、それが効果を現した時点では無意識的であった、ということが判明したとしたらどうだろう。そうなればもはや、次のような心的行為の存在を認めざるを得ないであろう。すなわちそうした行為は、無意識的であり、無意識的なまま時として活動力を示し、場合によっては意識的な意図をもねじ伏せてしまうことができるのである。それでもその当人は、このような失錯行為に対して、いろいろな態度を取ることができよう。彼は、それをまったく見過ごしてしまうこともできるだろうが、自ら気がついて狼狽し恥じ入ることもあるだろう。ただ、彼は決まって、間違いの説明を自ら見つけ出すことはできず、そこに人からの手助けを必要とするものである。しかもしばしば人から伝えられた解明に、少なくともしばらくの間、むきになって反論したりする。

そして最後に、第三点として、催眠にかけられた人において、無意識的な心的行為が存在することや、意識性は決して活動の不可避の条件ではないことが、実験的に示される。この試みに立ち会ったことのある人は、そこから忘れることのできぬ印象を受け、揺るぎない確信を得る。それはだいたいこんなふうに進む。医者が病院の病室に入り、部屋の一隅に雨傘を立て掛けておく。そして一人の患者を催眠にかけ、「これから私は出ていくが、私が戻ってきたとき、あなたは雨傘を開いて私を迎え、私の頭にそれを差しかけてくれるだろう」と言う。そう言っておいて、医者と助手は部屋を出ていく。彼らが戻ってくるやいなや、すでに覚醒している患者は、催眠中に頼まれていたことをそのとおりに実行してしまう。医者は患者を問いただす。いったい何をなさっているんですか、それはどういう意味なんですか、と。患者は見るからにどぎまぎして、つっかえながら次のように言う。外は雨が降ってますから、ね、先生、部屋の中から手回しよく、傘を開いておいたらいいかなと思いまして。明らかに、自分の無意味な行動に何とか動機を与えようとして拵えた、急場の逃げ口上だ。しかし観察者の目には、彼が自分の現実の動機を知らないことが明々白々である。彼自身とは違い、その場に居合わせたわれわれには、彼の動機が判っている。彼は、暗示を受け取り、そしてそれが自分の中に存在していたということについて何も知らないまま、今やその暗示に従ったのである。[*2]

意識的なものと心的なものとの間の関係という問いについては、この辺りで落着したものと考えることにしよう。すなわち、意識とは、単に一つの——さらには非恒常的な——、心的なものの質(特性)なのである。それでもなお、次のような異論に対してわれわれは自説を守る用意をしておかなければなるまい。いわく、ここで触れられた諸事実にもかかわらず、意識的なものと心的なものの同一性という観念は、捨て去る必要はない。ここで言うところの無意識の心的過程なるものは、心のことがらの器質的並行過程という昔から認められてきたものの焼き直しである。これでわれわれの問題は、どうにでもなるような定義の問題だったとして片づけてしまえる。このような異論に対して、われわれは次のように答えよう。意識というものがわれわれに不完全で穴の多い現象系列しか提供してくれないことを知ったときに、これまでの定義を守りたいからといって、心の生活の統一性をばらばらなままにしておくということが正当化できるわけでもなく、それが目的に適っているというわけでもない。また、心的なものについての定義を変化させてみて初めて、包括的で整合性のある心の生活の理論を作り出すことが可能になったということは、なんら偶然ではないのである。

言い添えておくと、ここでわれわれが述べているような心的なものについてのもう一つの見方を、精神分析のおかげで可能になった新機軸だと考えたくないという向きがおありなら、あえてそう考えなくてもよいのである。ドイツの哲学者テーオドール・リップス(4)は、心的なものはそれ自体では意識的でなく、また無意識こそがそもそも心的なものなのである、そうきっぱりと告げていた。無意識という概念は、長らく心理学の扉を叩き続けて中に入れてもらおうとしていたのである。哲学と文学はしばしばこの概念と渡り合ってきたが、科学はそれを用いる術を知らなかった。精神分析がこの概念を捉えて、まじめに取り上げ、それを新しい内容で満たした。精神分析の諸研究は、それまで想定されたことのなかった無意識的で心的なものの性格を識ることにつながり、その内部を支配しているいくつかの法則を明らかにした。しかしこのように言ったからとて、意識性という質が、われわれにとって意義を失ったわけではない。この質は、心の生活という暗闇の中でわれわれを照らし導く唯一の光である。われわれが認識することができたものの特別な本質に鑑みれば、心理学におけるわれわれの科学的な作業は、無意識の過程を意識の過程に翻訳すること、そしてそうしたやり方で、意識的な知覚における穴を埋めてゆくことなのである。

（新宮一成　訳）

＊2　私自身が一八八九年にナンシーにおいて立ち会ったH・ベルネームの試み。このような催眠現象の真正さへの疑いについては、今日では立ち入る必要はあるまい。

防衛過程における自我分裂
Die Ichspaltung im Abwehrvorgang

私はしばらくの間、これから私が伝えようとしていることがとうに知られた自明のことであるのか、あるいはまったく新しく意外と評価されるべきものであるのかわからない、奇妙な状態にあった。しかし、むしろ後者の方であろうと思う。

最終的に私の注意を引いたのは、何十年も後に精神分析の患者として知られることになる、ある人の若いときの自我が、特定の困難な状況において一風変わった振舞いをしたということであった。これをある心的外傷の作用のもとで生じたのだとして、それが生じる条件を、一般的、どちらかと言えば不特定な形で述べておくこともできよう。しかし私は、確かにそれであらゆる原因の可能性を覆い尽くせるわけではないとしても、はっきりと輪郭をもった個別例を取り上げておく方がよいと思う。その人の子どもの頃の自我は力強い欲動要求への奉仕の最中にあって、それを満足させるのが習慣となっていたのであるが、突然ある体験によって驚愕させられ、この満足を続けるにまかせておくと結果として耐え難い現実の危険が生じるということを教えられた。自我は、今や、この現実を認め、その前に身を屈して欲動の満足を放棄するか、現実を否認し、恐れる理由などなく、それゆえ欲動の満足に固執してよいのだと自らに信じさせるか、決断しなければならなくなった。すなわちこれは、欲動の要求と現実からの異議との間の葛藤である。しかしその子は、この両者ともを実行しない、あるいは結局同じことになるのであるが、むしろ両者ともを同時に実行するということをした。その子は葛藤に対して、そのふたつともが通用し、効果をあげるような、互いに対立する反応で応えたのである。一方でその子は特定の機制の助けを借りて現実を退けたので、何も禁じられなかったのであるが、その一方で同時に、現実の危険を認め、危険に対する不安を苦悩症状として自らに引き受け、以降その危険から自らを守ろうとした。これは、困難に対するきわめて巧みな解決だと言わなければならない。互いに対立する両陣営が自らの分け前を取る。すなわち、欲動はその満足を保持することが許され、現実にはそれにふさわしい尊重が払われている。しかし、御存知のとおり、この世で金のかからぬものは死のみである。(1) この成果が得られたのは、自我の裂け目という代価を払ってのことであり、それはもはや再び治癒することなく、時とともに大きくなっていく。葛藤へのふたつの対立する反応は、自我分裂の核として存続する。われわれは自我過程の統合を自明視しているので、このような過程の全体はきわめて奇妙なものに見える。しかしこの自明視は明らかに誤りである。きわめて重要な自我の統合機能は、いくつかの特別な条件のもとで成立するのであり、さまざまな障害を蒙るものなのである。

この図式的な描写の中にひとつの特別な病歴資料をさし入れるならば、益するところがあろう。ある少年は、三歳と四歳の間に、年長の少女の側からの誘惑を介して女性器を知った。この関係がとぎれたあと、彼は、このようにして受け取った性的刺激を熱心な手淫によって存続させたが、しかしまもなく元気な保母によって現場を取り押さえられ、去勢の脅しを受け、その実行は、通常そうであるように、父親に委ねられた。この場合、恐ろしい驚愕の作用が生じる条件が与えられていた。去勢の脅しそれ自体は、それほどの印象を残すわけではなく、子どもは、こんなにも高い価値の置かれる身体部分が切り取られるなどということがありうるとは容易に想像することができず、それを信用しようとはしない。その子は、先に女性器を目撃した際に、ペニスを切り取られる可能性があると確信できたかもしれないのであるが、その当時は、そのような推論はしなかった。そうした考えへの反感があまりに強く、またそうした推論を強要するだけの動機もなかったからである。逆に、不快感の蠢《うごめ》きは、欠けているものはこれから出てくる、それ――ペニス――は女の子にはあとから生えてくるという情報によって和らげられた。小さい男の子を十分観察したことのある人は、幼い妹の性器を見てこのように発言されることがあるのを想い出すであろう。しかし、ふたつの要因が重なり合うと事情は違ってくる。その場合は、脅しによって、それまで格別危険のないものとして受け取っていた知覚が想起され、男の子はそこに脅しの恐ろしい確証を見出す。その子は今や、なぜ少女の性器にペニスがないのかを理解したと思い、自分自身の性器にも同じことが起こりうるのだということをあえて疑いはしなくなる。彼はその後は、去勢の危険の現実性を信じざるを得ない。

通常の、正常と見なされる去勢の驚愕の結果としては、男の子は――もう手を性器に持っていかないことで――まったく従順に、あるいは少なくとも部分的には従順に脅しに服従し、ただちに、あるいは長い苦闘の末に、欲動の満足を完全に、あるいは部分的に放棄する。しかし、われわれがすでに予期しているように、われわれの患者は、ほかの方法によってなんとか自分で切り抜けることができた。彼は、消えてしまった女性のペニスのひとつの代替物、つまりあるフェティッシュを自分で作り出したのである。これによって彼は現実を否認はしたが、自分のペニスを救い出した。女性は自分のペニスを失ったのだということを彼が認めなくてもよくなったとき、彼に与えられた脅威はその信頼性を失い、それによって彼は、自分のペニスについて心配する必要もなく、邪魔されることなくマスターベーションを続けることができた。われわれの患者の行為は、現実からの離反、つまりわれわれがすすんで精神病の範疇のものとしておきたくなる過程として、われわれに強い印象を与える。確かにそれはさほど精神病から隔たったものではないが、より詳細に観察するならば瑣末とは言えない違いも発見されるので、われわれは判断を保留しておきたい。この男の子は、単純に自分の知覚に異議を唱え、ペニスを見ることができないところにそれを幻覚として見たわけではなく、単に、価値の遷移を行い、ペニスの意義を別の身体部位に転移させたのである。その際に——ここでは詳述できない仕方で——退行の機制が補助の役割を果たした。もちろんこの遷移は女性の身体にのみかかわるもので、自分のペニスについては何も変化がなかった。

この、策略的とも言うべき現実の取り扱いは、男の子の実際の振舞いを決定している。彼はマスターベーションを、それが彼のペニスに危険を及ぼすことはありえないかのように続け、しかし同時に、彼の一見勇敢な素振りや無頓着とはまったく矛盾するのであるが、彼がこの危険をやはり認めていることを示すような症状を発展させる。父によって去勢されるという脅しを受けた直後、フェティッシュを作り出したのと同時に、父に処罰されることへの強い不安が生じ、それに彼は長くとらわれることになる。その不安は、彼が自分の男らしさを行使し尽くすことによってのみ、克服し、過剰補償できるような不安である。しかしこの父への不安でさえ、去勢については何も語っていない。口唇期への退行の手助けを借りて、それは父にむさぼり食われるという不安として現れる。ここで、ギリシア神話のひとつの原初的部分に言及しないわけにはいかない。それは、年老いた父神クロノスが自分の子どもをむさぼり食い、さらにはもっとも若い息子であったゼウスのことも食おうとしたが、母が一計によりゼウスを救い、ゼウスは後に父を去勢するというものである。しかし、症例に戻って補足するならば、彼はさらに、些細なものではあるにせよ、もうひとつ別の症状を作り出して、それを今日まで保持していた。それは、両足の小指に触れられることに対する不安な感覚であり、あたかも、去勢の否認と承認のいつもの振り子運動の中にではあるが、さらにより明瞭な表現が現れてきたかのようであり……(2)

(津田　均　訳)

反ユダヤ主義にひとこと
Ein Wort zum Antisemitismus

私は近年のユダヤ人迫害運動に誘発されて書かれた新聞論説や論文を読んできたが、そのなかに私の興味を特に強く引いたひとつの論説があった。そこで、その論説を抜粋引用しておきたいと思う。著者の見解は、大体において以下のようなものである。

私は非ユダヤ人であり、それゆえ私にこの文章を書かせたのは自己中心的な気持ちでないことを予め述べておく。それはともかく、私はわれわれのこの時代における反ユダヤ主義的運動の暴発に強い関心を抱いていたし、とりわけこの運動に対する抵抗に注目してきた。この抵抗は、二つの側から、すなわち教会側から、そして世俗の側から、一方は宗教の名において、他方はヒューマニズム的な要請に基づく使命によって起こった。教会側からの抵抗は弱いものであり、遅れて起こったが、ともかく最終的には、まさに教皇聖下が抵抗の声を高くあげるに至った。だが、私は、この双方からの抵抗声明に何かが欠けている、抵抗声明の始まりにおいて何かが欠けている、そして抵抗声明の結語においても別の何かが欠けている、と考えざるをえない。そこで、この欠落を補ってみよう！

私が思うに、この種の抵抗のすべてに決まり文句的な前置きがある。それは以下のようなものだろう。「実際のところ、私もユダヤ人を好まない。彼らは私にとって何かしら異質であって、反共感的なのである。彼らは多くの不愉快な特徴と大きな欠陥を持っている。また、彼らがわれわれ自身およびわれわれの日常生活に与えてくる影響はひどく有害であると私は思う。彼らの人種は、われわれの人種と比較するならば、明らかに劣っており、彼らの活動のいっさいがこれを証明している」。そして、こうした前置きのあとに、矛盾することなく反ユダヤ主義への抵抗声明が続いてしまう。「しかしながら、われわれは愛の宗教を信仰している。われわれはわれわれの敵をも、われわれ自身を愛するように、愛するべきなのだ。すべての人間を罪の重圧から救済するために神の息子が彼の地上的生命を犠牲として供したことを、われわれは知っている。彼はわれわれの模範であり、それゆえ、もしもわれわれが、ユダヤ人が嘲笑され、虐待され、略奪され、悲惨のうちに追いやられることを承認するのであれば、それは彼の意思に対して、そしてキリスト教の掟に対して罪を犯すことになる。われわれは、ユダヤ人がこのような処遇を受けるのが当然であるか不当であるかをまったく度外視しても、ユダヤ人迫害に抵抗しなければならない」。ヒューマニズムという福音を信じている世俗の側からの抵抗声明も、これと実によく似ている！

以上のようなあらゆる言葉を書き続けても私は満足できない、と告白しよう。愛の宗教とヒューマニズムの外に、なお真理の宗教なるものが存在するのであって、この真理の宗教は反ユダヤ主義に対する抵抗においてあまりにも軽視されすぎている。しかも、ここで言われる真理とは、われわれが幾世紀にもわたる長いあいだユダヤの民を不当に取り扱ってきたという事実なのであり、われわれが彼らを不当に見下すことをやめずに続けているという事実なのである。われわれのなかの誰かがわれわれのこの罪を告白し始めないならば、この件におけるわれわれの義務は果たされないであろう。ユダヤ人はわれわれよりも劣っているわけではない。彼らはわれわれと多少異なった特徴と多少異なった欠点を有してはいる。しかしながら、全体として言うならば、われわれは彼らを見下す権利など持っていないのである。それどころか、彼らは多くの点においてわれわれよりも優れている。彼らは、生活と人生を耐えやすくすると思われるアルコールをわれわれほどには必要としないし、彼らにおいては、残忍な犯罪、殺人、略奪行為および性的暴力行為がたいへんに稀である。彼らは精神的営為と精神的関心を常に高く評価し、彼らの家庭生活はわれわれのそれよりも親密であり、彼らは貧しい者に対して、われわれよりも親切である。慈善行為は、彼らにとって神聖なる義務である。彼らはいかなる場合においても劣等とは言われえない。われわれがわれわれの文化的使命を果たすために彼らを共同作業に招き入れて以来、彼らは科学、芸術、技術のあらゆる領域において価値高い寄与をなして、われわれの寛大さに豊かに報いてきた。それゆえ、彼らが正義のもとに立っている限り、われわれは彼らから恩寵を奪うようなことを最終的にやめるべきではないか。

ひとりの非ユダヤ人がこれほどまでに断固として味方してくれていることが私に深い感銘を与えたのは言うまでもない。しかしながら、私はいま多少奇妙な事実を告白しなければならない。私はたいへん老齢であり、私の記憶力は以前と比べ衰えてしまった。私は、ここに抜粋引用した論説をどこで読んだのか、誰がこの論説を書いたのか、想い出せないのである。この新聞の読者の誰かが、私にこれを教えてくれないものであろうか。

かすかな記憶に頼るなら、ハインリヒ・クーデンホーフェ＝カレルギ伯爵の著書『反ユダヤ主義の本質』のなかで、私が捜し求めている著者の新たな抵抗に関する論文を読んだのかもしれない。私はこの著作を知っている。これは一九〇一年に出版され、一九二九年に彼の息子[1]によって名高い緒言を付せられて新たに刊行されている。だが、これはありえないことだ。私の念頭に浮かんでくるのは、もっと短い文章であるし、ごく最近読んだものなのだ。あるいは私がまったく間違っていて、そのような文章はそもそも存在しないのかもしれない。また、二人のクーデンホーフェの著作[2]は、実際のところ同時代人に対して影響を与えないままであったのだろうか。

ジークムント・フロイト

（渡辺哲夫　訳）

『タイム・アンド・タイド』女性編集者宛書簡(1)
Brief an die Herausgeberin von *Time and Tide*

『タイム・アンド・タイド』編集者殿

四歳の子供のとき、私はモラヴィアの小さな町からウィーンに出てきました。七十八年ののち、そのうち半世紀以上は研究に没頭していたわけですが、私はこの故郷を去らねばなりませんでした。私が設立した科学協会は解体され、われわれの研究施設は破壊され、われわれの出版社は侵略者によって接収され、私が公刊した著作は没収されて廃棄され、私の子供たちはその職から追放されました。ことごとくを目の当たりにしました。

あなたがたの特別号に掲載される文章は、むしろ私のように個人的に巻きこまれてはいない非ユダヤ人にこそふさわしいと思いませんか。

いまの私には、昔のフランスの戯曲が心に浮かびます。

《騒ぎ立てるのは自惚れ屋に
嘆き散らすのは愚か者に。
裏切られた正直者は
何も言わずに去る。》

一九三八年十一月十七日

ジークムント・フロイト

(渡辺哲夫　訳)

イスラエル・コーエン宛書簡(1)

Brief an Israel Cohen

拝啓

貴殿のイギリスへの歓迎の辞には感謝の念を抱いておりますが、どうか私を「《イスラエルの指導者》」と見なそうとすることのなきよう、謹んで申し添えたいと思っております。私は一介の科学者としてのみ見なされたく思い、他のいかなる者としても遇されたくないのです。ユダヤ教を決して否定してこなかったひとりの良きユダヤ人であるにもせよ、しかしながら、私は、ユダヤ教をも含んだすべての宗教に対する私の絶対的に否定的な態度が私をわれわれの仲間の多くから切り離している事実、貴殿が遇しようとしている役割にとって私が不適任である事実を看過できないのです。

敬具

一九三八年六月十四日

フロイト

（渡辺哲夫　訳）

GW-Nb 775

イスラエル・ドリュオン著『リュンコイスの新国家』への緒言(1)

Einführung zu Yisrael Doryon, *Lynkeus' New State*

研究者、思想家にして博愛主義者であるユダヤ人、ヨーゼフ・ポッパー＝リュンコイスは、来たるべき世代によって確実に、その時代におけるまったく偉大なる人間のひとりとして認められ、尊敬されることであろう。短かったウィーン市政担当の期間、社会主義的市政当局は、彼を記念するためにウィーン市庁舎広場に胸像を建て、彼を称えた。ドイツがウィーンに侵攻してきたとき、この記念碑は撤去され、おそらくは破壊された。ドリュオン氏のこの著書は、破壊された記念碑をふたたび建て直す最初の試みである。

ジークムント・フロイト

ロンドン、一九三八年十一月

（渡辺哲夫　訳）

GW-Nb 784

イスラエル・ドリュオン宛書簡二通抜粋[1]

Auszüge aus zwei Briefen an Yisrael Doryon

一九三八年十月七日

(…)あなたの著作は強く私の関心を引きました。あなたは、おそらく、私がポッパー＝リュンコイスをたいへん尊敬していることを御存知なのでしょう。モーセがエジプト人であったとするならば、という私の主張が彼の提案どおり元に戻されましても、それが私の考えをさえぎることはまったくないでしょう。いわゆる遮蔽記憶《クリュプトムネジー》から現れた諸事象は私にたいへん頻繁に起こりますし、これらは見たところ独創的と思われる観念の由来をしばしば明らかにしてまいりました。

ポッパー＝リュンコイスの言う「エジプト王の息子」は実際にモーセに繋がっていると私は思っています。が、私はそれを確定できません。というのも、『ある現実主義者の空想』が私の蔵書をロンドンに移す際、何かの手違いでなくなってしまったからです。それは見つかりませんので、私は新たに入手しなければなりません。

当時、私がその論文を読んだこと、おそらくは繰り返して読んだことは疑う余地がありません。その論文から得た印象がいまなお私に残っているかどうか、これはよく分かりません。私がその本を読んだ当時、私はこの問題に興味を抱いておりませんでした。モーセはひとりのエジプト人であったろうという主張には、特別な事情が関与していたのです。これは私の「思いつき」ではありませんでした。それどころか、このような考えは、いつの場合も証拠らしいものがないまま、頻繁に論じられてきておりました。ですから私は、私の小さな論文のなかで、これら諸説をすべて無視してきました。ところが、たいへん驚いたことに、昨年、すでに私の小論文は印刷されていたのですが、例の悪名高いヒューストン・チェンバレン(2)の『十九世紀の基礎』のなかに私と同じ立論が書かれているのを私は発見したのです。そのようなとき私は、小論文を書く前に、モーセはファラオの弟子であり、ファラオの親戚であったとするひとつの歴史小説をすでに手にしていたことを想い出しました。この小説は、おそらく実際に私に影響を与えていたものなのですが、もはや見つかりません。

ポッパー＝リュンコイスの空想《ファンタジー》が私の小論文に何らかの関係を持っているか否か、私が確実には答えられないことが、あなたにはご理解いただけるかと存じます。言うまでもなく、私は私の問題に対して意識的に別の道を歩むことにしました。私の仕事における新たなるものは、きちんとした結論ではなく、精神分析的な証拠づけを試みた断片に過ぎません。これがごく少数の人びとにのみ何らかの印象を与えるに過ぎないであろうことは言うまでもありません。（…）

一九三八年十月二十五日

（…）問題の作品の一部を読みましたが、私には何かを想い出したという感情が生じませんでした。けれども、もちろん、これをいまここで断定できるわけではありません。ポッパー＝リュンコイスはモーセ神話を、神話類型モデルに基づき多少の変更を加えて構成したのだろうと思われます。つまり、彼は夢、神託、息子の出産前の予感から警告を与えられた父が息子の誕生を阻止しようと試みる、あるいは（そして）子供を誕生後に遺棄させる、という神話類型に基づいて考えていると思われるのです。このように考えることによって、彼は私から遠く離れてしまいました。私にとって本質的であるのは、「～ではない」ということなのです。キュロスがメディアの王の子孫ではなく、ロムルスがアルバ・ロンガの王の息子ではないのと同様に、モーセはユダヤ人の両親の子供ではない、のです。このような事例すべてにおいて、神話の最初の家庭は虚構のものなのです。それゆえ、モーセは混血ですらなく、ひとりの純粋なエジプト人なのです。

ポッパー＝リュンコイスに関する判断について、私は留保なしにはあなたに同意できません。私には彼の持つ多面性を正当に評価することはできませんが、しかしまた私は彼を、彼が生きた時代における最も偉大な人物のひとりであると思っておりますし、彼に敬意を示そうとするあなたの企てに歓びを感じております。（…）

（渡辺哲夫　訳）

成果、着想、問題（ロンドン、一九三八年六月）(1)

Ergebnisse, Ideen, Probleme (London, Juni 1938)

六月十六日　興味深いことに、早い時期の体験については、もっと後のものとは違って、様々な反応がすべて保持される。もちろん互いに対立しあう反応も含めてである。もっと後でなら首尾よく生じるはずの〔選別的な〕決定は起こらない。その説明としては、総合の弱さ、一次過程の性格の保持。

七月十二日　ペニス羨望の代替としてのクリトリスとの同一化、劣等性の最も見事な表現、〔自分を抑える〕あらゆる制止の源泉。例のX症例では、他の女性たちもペニスをもっていないことの発見の否認。

——子供における存在〔である〕と所有〔もつ〕。子供は対象関係を、自分は対象であるという具合に同一化によって表現したがる。所有〔もつ〕とは〔両者のうちの〕後のほうであり、対象喪失の後に存在〔である〕へと逆戻りする。たとえば乳房。乳房は私の一部である、私は乳房である。後にはただ、私は乳房をもっている、すなわち、私は乳房でありはしない……。

七月十二日　神経症者では、先史時代の風景の中に、たとえばジュラ紀にいるような具合である。大きな恐竜が

GW-XVII 151

まだ闊歩し、砥草《とくさ》が椰子の高さほどもある（?・）

七月二十日　エスの中に遺伝の痕跡があるとする想定は、いわばエスについての私たちの見解を変えることになる。

七月二十日　個が自分の内なる葛藤で滅び、種はもはや自分が適応していない外界との闘いで滅びることは、モーセの中で取り上げられて然るべきである。

八月三日　罪責意識は愛が満足させられなかったということからも生じる。〔その点では〕憎悪と同様だ。自給自足の国家が自分たちの「代用産物」に関してするように、実際、われわれはこの材料からありとあらゆるものを作り出すほかなかったのである。

八月三日　あらゆる知的な制止や作業〔を前にして尻込みさせる〕制止の究極の根拠とは、幼児のオナニーの制止であると思われる。しかし、ことによるともっと深いもので、外的な影響によってそれが制止されたということではなく、充足を与えないという幼児のオナニーの性質そのものであるのかもしれない。完全な発散や充足には常に何かが欠けているのだ。――《常に、けっしてやって来ることのない何かを待っている》(2)。そして、この欠落部分、オルガスムスの反応は、別の領域の等価的なもの、たとえば放心、突発的な笑いや泣き（Xy）、ことによるとその他の何かに現れてくる。(3) 幼児の性はここでもまた、ひとつの先例を固着したのである。

八月二十二日　空間性とは、心的装置の広がりの投射であるのかもしれない。他の〔かたちでの〕派生は在りそうもない。カントの言う、われわれの心的装置のアプリオリな条件の代わりに。(4) 心《プシュケ》とは延長しており、そのことについては何も知らない。(5)

八月二十二日　神秘主義とは、自我の外側の領域たるエスの漠たる自己知覚である。

（高田珠樹　訳）

編注

モーセという男と一神教

I　モーセ、ひとりのエジプト人

(1)【SA　ここでフロイトは、ゴールトンの「合成写真」を念頭に置いている。フロイトは好んでこの方法に言及する。たとえば『夢解釈』(GW-II/III 144)〔本全集第四巻、一八六頁〕参照。】

(2)【SA　フロイトは『精神分析入門講義』第一〇講(GW-XI 163)〔本全集第十五巻〕において、これに関連した奇妙な逸話に言及している。この注は一九三九年の版で最初に書かれている。一九三七年の『イマーゴ』版にはない。ブレステッドに基づいて引用された言葉は、もともとは聖ステファノの説教に由来する(「使徒言行録」七・二二)。】

(3)【SA　カルナは、サンスクリット叙事詩『マハーバーラタ』に登場する英雄。ギルガメシュは、バビロニアの英雄。その他の者は、ギリシア伝説世界に由来する。】

(4)【SA　マイヤーのこの論文(一九〇五年)は、さらに浩瀚な研究書(『イスラエル人とその近隣民族』一九〇六年)の要約であり、後者においてはエジプト名の問題がさらに詳しく検討されている(四五〇―四五一頁)。それによると、「ピンハス」(ドイツ語聖書では「ピネハス」)という名前の男は二人いた。すなわち、アロンの孫(「第二モーセ書」〔「出エジプト記」〕六・二五、および「第四モーセ書」〔「民数記」〕二五・七)とシロの祭司(「第一サムエル記」一・三)であり二人ともレビ人である。シロは、契約の櫃(聖書では幕屋)がエルサレムに移される前まで建てられていた場所の名前である(「ヨシュア記」一八・一参照)。】

II　もしもモーセがひとりのエジプト人であったとするならば……

(1)【SA　「精神性 Geistigkeit」なる概念は、この論考の最後に至るまで大きな意味を持ち続ける。特に、第三論文、第二部、c節。】

(2)【SA　実際、ブレステッドの(アメリカ)版では「イクナートン」であった。英国の研究者は、大体において「アクナート

ン」(「アケナートン」ではなく)を、あるいはまた最近では「アケナーテン」を優先的に用いる。】
(3)【SA　この文章は、正確には「ひとつのピラミッドあるいは一羽の鷹」でなければならないだろう。ブレステッド『エジプトの歴史』二七八頁参照。】
(4)【SA　アトンとアトゥムを結びつけるウェイゴールの考えは、一般的に言ってエジプト学者には認められていない。】
(5)【SA　ヘロドトス『歴史』第二巻、一〇四章。】
(6)【SA　イクナートン即位以前の約二百年に及ぶ混乱時代、セム系の民族(いわゆる「牧人王」)が北エジプトを支配していた。】
(7)【SA　モーセがその人生の終焉に至ったとき、約束の地に入るのを禁止されたことが想起されるならば(「第五モーセ書」〔「申命記」〕三四・四)、この禁止の理由として、真っ先に水を得ようとしたモーセが、岩に語りかければ済むのに、岩を杖でもって打ち砕いてしまった短慮ゆえに神が彼を罰したということが挙げられよう(「第四モーセ書」二〇・一一—一二)。】
(8)【SA　正確な場所は、はっきりしない。むしろ、ペトラと同じ緯度にある現在のネジェフが想定されるが、これは約八十キロメートルも西方に位置する。問題となっている場所は、周知のシリアのカデシュ、つまりラムセス二世がヒッタイトを打ち破ったパレスティナ北方の地と同じではない。】
(9)【SA　これらの名前は、カデシュの湧き水井戸の名前と思われる。「第二モーセ書」一七・七参照。】
(10)【SA　たとえば「第四モーセ書」二〇・六—九。一般には、シナイとホレブはひとつの同じ山の異なった名前であると考えられている。】
(11)【SA　すでに述べておいた、とされている文章は見出せない。この文章は、フロイトが加筆訂正したときに脱落したのであろう。】
(12)【SA　ジャン・アストラック(一六八四—一七六六年)は、ルートヴィヒ十五世の宮中侍医であった。】
(13)【SA　象形文字は、感覚的対象および感覚的音響の特徴をそなえて創られている。】
(14)【SA　『聖アントワーヌの誘惑』最終稿(一八七四年)の第五部。】

III　モーセ、彼の民、一神教

（1）【SA　事実、フロイトはこの論文に、一九三六年に大幅な修正を加えたのではあるが、論文初稿は一九三四年に、それゆえ四年前に書き上げてしまったと考えられる。】

（2）【SA　フロイトは「シェイクスピア」はオクスフォード伯爵、エドワード・ド・ヴィアーの偽名であろうとの考えを抱くようになっていた。フランクフルトのゲーテハウスにおける彼の講演「一九三〇年ゲーテ賞」（GW-XIV 549）〔本全集第二十巻〕参照。】

（3）【SA　地方土着の神格。】

（4）【SA　『精神分析入門講義』第二二講（GW-XI 359-360）参照。】

（5）【SA　『精神分析入門講義』第一三講（GW-XI 204-205）参照。】

（6）【SA　「幼児の性理論について」（GW-VII 182-184）〔本全集第九巻〕参照。】

（7）【SA　自我変容、対抗備給、および反動形成の関係は、『制止、症状、不安』（GW-XIV 189-192, 196-197）〔本全集第十九巻〕において初めて論じられた。治療的な自我変容（ここでは考察されていない）は、フロイトの後期論文では、防衛諸過程によって現れてくる自我変容の逆行操作と見なされる。「終わりのある分析と終わりのない分析」V節（GW-XVI 83-85）〔本全集第二十一巻〕、および「精神分析概説」第六章（GW-XVII 105）〔本巻二一八頁〕参照。】

（8）【SA　ここで報告されている資料の大半は、『トーテムとタブー』第四論文〔本全集第十二巻〕のなかではるかに詳細に論じられている。ただし、本稿では、母性神格に関する論にかなり重点が置かれている（さらに、先の原注（46）、また『集団心理学と自我分析』XII節（GW-XIII 151-153）〔本全集第十七巻、二一二―二一四頁〕も参照）。この主題は総体として後段の第二部、d節で改めて取り上げられる。】

（9）　Credo quia absurdum. ラテン語。【SA　〔不合理ゆえにわれ信ず、という〕この心理は、フロイトによって『ある錯覚の未来』（GW-XIV 350-351）〔本全集第二十巻〕においてすでに論じられている。（GW-XVI 226）〔本巻一四九頁〕参照。】

(10)【SA『みずからを語る』〔本全集第十八巻〕のなかでフロイトは、言い伝えによれば彼の父方の先祖は長いあいだケルンに定住していた、と書いている。】

(11)【SA『文化の中の居心地悪さ』V節(GW-XIV 473-474)〔本全集第二十巻〕にある「小さな差異のナルシシズム」を参照。この個所では、反ユダヤ主義に関しても議論されている。】

(12)【SA 去勢コンプレクスおよび割礼に潜む無意識的な反ユダヤ主義の根源についてフロイトが初めて言及したのは、「小さなハンス」の症例提示の原注(GW-VII 271)〔本全集第十巻〕においてであると思われる。彼はこの論拠を一九一九年にレオナルド研究に追加記入した原注(GW-VIII 165)〔本全集第十一巻〕においても繰り返している。『文化の中の居心地悪さ』での反ユダヤ主義に関する個所では、これらの原注が指示されている。しかしながら、この問題に関する本稿の論述は、フロイトの著作全体を見ても最も詳しい。】

(13)【SA フロイトは十五年前に『自我とエス』(GW-XIII)〔本全集第十八巻〕のなかで心的装置の構造モデルを提示して以来、この省略記号をほとんど使用していなかった。本稿において彼がこの省略記号を、彼のふだんの習慣にふさわしくなく「記述的」な意味で使っているのは奇妙なことである。】

(14)【SA 超自我に関するいくつかの論は、しかしながら、ここ(GW-XVI 223-225)〔本巻一四六—一四八頁〕においても現れてくる。】

(15)【SA〔「エス」、「抑圧されたもの」などに関する〕よりいっそう詳細な描出は、『続・精神分析入門講義』第三一講〔本全集第二十一巻〕でなされている。】

(16)【SA フロイトが『快原理の彼岸』(GW-XIII 23-24)〔本全集第十七巻、七五—七六頁〕や『自我とエス』(GW-XIII 246)のなかで似た脈絡で説明しているように、この個所とは、解剖学でも、フロイトのメタサイコロジーでも大脳皮質に局在させられる知覚系のことである。】

(17)【SA この過程に関する長い詳説は、メタサイコロジー的論考「無意識」(GW-X 300-301)〔本全集第十四巻〕にある。】

(18)【SA マーネトは、紀元前三〇〇年頃のエジプトの司祭にして歴史叙述家。彼のエジプトの歴史はギリシア語で書かれており、他の古代の著述家が書いたものの抜粋のみをその内容とする。ドイツ語版としては、たとえばK・R・レプシウス『エジプト史の範囲のマーネトによる設定について』(一八五七年)参照。】

(19)【SA　イクナートンの母、ティイ王妃はエジプト人ではなかった、という時折に主張された考えは、彼女の両親の墓がテーベで発見されたのち否定された。】

(20)【SA　この三部作〔『アガメムノン』『供養する女たち』『慈しみの女神たち』〕の主題は、アガメムノン夫人クリュタイメストラによるアガメムノン殺害、息子オレステスによる父の敵討ちとしての母親殺害、〔復讐の女神たちである〕エリニュスによるオレステス追跡と告訴、そしてアテナイにおけるアレイオス・パゴス法廷でのオレステスへの無罪判決である。】

(21)「思考の万能」への信仰の出現と、母権制から父権制への転換。

(22)【SA　言い伝えによると、彼は棺のなかに隠れてエルサレムを抜け出し、その後、ローマの指揮官からエルサレム西方の海辺の町で律法(トーラー)を教える許可を得たという(紀元七〇年)。】

(23)本論文、編注(9)参照。

(24)【SA「「文化的」性道徳と現代の神経質症」(GW-VII 150)〔本全集第九巻〕において、フロイトは「神聖な」という言葉に関して多少異なったことを書いている。本稿で、この言葉は人格に関係づけられているようである。また、『文化の中の居心地悪さ』VII節、特に(GW-XIV 484-490)では、この主題について包括的観点から論及されている。】

(25)【SA「近親相姦忌避」は、『トーテムとタブー』第一論文の主題となっている。】

(26)【SA『ファウスト』第一部、第四場におけるメフィストフェレスの皮肉のこもった言葉をもとにした、あてこすり。】

(27)GWには「Z.B.」とある。しかしこのままでは意味が通らないため「Zweitens」の誤植と見なし、「第二は」と訳した。

(28)【SA「危険な状況」に関しては、『制止、症状、不安』XI節、B(GW-XIV 197ff.)参照。】

(29)【SA〔抑圧されたものの回帰という〕この術語と概念は、一八九〇年から一九〇〇年にかけて公表されたフロイトのたいへん早期の精神分析的論文にまで溯ることができる。】

(30)【SA　シャルロッテ・フォン・シュタインに捧げられた詩「なぜに、汝は深き眼差しもて我に見入るや」から。フロイト

は講演「一九三〇年ゲーテ賞」(GW-XIV 548)においてこの詩を引用している。】

(31)【SA 〔主神教という〕この用語は、明瞭には定義されていない。これは、種族神への人間集団の信仰、あるいはまた神々の位階を超えてこれらを支配統治するひとつの神への信仰を指すために使われる。いずれの場合においても、唯一神への信仰はまったく考えられていない。】

(32)【SA この最後の文章に込められている考えは、フロイトによって、たいへん似たかたちで、すでに『日常生活の精神病理学にむけて』(一九〇一年)初版、第一二章〔本全集第七巻〕、またグラディーヴァ研究(一九〇七年)(GW-VII 108)〔本全集第九巻〕のなかで定義され、表現されている。「嫉妬、パラノイア、同性愛に見られる若干の神経症的機制について」(一九二二年)(GW-XIII 198 ff.)〔本全集第十七巻、三四六頁以下〕でフロイトはこの問題を立ち入って論じているが、しかしこの考えの全体的輪郭となると、さらに昔に溯れる。たとえば、一八九七年一月二十四日付および一八九六年一月一日付のフリース宛書簡の一節。これに近接している問題、本稿のこの個所で取り上げられている「歴史的」真理と「物質的」真理の区別という考えは、これに対して比較的新しいものである。この考えは『トーテムとタブー』(一九一二―一三年)の終末部(GW-IX 192-193)に現れており、示唆的には『ある錯覚の未来』(一九二七年)(GW-XIV 367-368)にも見て取れるが、神話との関連におけるはっきりとした論述は「火の獲得について」(一九三二年)(GW-XVI 7)〔本全集第二十巻〕で見出される。しかし、最初の明瞭な定義的言明は「『みずからを語る』その後――一九三五年」〔本全集第十八巻〕に現れており、本稿における主題自体にすでに触れている。心的現実と外的現実の区別(GW-XVI 181-182)〔本巻九六―九七頁〕も、おそらくこの区別と類比的に関連している。】

(33)【SA すなわち、原父が現に実在したという事実。】

精神分析概説

「精神分析概説」へのまえがき

(1) フロイトがいつ執筆にとりかかったかという問いについては、さまざまな見方が存在している。アーネスト・ジョーンズの伝記の第三巻（一九五七年、二五五頁）〔邦訳『フロイトの生涯』竹友安彦・藤井治彦訳、紀伊國屋書店、一九六四年〕によれば、「この書物は、フロイトが出国のために待機していた時期に」ウィーンで執筆を開始された。それならば、一九三八年の四月か五月ということになろう。しかし、草稿の最初の頁には七月二十二日の日付があり、これは、GW第十七巻の編者たちが、この仕事が一九三八年の七月、つまり六月初頭にフロイトがロンドンに到着したすぐあとに開始されたとしていることを裏書きしている。本全集もフロイトの記した日付に従う。「解題」参照。

第一部　心的なものの本質

（1）【SE　フロイトはここで、間違いなく、他の作品の中でも特に、プラトンの『饗宴』が念頭にある。フロイトは『饗宴』を、このような関連のもとに、『快原理の彼岸』（GW-XIII 62-63）〔本全集第十七巻、一一六―一一七頁〕で引用しているが、さらに早期には、『性理論のための三篇』（GW-V 34）〔本全集第六巻〕でもすでに言及している。】

（2）アメーバに典型的に見られる運動を指している。

（3）【SE　フロイトは、エンペドクレスとその理論について、ある程度長く、彼の論文「終わりのある分析と終わりのない分析」VI節（GW-XVI 91-93）〔本全集第二十一巻〕で議論している。物理学の中で働いているふたつの力についての言及は、「戦争はなぜに？」（GW-XVI 20-21）〔本全集第二十巻〕、『続・精神分析入門講義』第三二講（GW-XV 109-112）〔本全集第二十一巻〕にも含まれている。】

（4）「精神分析初歩教程」〔本巻所収〕の編注（4）参照。

第二部　実践的課題

（1）【SE　ヴィルヘルム・ルー（一八五〇―一九二四年）は、実験発生学の設立者の一人であった。】

（2）【SE「終わりのある分析と終わりのない分析」VIII節の原注（GW-XVI 99）参照。】

（3）【SE『ラモーの甥』より。フロイトはこれをすでに二回引用している。『精神分析入門講義』第二一講（GW-XI 350）〔本全集第十五巻〕参照。】「ハルスマン裁判における医学部鑑定」（GW-XIV 541）〔本全集第二十巻〕参照。

（4） 愛情対象を失ったときに、それを埋め合わせるようにして同一化が起こるという考えは、『自我とエス』〔本全集第十八巻〕の中で特に展開されているが、フロイトはそこでこれを、まずメランコリー現象の中に確認したと述べている。

（5） 【SE この用語は、ユングによってはじめて用いられたようである（「精神分析理論の叙述の試み」（*Jahrbuch für psychoanalytische und psychopathologische Forschungen*, V, 1913）三七〇頁）。フロイトはこれを導入することに、「女性の性について」（GW-XIV 521）〔本全集第二十巻〕で反論している。】

（6） 【SE フロイトがこの見解にはじめて言及したのは、『夢解釈』第五章の原注(107)に一九三〇年に加えられた一文（GW-II/III 273）〔本全集第四巻、三四七頁〕においてである。彼はこの点について敷衍して、「一九三〇年ゲーテ賞」（GW-XIV 549）〔本全集第二十巻〕において述べ、さらに、『みずからを語る』に一九三五年に加えられた原注（GW-XIV 96）〔本全集第十八巻〕においても述べている。さらにもう一度、『モーセという男と一神教』第三論文、第一部、Aの原注(58)〔本巻八三頁〕で言及している。この見解を支持する長い議論は、フロイトが、J・S・H・ブランソンに一九三四年三月二十五日に書いた手紙の中に含まれていて、これは、ジョーンズの伝記の第三巻、補遺A（二七番、四八七―四八八頁）で公刊されている。】

（7） 【SE フロイトはこの点について、はるかに長く、「終わりのある分析と終わりのない分析」Ⅷ節で論じている。】

第三部　理論的進歩

（1） made in Germany.

（2） 【SE この症例は「嫉妬、パラノイア、同性愛に見られる若干の神経症的機制について」（GW-XIII 200-201）〔本全集第十七巻、三四八―三四九頁〕で、ある程度長く報告されている。】

（3） 【SE 『ファウスト』第一部、第一場。フロイトはすでに『トーテムとタブー』（GW-IX 190）〔本全集第十二巻〕で、これを引用している。】

論　稿

精神分析初歩教程

(1) ここで「前提」と訳した部分は、GWでは Moralbesetzungen となっている。SEによれば、ドイツ語版はどれもこうなっているが、実は Voraussetzungen の誤植である。前後の文脈からSEの指摘は妥当と思われるので、邦訳はこれに従った。

(2) この論文でフロイトが「意識」に使っている言葉は、Bewußtsein と Bewußtheit の二通りがあるが、本全集での方針に則り、前者を「意識」、後者を「意識性」と訳し分けておく。

(3) (GW-IV 67)〔本全集第七巻、七二頁〕参照。

(4) 一八五一―一九一四年。ミュンヒェン大学哲学教授。SEによれば、フロイトは一八九七年にある心理学の会議で読んだリップスの論文に注意を引かれ、翌年のフリース宛の手紙の中で言及している。フロイトの所蔵していたリップスの著作『心の生活の根本事実』(一八八三年)には、「われわれはむしろ、無意識的な過程があらゆる意識的な過程の根底にあり、それらに随伴していると仮定する」という部分に下線が引かれていたという(ジェフリー・ムセイエフ・マッソン編、ミヒァエル・シュレーター=ドイツ語版編『フロイト　フリースへの手紙――一八八七―一九〇四年』河田晃訳、誠信書房、二〇〇一年、三四四頁)。『夢解釈』(GW-II/III 228-229)〔本全集第四巻、二九〇―二九一頁〕参照。

防衛過程における自我分裂

(1) Umsonst ist nur der Tod. ドイツの諺。

(2) 自我分裂の概念は、さらに、「精神分析概説」(本巻所収)の第三部において、フェティシズムのみならず、神経症から精神病までを射程に含んだ概念として展開されている。

反ユダヤ主義にひとこと

（1）【GW　リヒャルト・ニコラウス・クーデンホーフェ＝カレルギ伯爵のこと。】

（2）【GW　息子のR・N・クーデンホーフェ＝カレルギは、特に挙げるならば二冊の本を著している。『ユダヤ人憎悪』および『ユダヤ人憎悪――反ユダヤ主義』である。この二冊は、一九三七年に印刷された（パンオイローパ社・A・G・グラールス、ウィーン）。しかし、公刊はされなかったと思われる。さらに、「大戦後の反ユダヤ主義」（ハインリヒ・クーデンホーフェ＝カレルギ『反ユダヤ主義の本質』新版への緒言、ウィーン、一九二九年）および「今日のユダヤ人憎悪」（『反ユダヤ主義の本質』所収、ウィーン＝チューリヒ、一九三五年）参照。】

『タイム・アンド・タイド』女性編集者宛書簡

（1）【GW　この書簡は「フロイトからの手紙」という見出しで一九三八年十一月二十六日付の英字新聞『タイム・アンド・タイド』の付録紙に掲載された。『タイム・アンド・タイド』の女性編集者、ロンダ女史は以下のような前置きを書いている。「『タイム・アンド・タイド』紙にユダヤ人迫害に関する特別付録を出すことが決められたとき、私はフロイト教授に寄稿をお願いする手紙を書いた。彼は返事として、なぜ書く気分になれないのかを説明する私信を送ってくれた。ドイツにおける恐るべき状況を考慮したうえで、私は彼にその私信の公表を許可してくれるよう熱心に懇願し、最終的に彼の許可を得た。ここに掲載されているのが、その私信である」。この文章に続いて、第一頁にフロイトによって書かれた英語の手書き書簡のファクシミリが掲載されており、そして書簡本文が印刷掲載されている。この版に用いた原本は、この新聞のタイプ印刷版である。『タイム・アンド・タイド』紙に掲載された文章が、フロイトの『書簡――一八七三―一九三九年』（エルンスト・フロイト、ルーツィエ・フロイト編、フランクフルト・アム・マイン、一九六〇年、第三版・一九八〇年、四七一頁以下）およびSE（第二十三巻、三〇一頁）収録の文章と相違している点、注意されたい。これらはエルンストが所有していた一九三八年十一月十六日付の肉筆原稿に従ったものである。十一月十七日と記された最終的文章は、おそらく発送直前にフロイトによって修正を加えられたものであろう。彼の書簡記録簿によれば、彼は十一月に少なくとも三回、ロンダ女史に書簡を書いている。】

イスラエル・コーエン宛書簡

(1)【GW】この書簡は、英語に翻訳されて『ジューイッシュ・オブザーバー・アンド・ミドル・イースト・レビュー』第三巻(一九五四年)、第二三号(六月四日)、一〇頁に掲載された。この書簡は「フロイトからの手紙」という見出しのもとに「ハマツキル小時評」という名のコラムとして印刷され、以下のような文章が覚え書きとして冠せられていた(ハマツキルは、イスラエル・コーエンがコラムを書くときにいつも用いる筆名であった)。「ジークムント・フロイトからヴィルヘルム・フリースに宛てられた書簡が、一冊の本として出版された(これは一九五〇年のドイツ語版が一九五四年に英語に翻訳されて出版されたものを指しているのであろう)。この本は一八八七年から一九〇二年に至る時期の書簡を集めているが、これを読んで私は、この精神分析の創始者が第二次世界大戦勃発の直前に、彼が亡命者としてイギリスに到着したときに私宛に書き送ってきた一通の手紙を思い出した。当時、ケレン・ハエソード〔ユダヤ建設基金〕のための請願運動が起こっており、私は、この国際的に知られている名士からのメッセージがこの運動にとって精神的に鼓舞する力になるだろうと思った」。そこでコーエンはフロイトに手紙を書き送り、運動支援の請願文への署名を願い出た。コーエンの手紙には、以下のように書かれている。「アルゼンチンのユダヤ人たちが、ドイツから亡命してきたユダヤ人たちを助け、また、ユダヤ人たちのパレスティナ再定住を支援するために、公共的精神に基づいて大きな基金を造ろうと努力していることに対して、私は多大なる関心を抱いて参りました。人道精神に基づくこの仕事に私は深く共感し、アルゼンチンのすべてのユダヤ人たちがこの支援運動の成功に寄与することを私は衷心から願い、また、その成功を深く信じております」。イスラエル・コーエンは、シオニズム世界機構の先の書記局長であり、「ハマツキル」という筆名はヘブライ語で書記を意味する。彼はユダヤ人およびユダヤ共同体に関する幾冊かの本の著者であった。それらの著作内容を彼は広範な職務上の旅行に際して収集した。ここに印刷された書簡に関しては、長年にわたって訂正されないままに流布している書誌学上の誤謬がある。この書簡は、グリンシュタイン(『精神分析著作総目録』第五巻補遺、著者別索引への追加と訂正)によって10522c番として分類整理されていたが、誤って一九二四年とされていた。SEにおいてもこの書簡は、グリンシュタインに倣って、フロイト書誌において1924iとされている。同じ登録は、その後、『ジークムント・フロイト　語句索引　全書誌』(一九七五年)に至るまで認められる。この書簡の英語訳はこれまで復刻されたことがなく、年次に関する誤謬はこの全集版の準備作業に至るまで発見されないままであったと思われる。書誌学上の誤謬(1924i)は訂正され、(1954e[1938])とされた。『ジューイッシュ・オブザーバー』の編集者であったヨン・キムヒェ氏、ロンドンのジューイッシュ・エージェンシー・フォー・イスラエル〔ユダヤ機関〕のS・レーヴェンベルク博士、また、友情をもってフロイトのドイツ語の書簡原本を捜し出してくれたエルサレムのセントラル・シオニスト文庫館長、M・ハイマン博士の多大なる援助に感謝する。原本の公表は、これが初めてである。】

イスラエル・ドリュオン著『リュンコイスの新国家』への緒言

(1)【GW　この書簡は一九三八年十一月二十八日付でフロイトがドリュオンのために緒言文章として送ったものであり、以下のような文章で終わっている。「親愛なるドリュオン様、あなたの著作の緒言として若干の言葉を添えます。望みうる最高の希望を込めて、あなたに忠実なるフロイト」。この緒言は、一九四〇年に(ヘブライ語訳を添えたドイツ語で)イスラエル・ドリュオン著『リュンコイスの新国家――改良された人道的基盤の上に新たな社会秩序を築き上げるためのプラン』(エルサレム、ルビン・マス)において公表された。この本には、アルベルト・アインシュタインによる第二の緒言も載せられている。復刻版は(フロイト肉筆原稿のファクシミリを載せて)イスラエル・ドリュオン著『ハ＝イシュ・モシェ(モーセという男)』(エルサレム、マサダ出版社、一九四五―四六年)に収録されている。この最後の版には、ドリュオン宛に書かれた緒言を含む短い書簡、および二通の書簡の抜粋が収められている。この全集版の原本として、ドリュオン氏はフロイト肉筆書状の写真コピーの部分すべてをわれわれに使わせてくれた。記して感謝する。「リュンコイス」は、ヨーゼフ・ポッパー(一八三八―一九二一年)の筆名である。彼は技術者の家に生まれたが、オーストリアでは特にその哲学的かつ社会主義的著作のゆえに広く知られていた。ドリュオンの著作への緒言からは、フロイトが彼を高く評価していたことが明らかになる。ポッパーの死後、一九二一年にフロイトは小さな論文「ヨーゼフ・ポッパー＝リュンコイスと夢の理論」〔本全集第十七巻〕を書いたが、そのなかで彼は、彼自身の夢理論の重要な個所と「リュンコイス」が『ある現実主義者の空想』において定式化した理念とのあいだにある見解の一致に言及している。また、フロイトは『夢解釈』第一章の「一九〇九年の補足」(GW-II/III97-99)〔本全集第四巻、一二七―一二九頁〕でこれを参照させていた。この問題にフロイトはさらにもう一度、ポッパーの没後十年を記念して編集された『一般扶養義務協会誌』(ウィーン)第十五巻記念号に寄稿された少し長い論文「ヨーゼフ・ポッパー＝リュンコイスと私の接点」〔本全集第二十巻〕において立ち戻った。また、E・S・ヴォルフ、H・トルスマン『フロイトとポッパー＝リュンコイス』(一九七四年)参照。】

イスラエル・ドリュオン宛書簡二通抜粋

(1)【GW　最初に(ドイツ語で書かれた原本のファクシミリとともに)公表されたのは、イスラエル・ドリュオン著『ハ＝イシュ・モシェ(モーセという男)』(エルサレム、マサダ出版社、一九四五―四六年)においてである。イスラエル・ドリュオンの著書『リュンコイスの新国家』に緒言としてフロイトが寄せた短い書簡全体も、この著作において初めて公表された。この緒言自体は、ここで複製印刷されていることになる。二通の書簡は、ドイツ語原本のファクシミリにおいて両面記録となっていた。ドイツ語の肉筆書状は、これまでまだ発見されていないようである。ドリュオンがここに選択抜粋した書簡は、モーセがエジプト人であったと立論するに際してフロイトがポッパーの短篇小説(『ある現実主義者の空想』(一八九九年)所収)によって影響を受けたか否かを問うドリュオンの質問書状に対して、返答として書かれたものである。】

(2)【GW　ヒューストン・ステュワート・チェンバレン(一八五五―一九二七年)は、博学の政治理論家。人種論的思想ゆえに悪評高かったが、国家社会主義的イデオロギーの知性派的先駆者と見なされている。彼の著書『十九世紀の基礎』は、ポッパーの『ある現実主義者の空想』と同じ年、一八九九年に刊行された。】

成果、着想、問題

(1)　GWでは、標題とフロイト自身の文章との間に「この標題のもとに執筆時期の順に並べられたいくつかの覚え書きがあり、以下は、編者がそれらの覚え書きの中から選び出したものである」という一文がある。SEでは、標題に付された脚注に「これらの互いに繋がりのない短文が、一九四一年に刊行された遺稿を収めた巻〔GW第十七巻〕に「成果、着想、問題（ロンドン、一九三八年六月）」という標題で発表された。これらのメモは、GWの編者たちが省いた他の二つのメモと併せ、一枚の紙の両面を占めている」と記されている。

（2）en attendant toujours quelque chose qui ne venait point. フランス語。ゾラの『ジェルミナール』第二章、第五節に、意味はほぼ同じでやや体裁の異なった dans l'attente de quelque chose qui ne venait point という一節があり、これを念頭に置くのかもしれない。そこでは、自分を誘いながら性的な営みを求めない男に対して不満を覚えつつも、仕方がないとして諦める女について語られている（E・ゾラ『ジェルミナール』プレイヤード版全集、第三巻、一二三九頁）。

（3）（Xy）という表示が何を意味するかについては、前後に手掛かりとなるものがない。名前を挙げるのが憚られる人物のことが念頭にあったのか、あるいはその名前を後で記入するつもりでそのままになったのか、などが考えられるが不明である。

（4）ここは「代わりに」で文が不完全なまま終わっている。この「代わりに」ということで、フロイトは、単にカント的な空間概念に代わる別の空間概念が必要だ、という趣旨のことを言いかけたとも読めるが、おそらくこの文は前の文の内容を補足するものであり、空間とは、カントが『純粋理性批判』の「感性論」で説いたような、心に元から備わる形式なのではなく、何かから派生してきたものであろうが、何から派生してきたかと言えば、心的な装置そのものが広がりをもち、そのことが外に投射されたという意味での派生以外には考えられない、という趣旨であろうと思われる。空間の表象を、広がりとしての人間の在り方そのものが投射されたものと考える点では、ハイデガーの発想にも通じると言えよう。

（5）この覚え書きの最後の文は、原文をそのまま訳せば、「心はそのことについては知らない」となり、「そのこと」が何を指すかは曖昧である。心には、カントの言うようなアプリオリな条件などない、そして、空間は感性のアプリオリな形式ではない、という意味にも取れる。あるいは、心そのものが延長していることが世間で認識されていないということを述べようとして、覚え書きのために文が不完全なままに終わったとも考えられる。

解題

渡辺哲夫

この巻に収録されている論文、草稿、および書簡等は、先行した二篇の「モーセ」論、つまり「モーセ、ひとりのエジプト人」と「もしもモーセがひとりのエジプト人であったとするならば……」(一九三四年執筆開始、一九三七年に雑誌『イマーゴ』に掲載)を除いて、いずれも一九三八年のうちに、すなわち、フロイト、八十一歳八カ月頃以降の約一年間のうちに執筆されたものである。このことは一九三九年になってから、特に、五月六日に八十三歳の誕生日を迎えてから、死の病床に横たわる日々が多くなったフロイトの身体的衰弱過程に関して伝えられる報告から推測される。

フロイト一家がロンドンに亡命する目的で当地のヴィクトリア駅に着いたのは一九三八年六月六日で、フロイトの死去が一九三九年九月二十三日であるから、状況激変の連続を考慮すると、集中力をもって思索と執筆に専念できた時間はさらに短かったであろう。それゆえ、未発表のままに放置された論文、中断されて未完のままになった草稿が少なくない結果となっている。

『モーセという男と一神教』は、ウィーンの国際精神分析出版社が一九三八年三月にナチスに接収されたため、刊行をアムステルダムの出版社に依頼することになり、出版は一九三九年となった。キャサリン・ジョーンズが夫アーネストの援助をえて「英語版」を出版したのは同年五月である。

伝記事項

フロイトは、数字で表現するなら、一八五六年五月六日に生まれ、一九三九年九月二十三日に死去している。そして本巻に収録された書簡類の日付を見れば明らかだが、一九三八年十二月以降には、まとまった書簡すらもあまり書かれなくなってゆく。たとえば一九三八年十一月十二日付のマリー・ボナパルト宛の手紙には「手紙は書けますが、ほかのことはだめです」という文章が見出せる。

それゆえ、予めウィーンで書かれていた「モーセ、ひとりのエジプト人」と「もしもモーセがひとりのエジプト人であったとするならば……」の二篇を除外すると、本巻にて訳出された文章は、すべて一九三八年に、約五カ月間の狂乱のウィーンで、さらにロンドン亡命後の六カ月のうちに書かれた、あるいは加筆推敲が終えられたもの、ということになる。年齢で言うなら、おおよそ、八十一歳八カ月から八十二歳七カ月までのあいだの執筆と推敲の結果、ということになる。

一九三八年十二月以降の約十カ月間のフロイトの姿と彼が語った言葉、『備忘録』のメモ等は保存され、多くの人に記憶され、記録されている。なお最後の書簡は詩人アルブレヒト・シェッファー宛のものと考えられ、日付は一九三九年九月十九日となっている。二十一日には許容量以上のモルヒネ注射が開始されているから、フロイトの「意識」が死ぬ二日前ということになる。

しかし、時代背景という以上、われわれはフロイトの執筆活動の最後のときである一九三八年という年だけにこだわることができない。フロイトをロンドンに追放し、そこで死なせた直接的な事情、二十世紀最大の異常事態の一つは、ドイツを中心にして一九三三年一月末にすでに始まっている。一連の出来事は周知のことだが、この異常事態の具体相の要点はここでも繰り返して考えざるをえない。ただしここではヒトラーの「闘争」とフロイトの「思索」とを年表的に併記して、その同時代性を再確認すべく試みるにとどめる。

以下は、フロイトが執筆ないし公表した論著、投函された書簡、フロイトの私的感慨、および彼の身辺事件の主たるものである。

◆一九三三年

一月三十日、アードルフ・ヒトラー（一八八九―一九四五年）、ドイツ首相に就任。ヒトラー、四十三歳。フロイト、七十六歳。二月、国会議事堂放火事件、三月、ダッハウに最初の強制収容所設置、五月、全ドイツの大学で焚書の狂乱、九月、ユダヤ人迫害のためのニュルンベルク諸法制定。

前年に書き終えていた『続・精神分析入門講義』を単行本として公表。三月、「戦争はなぜに？」（アインシュタインとの往復書簡のうちのフロイト執筆文章）公表。五月、シャーンドル・フェレンツィ死去。「シャーンドル・フェレンツィ追悼」を献じる。「マリー・ボナパルト著『エドガー・ポー――精神分析的研究』への序言」などを執筆。夏、アーネスト・ジョーンズ宛書簡にて「現在のような世界的危機の中ではわれわれの組織もまた滅びるだろう。私はそれをこの目で見る覚悟ができている。ベルリンは崩壊した。ブダペストはフェレンツィを失ってレヴェルが下がった」と。

◆一九三四年

八月、ヒンデンブルク大統領死去に伴い、ヒトラー、「総統にして首相」の地位を国民投票で承認。夏、「モーセ、ひとりのエジプト人」および「もしもモーセがひとりのエジプト人であったとするならば……」執筆開始、『精神分析入門講義』と『トーテムとタブー』のヘブライ語版への序文などを公表。

◆一九三五年

三月、ドイツ、ヴェルサイユ条約軍備制限条項を破棄、徴兵制度制定。「ある微妙な失錯行為」公表、「トーマス・マン六十歳の誕生日に寄せて」(書簡)などを書く。

◆一九三六年

三月、ドイツ軍、フランスとの国境にある非武装地帯ラインラントに進駐。英仏、これを黙認。「ロマン・ロラン宛書簡――アクロポリスでのある想起障害」などを書く。五月六日、八十歳の誕生日、予感していたとおり祝賀騒ぎで疲労困憊する。六月十四日、ベルクガッセ十九番地を訪問したトーマス・マン、フロイト一家の前で「フロイトと未来」を朗読。六月末日、英国王立協会員の客員に選ばれ、喜ぶ。

◆一九三七年

四月、ゲルニカ爆撃。「モーセ、ひとりのエジプト人」、「もしもモーセがひとりのエジプト人であったとするならば……」を『イマーゴ』誌に掲載(この二論文は執筆開始後おおよそ三年を経ての公表)。二月、ルー・アンドレアス＝ザローメ、ゲッティンゲンで死去。「ルー・アンドレアス＝ザローメ追悼」を献じる。六月、「終わりのある分析と終わりのない分析」を公表、ついで「分析における構築」などを公表。アーネスト・ジョーンズ宛書簡にて「ここの政府はドイツと違いますが、民衆は同じです。第三帝国の同胞たちと心を一にして反ユダヤ主義を奉じています。まだ窒息するには至っていませんが」と書く。

◆一九三八年

三月十三日、ナチス・ドイツ、オーストリアを併合。即刻、ユダヤ人の裁判官、官僚、経営者、銀行家、大学教授、ジャーナリスト、音楽家等、職を追放される。九月、ミュンヒェン会議にてヒトラー、英首相チェンバレンと仏首相ダラディエを恫喝し、チェコスロヴァキアのズデーテン地方を割譲させる。十一月、水晶の夜。

三月十三日、「ドイツに併合」とのみ『備忘録』にメモ。ウィーン精神分析協会幹部、ユダヤ人会員に対し「即刻亡命し、どこであれフロイトが落ち着いた先に再結集する」よう勧告することを決議。翌十四日、「ヒトラー、ウィーンに到着」と簡潔に『備忘録』にメモ。十五日、突撃隊員がフロイトの自宅と国際精神分析出版社を家宅捜索し、長男マルティン・フロイトを一日間拘束。駐仏アメリカ大使ウィリアム・ブリットとウィーン駐在のアメリカ総領事ジョン・クーパー・ワイリー、合衆国国務長官コーデル・ハルに「フロイト危うし。高齢と病気にもかかわらず危険」と打電。十六日、ハル国務長官、電報内容をフランクリン・ルーズヴェルト大統領に報告し、十七日、「大統領の指示に従い」、「この問題」についてドイツ高官と非公式に協議するようベルリン駐在アメリカ大使ロバート・ウィルソンに指示。駐仏大使ブリット、パリ駐在のドイツ大使に、「フロイトの身にもしものことがあったら世界中が大騒ぎになる」と強く警告。十六―十八日、アーネスト・ジョーンズ、マリー・ボナパルト公妃、ルートヴィヒ・ビンスヴァンガーらから「招待」(暗号文)したい旨の連絡あり。フロイト自身はウィーンに留まる覚悟を変えず、ジョーンズの懸命の説得でようやく亡命に気持ちが傾くが、なお迷う。二十二日、三女アンナ・フロイト、ゲシュタポに逮捕される。『備忘録』に「アンナ、ゲシュタポに」と。夕刻、ハル国務長官にワイリー総領事から「アンナ・フロイト釈放さる」と朗報。フロイト、これを機に亡命を決意。以後、三月末から五月末まで、ナチ、ゲシュタポによる執拗な妨害が陰湿に続く。この間フロイトは『モーセという男と一神教』の未完原稿に「一日一時間だけ」手を入れる日々。

六月四日、フロイト、ウィーンを離れ、一行(主治医とその家族を含め総勢十六名)はオリエント急行にて翌五日、国境を越えフランスに入国。夜のドーヴァー海峡を船で渡り、六日朝、ロンドンのヴィクトリア駅に到着。二十一日、『備忘録』に「モーセ第三部再開」とメモ。この本の内容に関する噂はこの頃すでに広まり、モーセを心の支えにして生きようとしていたユダヤ人たちを不安に陥れる。

七月十七日、末の弟アレクサンダー宛に「モーセ第三部の最後の一文を書き終えたところだ」と書き送る。同月二十二日「精神分析概説」を執筆開始するが、九月はじめ悪性腫瘍悪化と手術のため執筆を中断、結果的にはこれを放棄。十月二十日「精神分析初歩教程」執筆開始(標題のみ英文、これも未完に終わることとなる)。ミュンヒェン会議の屈辱的内容を知り『備忘録』に「和平」とのみメモ。十一月十日、(いわゆる「水晶の夜」について)『備忘録』に「ドイツでユダヤ人大量虐殺」とメモ。このほか、同年夏から秋にかけて「精神分析概説」へのまえがき」、「防衛過程における自我分裂」、「反ユダヤ主義にひとこと」、『タイム・アンド・タイド』女性編集者宛、イスラエル・コーエン宛、イスラエル・ドリュオン宛に書簡、「イスラエル・ドリュオン著『リュンコイスの新国家』への緒言」、「成果、着想、問題」などを書く。

◆一九三九年

三月、ドイツ軍、プラハ入城。八月、独ソ不可侵条約締結。九月一日、ドイツ軍、ポーランドに侵攻。第二次世界大戦勃発。同月三日、英仏両国、対独宣戦布告。

『国際精神分析雑誌』と『イマーゴ』を合わせた雑誌『国際精神分析雑誌・イマーゴ』がイギリスにて創刊される（編集長フロイト）。『モーセという男と一神教』のドイツ語版、アムステルダムの出版社から刊行。五月、同「英語版」刊行。刊行前からフロイトへの集中砲火が始まっていた。「フロイトの言葉はイスラエル憎悪に燃えた狂信的キリスト教徒の言葉に聴こえる」（アブラハム・ヤフダ）、「フロイト教授は、彼を歓迎した「自由で寛大なイギリス」に当然ながら感謝しているに違いない。だが、軽率に無神論を唱え、近親相姦を奨励していることが知れ渡ったら、いつまでイギリスで歓迎されるか、わからない。イギリスはいまだにキリスト教国ということになっているのだから」（ロンドンのマクナブ神父）等々。六月十五日、マリー・ボナパルト宛の最後の手紙、「『モーセ』のドイツ語版は千八百部売れたと聞いています」と。八月二十七日、最後の『備忘録』メモ、「戦争のパニック」と。

九月二十一日、主治医マックス・シュール、フロイトに三十ミリグラム（鎮静鎮痛の適量は二十ミリグラムとされる）のモルヒネを二度にわたって注射、フロイト、最後の眠りにつく。二十二日にも注射、二十三日午前三時、フロイト死去、八十三歳四カ月半の生涯であった。

書誌事項

『モーセという男と一神教』

初出に関しては多少複雑である。すなわち、第一論文「モーセ、ひとりのエジプト人」は一九三七年に『イマーゴ』誌第二十三巻、第一号、五－一三頁に、第二論文「もしもモーセがひとりのエジプト人であったとするならば……」は同年、同誌、同巻、第四号、三八九－四一九頁に掲載されたものが初出、そして第三論文「モーセ、彼の民、一神教」に関しては、一九三九年に以上の三つの論文を纏め合わせた本書が単行本としてアレルト・デ・ランゲ出版社(アムステルダム)から刊行されたものが初出、となる。ただし、第三論文のなかの「精神性における進歩」(第二部、c)の個所は、一九三八年八月にパリで開催された国際精神分析学会でアンナ・フロイトによって代読され、一九三九年に『国際精神分析雑誌・イマーゴ』第二十四巻、第一・二合併号、六－九頁に掲載されている。英語版は一九三九年にキャサリン・ジョーンズによって、一九六四年にジェームズ・ストレイチによって翻訳され出版されている。

一九三四年(ウィーン)から三八年(ロンドン)にかけてなされたこの著作の執筆、修正、加筆、削除、推敲、公表の詳細な過程、とりわけ「第三論文」のそれは、いまだに不明瞭な点を多く残している。

「精神分析概説」

初出は『国際精神分析雑誌・イマーゴ』第二十五巻、第一号、七－六七頁、一九四〇年。執筆開始は先に記したように一九三八年七月二十二日であるが、大きな手術を受けなければならなくなり、一カ月余りで中断された。

「「精神分析概説」へのまえがき」

初出は『国際精神分析雑誌・イマーゴ』第二十五巻、第一号、八頁、一九四〇年。この文章は長年にわたって不運にも見落とされ、右記の『国際精神分析雑誌・イマーゴ』にしか見出されず、『フロイト全集』(GW)の「別巻」(七四九頁)に収録されたのは一九八七年である。

「精神分析初歩教程」

初出は『国際精神分析雑誌・イマーゴ』第二十五巻、第一号、二一―二二頁、一九四〇年(抜粋)、および、GW、第十七巻、一三九―一四七頁、一九四一年(全文)である。標題のみ英語で"Some Elementary Lessons in Psycho-Analysis"とされているが、本文はドイツ語で書かれている。原稿は断片のまま遺されており、そこには執筆開始日として一九三八年十月二日という日付が記されている。未完に終わった「精神分析概説」の続稿の冒頭部分として執筆され、中断されたものと見なされてきた。しかし、イルゼ・グループリヒ＝ジミティスは『フロイトのテクストに帰れ』(フィッシャー社、一九九三年)において、「精神分析概説」の原稿が下書き段階のものであったこと、したがって完成原稿の残されている「精神分析初歩教程」は、(構造的類縁関係はあるものの)「概説」の続篇と見なすべきではないことを論じている。

「防衛過程における自我分裂」

初出は『国際精神分析雑誌・イマーゴ』第二十五巻、第三・四合併号、二四一―二四四頁、一九四〇年。フロイト直筆原稿には、一九三八年一月二日という日付が記されている。執筆時期は比較的に早く主題も重要であるが、短いままで打ち切られた理由は定かでない。

「反ユダヤ主義にひとこと」

初出は『未来へ　新たなるドイツ　新たなるヨーロッパ！』(パリ)、第七号(十一月二十五日)、一九三八年、二頁。この雑誌は、ハンガリー出身のイギリスの小説家兼ジャーナリスト、アーサー・ケストラーによって一九三八年秋に創刊されたもので、一年半で廃刊になったが、フロイトの文章はロンドンに行ったケストラーの説得に応じて書かれたものである。フロイトが引用した文章は、じつはフロイト自身によるものと考えられている。GW「別巻」七七七―七八一頁、一九八七年。

「『タイム・アンド・タイド』女性編集者宛書簡」

この書簡が書かれた経緯、時期等については、本巻の編注の当該個所を参照されたい。GW「別巻」七八二―七八三頁、一九八七年。

「イスラエル・コーエン宛書簡」

詳細に関しては、本巻の編注の当該個所を参照されたい。GW「別巻」七七五―七七六頁、一九八七年。

「イスラエル・ドリュオン著『リュンコイスの新国家』への緒言」

この「緒言」は実質的には「書簡」としてイスラエル・ドリュオンに郵送された。詳細に関しては、本巻の編注の当該個所を参照されたい。GW「別巻」七八四―七八五頁、一九八七年。


「イスラエル・ドリュオン宛書簡二通抜粋」

詳細に関しては、本巻の編注の当該個所を参照されたい。GW「別巻」七八六―七八八頁、一九八七年。


「成果、着想、問題」

初出はGW、第十七巻、一四九―一五二頁、一九四一年。「一九三八年六月、ロンドン」とフロイトによって注記されている。GWの編者たちによって日付順に並べられた。

エス論とモーセ論

a　歴史家フロイトの特異性

〔…〕新たな迫害に直面して人びとはまた、いかにしてユダヤ人は生れたのか、なにゆえにユダヤ人はこの死に絶えることのない憎悪を浴びたのか、と自問しております。私はやがて、モーゼがユダヤ人をつくったという定式を得、私の作品は「モーゼという男――一つの歴史小説――」という標題をつけられました（この歴史小説というのは、あなたのニーチェの小説の場合よりはるかに正当でしょう）。これは三章に分けられ、第一章は小説的に興味深く、第二章は辛苦にみちて長たらしく、第三章は内容豊富で求めるところの多いものです。この第三章で企図は挫折しました。なぜならそれは宗教の理論をもち込んだからです。これは『トーテムとタブー』後の私にとってはなんら目新しいものではありませんが、他の人びとにとっては新しい基礎的なものなのです。この他の人びとへの顧慮によって私は出来上ったエッセイを隠さねばならぬことになりました〔…〕(生松敬三訳。『フロイト著作集』第八巻、人文書院、一九七四年、四二一頁)。

ここに引用したフロイトの書簡は、オーストリアの小説家であり尊敬する友人でもあったアルノルト・ツヴァイク(一八八七―一九六八年)に宛てたもので、書かれた日付は一九三四年九月三十日となっている。内容も、書かれた日付も、多くのことを示唆している貴重な書簡であると言ってよいだろう。この時期、フロイトはすでに、「モーセ、ひとりのエジプト人」および「もしもモーセがひとりのエジプト人であったとするならば……」を書き終え、「モーセ、彼の民、一神教」をも途中まで論じてきて「挫折」していたことが理解できる。書簡のなかの「第一章」、「第二章」、「第三章」という区分けも、現在われわれが読みうる三部の論述構成に近い。

ただし、「第一章」、「第二章」に相当する論文の公表がこの書簡から二年以上経過した一九三七年(『イマーゴ』誌第二十三巻、第一号、第四号)であるゆえ、また、「第三章」はさらに遅れて、一九三八年七月十七日にロンドンで書き上げられたのであるから、「第一章」と「第二章」はこの約二年間のうちに、さらに「第三章」に関しては、約四年間のうちに、それぞれ修正されたり、構成を変更されたりした可能性は大きい。

だが、一九三九年に刊行された『モーセという男と一神教』の基本的骨格は、アルノルト・ツヴァイク宛書簡が書かれた時期にすでに出来上がっていたと見てよかろう。この経緯を知るだけでも、フロイトが約五年間にわたって密かに思索と執筆を続けていたことが解る。いや、ほんとうは、五年間どころではないと言うべきだろう。フロイトが「ミケランジェロのモーセ像」(本全集第十三巻)を書いたのは一九一四年であり、「ミケランジェロのモーセ像 補遺」(同)を書いたのは一九二七年である。「モーセ像」に関する二篇は正面切っての歴史論文ではないが、動機に、ユダヤ人、モーセによって創り出されてしまった民のなかのひとりという自覚と歴史感覚が潜んでいることは言うまでもない。

それゆえ、精神分析家フロイトは、五年間どころか二十五年間にわたって学者としてモーセと対峙していた、と考えても大袈裟とは言えまい。それどころか、ユダヤ人にとって旧約聖書が、文字通り〝もの心ついて以来〟心身に沁みこんでいたと考えるのは当然と言うべきで、フロイトという特異な合理主義的無神論者であれ、例外と見るべきではあるまい。つまり、フロイトが、モーセという神のごとき男にその生涯にわたってつきまとわれていたのは、宿命なのである。この意味で、精神分析創始者は、欲する、欲しないにかかわらず、おのれを無神論者、モーセ教を信仰しない者、と限定しつつ、またしても迫害されるユダヤ人たちを目の当たりにして、その理由を冷静に問う歴史家にならざるをえなかった。この必然・宿命の産物が『モーセという男と一神教』である。

アルノルト・ツヴァイク宛書簡のなかの「歴史小説」という表現は、意味深い。また、「『ある錯覚の過去』という題にしたほうがよかったかもしれない」とのピーター・ゲイの感慨はかなり妥当ではないかと思われる。この場合、「ある錯覚」が「トーテミズム」に端を発する「宗教」、とりわけ「ユダヤ教」と「キリスト教」を意味するのか、「モーセという神人」と「モーセ殺害」にまつわる「伝承」を意味するのか、「モーセ五書」を意味するのか、聖書そのもの、さらには「精神分析」自体を意味するのか、不明のままに留まり、謎めいたこの雰囲気が「歴史小説」には必要な、途方もなく深いプロットになるからである。

だが、結果をわれわれは知っている。フロイトが書いたのは、実証性追求を旨としたゆえに破綻寸前となった「歴史論文」なのである。しかし、完全に破綻したとは言えまい。もし完全に破綻しているなら、この本がこれほどまでにわれわれの関心を惹き続けるはずはないだろう。

フロイトという歴史家から発せられた問いは何かしら途方もない力に満ちている。〝ほんとうは、こうだった。いや、ほんとうは、ああだった〟という史実検証にまつわる俗論を超越した力がこの本には渦巻いている。なぜであろうか？　この問いの魅力は、おそらく、歴史家フロイトが重層的な歴史の概念を明瞭に識別しないままに論を進めた点から発生している。では、この歴史概念の重層性とは何であるか？　これは、言語的に媒介された通常の歴史的過去想起と無媒介・直接的な絶対的過去想起とがつくりだす重層性である。通念としては、言語的に媒介された歴史的過去のさらに遠い「過去」に、まだ人間がいない、言葉がない、動植物の本能に支配された絶対的過去を位置づける。この年表的な位置づけは、空想的かつ空間的思考が捏造したものなのだが、われわれは、この人為的に制作された人類史、自然史ないし地球史的過去を、あたかも経験したかのように錯覚して信じ込みやすい。

だが、フロイトは、このような錯覚には容易には陥らない。彼は絶対的過去を歴史的過去のさらなる遠方あるいは彼方にではなく、現在の人間の直下に置く。直下に、という表現もこれまた空間的なのであるが、これは言語表現の限界ゆえなので仕方がない。直下に、という言葉が砕け散った瞬間に、直下に、という真実が顕現してくるという厄介な事情がここにはある。具体的に言い換えるならば、「神経症者」の直下に「子供」を、「原人群族」を、「原父殺害」を、さらにはわれわれの内奥に潜む〝動物性〟を見るのが、フロイトの歴史眼の動きかたなのである。それゆえフロイトにとっての歴史は、ある時は進化論的な出来事の連鎖として、ある時には言語的に媒介された過去世界の想起として、またある時には、いわば目の前の患者の現在・現前において垂直に絶対的過去に向かう力動として、経験され語られる。言うなればフロイトの歴史眼はいつも複眼的なのである。この複眼性のうちでもっともフロイト特異的なものが、人間の直下に〝動物性〟を見る感覚であろう。この特異な歴史感覚ゆえに『モーセという男と一神教』の著者は多くの歴史家や宗教家から批判されているのである。

しかし、このような特異な歴史眼が、歴史的過去の底を垂直に貫通して絶対的過去に達し、個体発生を貫通して系統発生に達し、さらに言うならば「自我」を貫通して「エス」に達するのは必然であった。歴史家フロイトはこの貫通の瞬間において生命論者フロイトに転身する。この転身する姿の瞬間的光景がまざまざと見えない限り、われわれは彼が『モーセという男と一神教』を書いた真意、彼が本書の至るところで『トーテムとタブー』（本全集第十二巻）に不必要なほど執拗に言及する真意を理解できないであろう。言うなれば、この書は「エスありしところに自我あらしめよ Wo Es war, soll Ich werden」（『続・精神分析入門講義』（本全集第二十一巻））という彼の周知の要請の実演なのである。この書は生命論者フロイトと歴史家フロイトの決闘の舞台であった。ここでは絶対的過去（「エス」）と歴史的過去（「モーセ」）との烈しい闘争が展開されている。

b　生命論者フロイト

本巻には『モーセという男と一神教』とならんで、やはり重要な、未完の論文「精神分析概説」が収められている。時期的には絶筆であり、内容的には精神分析という学問の「遺書」である。ここに奇妙な文章が見出せる。本文と重複することになるけれども、少し引用して読んでみたい。

> 無意識は、エスにおいて唯一の支配的な質である。エスと無意識は、自我と前意識がそうであるのと同様、緊密に結びついているが、その関係はここではもっと排他的である。人の発達史と心的装置を振り返ることによって、われわれは、エスの重要な区別を確認する。もともとはすべてがエスであったのであり、自我は、外界からの継続的な影響を通じてエスから発展してきたものである。このゆっくりとした発展の間に、エスのある内容は前意識状態に変わり、そうして自我の中に受け入れられた。他のものはエスの中で変わることなく、エスの近づきがたい核として留まった。しかしこの発展の間に、若くて力のない自我は、すでに受け入れた内容を再び無意識状態に戻し、それらを置き去り、自我が受け入れることができたかもしれない多くの印象に対しても同様の振舞いをしたために、それらは拒絶されて、エスの中にのみ痕跡を残すことができた。エスのこの部分を、われわれはその成り立ちを考慮して、抑圧されたものと呼ぶ。われわれがエスのふたつの範疇を必ずしも厳密に区別できるわけではないということは、大きな問題ではない。それらはおおよそ、生来持ち込まれたものと自我の発展の間に獲得されたものとの区別に重なる(津田均訳、本巻一九八―一九九頁。傍点による強調は渡辺)。

この論述の要点が『夢解釈』(本全集第四巻、第五巻)の頃から使用されていた「一次過程」と「二次過程」という区別と安易に混同されてはなるまい。「二次過程」がやがて「前意識―意識―自我―現実原理」の次元に、「一次過程」が「無意識―エス―快原理」のそれに対応してくるのであれば、ここでは、「一次過程」である「エス」自身がさらに「抑圧されたもの」と「もともとはすべてであった、近づきがたい核・エス」という「ふたつの範疇」に区別されていることが留意されなければなるまい。誤解されるのを恐れずに言うならば、フロイトはここで「一次過程」よりも深い〝零次過程〟とも言うべき次元に肉薄しているのである。

考えてみよう。「抑圧されたもの」としての「エス」はいったん「前意識状態に変わり」、「自我の中に受け入れられ」、そののち「再び無意識状態に」沈降したものである。そして、言うまでもなく「抑圧されたものの回帰」において、この「範疇」に属する「エス」は、さまざまの抵抗を受けて変貌しながらも、有意味な(言語的に媒介され分節された)現象となって「自我」に告知される。「夢」として、「症状」として、「転移」として、「人格」として……「回帰」してくる。いかなる抵抗を受けているにもせよ、「回帰」してきた以上、分析され、その意味が明らかにされうる。「回帰」してきた「抑圧されたもの」の有意味性は、それゆえ、「自我」形成過程そのものを可能ならしめているだけでなく、精神分析という学問の成立自体をも可能にしている大前提なのである。

すなわち、「抑圧されたもの・エス」の基本的特質は、それが意味を有している、歴史的過去という時間論的性質を帯びている、言語的に媒介されてすでに構造化されている、すでに差異化され分節されてしまった生命現象の間接態である、人間という生物種に特異的な象徴性を帯びている、想起可能、解釈可能である、という点に存する。

これに対して「もともとはすべてであった、近づきがたい核・エス」は、なぜ「近づきがたい」とされるのか。なぜならば、この〝零次過程〟とも言うべき「エス」は「回帰」してこないだけでなく、「回帰」してきたと仮定しても意味不明だからである。言語的媒介以前、構造化以前、差異化以前、歴史化以前であることが「近づきがたい核・エス」の本性である。

フロイトは最晩年の「精神分析概説」に至ってはじめて「エスのふたつの範疇」に気づいたわけではない。すでに、一九一五年に書かれた「抑圧」(本全集第十四巻)という短い論文のなかで「本来の抑圧(事後的抑圧)」以前の「原抑圧Urverdrängung」という奇怪な事態に言及している。さらに溯れば、すでに一九一一年の「自伝的に記述されたパラノイアの一症例に関する精神分析的考察」(本全集第十一巻)で、自我審級の関与しえない原初的な「固着」について論じられているし、一九二〇年の『快原理の彼岸』(本全集第十七巻)のなかの「反復強迫」から「死の欲動」へと至る論にも、「原抑圧」あるいは原初的な「固着」と同様に深い次元の出来事への感受性が読み取れよう。また、一九二五年に書かれた『制止、症状、不安』(本全集第十九巻)においても「刺激保護」を破壊するほどに強烈な「興奮総量」こそが「原抑圧」を惹起するという論旨が見出せる。

「原抑圧」論から「死の欲動」論を経て「エスのふたつの範疇」との表現に至るまで、フロイトの思索は難渋を極めている。比較的に少数の精神分析家たちが、それぞれの見解で「原抑圧」という概念を整合的に理解しようとしているのが実情である。だが、明快な解答は現れていない。なぜであろうか?

問題は原理的な次元にあるだろう。すなわち「原抑圧」と言われる場合、「抑圧」する力も「抑圧」される出来事も不明なのである。主語も目的語も不明なままに自動詞か他動詞かよく解らない動詞が漂っている。「原抑圧」

という概念には、異質の世界あるいは〝外部〟がないと言ってもよかろう。フロイトには確かに、「エス」の表皮のごとき「自我」を形成する力としての「外的世界の影響力」との表現が見られる。けれども、この「外的世界」は「心的装置」総体と相互に浸透し合っているのであって、これと同次元にあると考えるべきであろう。問われるべきは「エス（抑圧されたもの）・自我・超自我・外的世界」のさらなる〝外部〟の力であって、この正体が不明である限り、「原抑圧」なる異様な言葉が指し示している事態はわれわれの思考を停止させる、あるいは誤謬に近い憶測に導くしかない。

では、「原抑圧」なる奇怪な概念を思考可能にする〝外部〟とは何であるか？　フロイトならば「涅槃」あるいは「無機物」と答えるかもしれない。だが、これは生命論的限界概念である。われわれはいきなり思考停止に陥るしかあるまい。「原抑圧」の謎に進むための導きの糸はここでも切れてしまう。

だが、問いの発端に戻ってみよう。「（本来の）抑圧」が起こるところ、つねに「自我」の形成が起こっている。個別化された生命体のさらなる個別化過程がある。けれども「原抑圧」が起こるところには「自我」あるいはこれに匹敵する審級の形成過程が見出せないのである。この実情は、「（本来の）抑圧」は個別化以後の生命体を舞台として、「原抑圧」は個別化以前の（個別化が危機に瀕した、個別化が解消された）生命体を舞台として起こる、という原理的な相違の発見にわれわれを導く。

「原抑圧」なる概念の〝外部〟を模索してゆくと、フロイトから大きな影響を受けたヴィクトール・フォン・ヴァイツゼッカーの文章が否応なく想起される（『ゲシュタルトクライス――知覚と運動の人間学』木村敏・濱中淑彦訳、みすず書房、一九九五年、三頁）。

生命それ自身は決して死なない。死ぬのはただ、個々の生きものだけである。個体の死は、生命を区分し、更新する。

「生命それ自身」という言葉から「もともとはすべてであった、近づきがたい核・エス」という「精神分析概説」のなかのフロイトの表現がただちに連想されよう。「抑圧されたもの・エス」よりもさらに深い「近づきがたい核・エス」とは「生命それ自身」のことではあるまいか。言い換えるならば「抑圧されたもの・エス」は「個々の生きもの」を舞台としてのみ思考しうる「生命」の特殊様態ではあるまいか。そうであるならば、フロイトが「エスのふたつの範疇」なる表現で何を言わんとしていたかが多少は明瞭になってくるだろう。

問題はやはり「自我」なのだ。「自我」が「もともとはすべてであった・エス」を征服するのか、逆に「自我」は「近づきがたい核・エス」に呑みこまれるしかないのか、という問いがここにはある。おのれの死の直前に至ってフロイトに真相が明らかになってきた可能性は否定できまい。

こうして考えてくると、「原抑圧」の真意も見えてくる。「原抑圧」とは、「個々の生きもの」(「自我」)が発生してくる際にその胎盤のごとき「生命それ自身」(「もともとはすべてであった・エス」)に応接し関係する深淵の動性それ自体にほかならないのである。「原抑圧」という動性は、「個々の生きもの」(「自我」)の発生を可能にする母体であり、かつまた、「個々の生きもの」(「自我」)の存続を危機に陥れてついにはこれを解消してしまう引力の場としての「生命それ自身」(「もともとはすべてであった、近づきがたい核・エス」)に固有の力、原初の状態に留まろう、あるいは戻ろうとする〝外部〟からの力によって惹起されている。「原抑圧」が起こる次元では、「自我」は出立できない、あるいは、いったん出立したとしても引き戻されて殺害消去される危機につねに曝されている。「原抑圧」によって「自我」を殺害消去された「個々の生きもの」には「自体性愛」という機能名称が与えられるが、これは質的には「生命それ自身」に近似する生命様態を帯びた、個別化に失敗した個体、という逆説においてのみ理解されるしかない。

確かにこれはフロイト自身が述べていない事柄である。フロイトは死の直前に至ってもなお「抑圧されたもの・エス」と「近づきがたい核・エス」の差異に無関心を装っているかのように見える。だが、「原抑圧」についてフロイトがついに詳細を語りえなかったのは事実であって、その理由が「近づきがたい核・エス」あるいは「生命それ自身」という〝外部性〟を終生認めなかった経緯にあるのは、かなり確かなことだと思われる。「死の欲動」なる重要な概念も「無機物」としての「涅槃」に直結してしまい、「死の欲動」は「自我」の光学から見た「生命それ自身」の動性にほかならないとの逆説的真相は明瞭化されえなかった。

だが、われわれはこのようなフロイト批判で満足してはなるまい。ある学問はそれを開始し展開してゆく学者の資質、生来の気質に大きく依存する、という避けがたい事情があるからである。

木村敏は本全集の第七巻「月報」に興味深いエピソードを紹介している。少しここに引用して読んでみたい。

別れの挨拶をかわす段になって、ヴァイツゼカーはやや唐突に「私の訪問がちょうど万霊節《アラーゼーレン》に当たったのは不思議なめぐり合わせですね」と言った。その日は十一月二日で、キリスト教では、この世を去ったすべての死者を追憶する万霊節の日だったのである。フロイトはびっくりして「どういうこと？」とたずねた。ヴァイッゼカーはしどろもどろになって、「私は副業が神秘家なのでしょう」と答えた。するとフロイトは本当にぎょっとした顔つきで、「それはいけない」と言った。しかしヴァイツゼカーが口調を整えて「世の中には私たちにわからないこともある、ということを言いたかったのです」と言うと、フロイトは「ああ、その点なら私のほうがあなたより上ですよ」と答えた。フロイトの口調は苦しげで、すぐ話題を変えてしまったが、そのことがむしろ彼の真剣さを物語っていた。そのときヴァイツゼカーは、フロイトが自分のことを少しばかり気に入っているらしいと感じたという。

これは一九二六年初冬の或る日の出来事であるが、このような小さな挿話にも大きな問いが隠れている。対峙するふたりの巨人のあいだに漂う微妙な陰影、ふたりの生来の気質の相違に敏感になる必要がある。「原抑圧」と言って口ごもり続けるフロイト、言うなれば大胆不敵におのれの確信を「生命それ自身」の名において明言することになるヴァイツゼッカー、自身で実感したことでも「抑圧」の論理で語り尽くせないならば沈黙してしまうフロイト、あろうことか七十歳の偉大なる合理主義者フロイトを前にして、ふと自分を「神秘家」と言ってしまう四十歳のヴァイツゼッカー。

ここに学問の真偽・正誤問題はない。ふたつの烈しい学問的情熱が、異なった土壌、すなわち生まれもった気質に根づいてふさわしく育ってゆく光景がまざまざと見える、それだけである。

c　ふたたびモーセへ

「原抑圧」から「エスのふたつの範疇」へ、と慎重に歩みを進めてきたのは、言うなれば生命論者たるフロイトである。この歩みがわれわれ人間の絶対的過去へと向かっているのは明らかであろう。これは人間の直下に潜む〝動物性〟への歩みである。好むと好まざるとにかかわらず、究極において人間を、「自我」を解消、消去せんとする歩みである。

だが、この生命論者は、また、同じ筆で歴史的過去の神人モーセを書き綴る。いったん貫通された歴史的過去の底はふたたび塞がれてフロイトの岩盤のごとくなる。あたかも「精神性における進歩」がこの生命論者を呼び戻しているかのような風情である。

われわれはここにフロイトの思索の振幅の巨大さを見る。人間から動物へ、動物から人間へ、歴史的過去から絶対的過去へ、絶対的過去から歴史的過去へ、という思索の垂直運動は一九三八年になってもやむことがなかった。言うなればフロイトは、つねに、言語的に媒介された経験、歴史化された経験の底を突き破って直接・無媒介の経験に突入する可能性あるいは危険性を内に秘めた人物であった。人間の〝動物性〟を知悉しながらも論理的にのみ語るべく自身に強制し続けた学者であった。そうであるからこそ、われわれは、歴史的過去の底を貫通する瞬間においてこそ、この特異な学者の正体を目撃するのである。そうであるからこそ、われわれは、『トーテムとタブー』において人間の〝動物性〟を自由に書いているさなかのフロイトの異様な歓びに満ちた興奮を、『モーセという男と一神教』を書き綴るフロイトのかなり重苦しい気分と独特の静謐を、理解しうるのである。

それゆえ、「エスありしところに自我あらしめよ Wo Es war, soll Ich werden」なる要請がこの異様に複雑な思索者から、いかに深刻な覚悟でもって発せられたことか、われわれは改めて熟慮しなければならないのだろう。この要請が〝動物性ありしところに精神性あらしめよ〟とも〝絶対的過去ありしところに歴史的過去あらしめよ〟とも換言しうるからである。『モーセという男と一神教』のいちおうの完成は、フロイトがおのれに課した義務を果たすことでもあった。いちおうの、と言わなければならないのは、完成の数カ月後、彼は「精神分析概説」のなかで「エスのふたつの範疇」にまたしても立ち帰っているからである。

ヴァイツゼッカーはフロイトの要請を逆転させて「自我たりしものをエスたらしめよ Was Ich war, soll Es werden」との命題を立てたが、もしもフロイトがこれを聴いたならば、彼は〝苦しげな口調で〟「ああ、その点なら私のほうがあなたより上ですよ」と応じたかもしれないのである。

＊　本解題中にある雑誌名・出版社名の原語は以下のとおり。

・「アレルト・デ・ランゲ出版社」Verlag Allert de Lange

・『未来へ　新たなるドイツ　新たなるヨーロッパ！』*Die Zukunft. Ein neues Deutschland: Ein neues Europa!*

・『イマーゴ』*Imago*

・『国際精神分析雑誌』*Internationale Zeitschrift für Psychoanalyse*

・『国際精神分析雑誌・イマーゴ』*Internationale Zeitschrift für Psychoanalyse und Imago*

・「国際精神分析出版社」Internationaler Psychoanalytischer Verlag

■岩波オンデマンドブックス■

フロイト全集 22
1938年——モーセという男と一神教　精神分析概説
渡辺哲夫 責任編集

2007年5月25日　第1刷発行
2024年12月10日　オンデマンド版発行

訳　者　渡辺哲夫《わたなべてつお》　新宮一成《しんぐうかずしげ》
高田珠樹《たかだたまき》　津田《つだ》　均《ひとし》

発行者　坂本政謙

発行所　株式会社 岩波書店
〒101-8002 東京都千代田区一ツ橋2-5-5
電話案内 03-5210-4000
https://www.iwanami.co.jp/

印刷／製本・法令印刷

ISBN 978-4-00-731511-4　Printed in Japan